BIBLIOTHÈQUE
DE PHILOSOPHIE CONTEMPORAINE

ESSAI CRITIQUE

SUR

LE DROIT D'AFFIRMER

PAR

ALBERT LECLÈRE

Professeur de philosophie au collège de Blois
Docteur ès lettres

> Τό μὴ ὂν αὐτὸ καθ'αὑτό... ἀδιανόητόν τε καὶ ἄρρητον καὶ ἄφθεγκτον καὶ ἄλογον. — οὐδαμῶς οὐδαμῇ ἔστιν οὐδὲ πῃ μετέχει οὐσίας. Parménide, dans Platon ; Soph., 238, C ; Parm., 163, C.
>
> « Il y a des choses qu'on ne prouve qu'en obligeant tout le monde à faire réflexion sur soi-même et à trouver la vérité dont on parle. » Pascal ; *Discours sur les passions de l'amour.*

PARIS
FÉLIX ALCAN, ÉDITEUR
ANCIENNE LIBRAIRIE GERMER BAILLIÈRE ET Cⁱᵉ
108, BOULEVARD SAINT-GERMAIN, 108
—
1901

ESSAI CRITIQUE

SUR

LE DROIT D'AFFIRMER

PAR

Albert LECLÈRE

Professeur de philosophie au collège de Blois
Docteur ès lettres

> Τὸ μὴ ὂν αὐτὸ καθ'αὑτό... ἀδιανόητόν τε καὶ ἄρρητον καὶ ἄφθεγκτον καὶ ἄλογον. — οὐδαμῶς οὐδαμῇ ἔστιν οὐδέ πῃ μετέχει οὐσίας. Parménide, dans Platon ; Soph., 238, C ; Parm., 163, C.
>
> Il y a des choses qu'on ne prouve qu'en obligeant tout le monde à faire réflexion sur soi-même et à trouver la vérité dont on parle. Pascal ; Discours sur les passions de l'amour.

PARIS
FÉLIX ALCAN, ÉDITEUR
ANCIENNE LIBRAIRIE GERMER-BAILLIÈRE ET Cⁱᵉ
108, BOULEVARD SAINT-GERMAIN, 108

1901
Tous droits réservés.

ESSAI CRITIQUE

SUR

LE DROIT D'AFFIRMER

CHARTRES. — IMPRIMERIE DURAND, RUE FULBERT.

À M. VICTOR EGGER

HOMMAGE

DE PROFOND RESPECT ET D'AFFECTUEUSE RECONNAISSANCE

CHAPITRE I

PRINCIPES ET MÉTHODE D'UNE THÉORIE NORMALE DE L'ÊTRE ET DU CONNAÎTRE

Le réel, c'est le vrai, et le vrai, c'est l'affirmé. L'acte d'affirmer contient la position du droit d'affirmer, qu'on se réfère à la conscience empirique ou qu'on s'élève, de celle-ci, à la pensée forme pure, à la pensée en soi, dont la pensée concrète, s'il est vrai qu'elle existe, doit se reconnaître dépendante. Ni inductivement, ni déductivement, les conditions de l'affirmation normale et nécessaire ne peuvent être établies avec certitude ; cependant la conscience empirique elle-même invite le philosophe à reconnaître que l'esprit humain est invinciblement dogmatique ; en partant d'elle, on peut établir l'extrême probabilité de la vérité du dogmatisme par des raisons de nature psychologique. Mais si l'on s'élève à la notion de la pensée forme pure, de l'affirmation en soi, le dogmatisme échappe en principe à toutes les objections que soulève l'observation psychologique à l'endroit des certitudes les plus fortes et les plus immédiates elles-mêmes. Fécondité de ce point de vue : l'analyse de l'idée de l'affirmation conduit à poser que l'être est et même que la pensée est son essence. La règle souveraine d'une philosophie fondée sur un tel principe est le principe d'identité. Accord de cette philosophie avec les principales doctrines philosophiques, avec les sciences, avec le sens commun lui-même.

Quelque opinion que l'on professe sur la nature des choses, il faut reconnaître tout d'abord au métaphysicien le droit de les considérer comme de simples objectivations des idées que l'esprit tient pour vraies ; quiconque traite de mathématiques, de physique, de psychologie ou de philosophie première, projette en quelque sorte dans l'absolu et les principes et les résultats de sa pensée ; il y projette aussi les idées intermédiaires qui lui ont servi à passer de ceux-là à ceux-ci, car la pensée prétend reproduire idéalement la genèse des faits et des choses, à moins qu'elle n'aille plus loin encore : elle peut en effet vouloir absorber en elle les phénomènes, ou bien s'identifier avec leur devenir, ou bien s'absorber elle-même dans un principe qui n'est encore ni sujet ni objet, ou enfin s'identifier avec la réalité totale, dont les divers moments ne sont point alors conçus comme constituant une véritable succession ; mais tout philosophe, qu'il se nomme Descartes, Kant, Fichte, Schelling ou Hegel, objective le monde qu'il construit et la pensée qui est le principe de la connaissance de ce monde ; peu importe si les quatre derniers de ces philosophes rejettent ou altèrent l'antique idée de la chose en soi, réduisent le réel à la pensée ou la pensée au réel, ou même l'un et l'autre à un principe supérieur ; peu importe si Kant rapporte l'objectivation à la spontanéité de sujets individuels[1], et si ses successeurs la rapportent à une pensée supérieure aux consciences individuelles : tous affirment un univers, le rôle souverain de la pensée dans cet univers, l'existence et la valeur de leur pensée individuelle. Et ils affirment tout cela sur la foi de leur pensée, non pas sans doute en tant qu'elle est leur pensée, mais en tant qu'elle est la pensée. De son côté, le sceptique est sceptique dans la mesure où son esprit, qui lui paraît forcément, à lui aussi, la mesure de ce qui est et de ce qui n'est pas, se refuse à poser d'une façon ferme des vérités. Quant au phénoméniste, qui prétend être avant tout psychologue, il fait des phénomènes mentaux dans leur ensemble, en y comprenant ceux même qui consistent à poser les lois qui les régissent tous, quelque chose d'objectif ; il les réalise et leur attribue les lois qu'il a découvertes ; bref, il abstrait ces phénomènes et ces lois du fait de les penser, pareil à ce métaphysicien qu'il dédaigne et qui traite le sujet comme un objet. L'objet n'est donc, à vrai dire, nié par personne ; celui-là même qui nierait qu'il existât

[1]. Pour Kant, l'objectif, c'est l'universel ; mais l'universalité, l'objectivité sont posées par la spontanéité des entendements individuels.

quoi que ce soit, affirmerait encore quelque chose de l'objet, à savoir qu'il est nul, ce qui d'ailleurs serait absurde ; pour le philosophe comme pour celui qui n'est point philosophe, penser, c'est toujours objectiver et l'objet est, premièrement, ce que le sujet pose comme objet. Mais le danger est grand d'objectiver sans mesure et sans discernement ; pour l'éviter, il suffit d'entendre, par « sujet », non pas un objet spécial faisant en quelque sorte fonction de sujet, mais la forme pure de toute pensée, celle dont parlait Kant lorsqu'il établissait sa doctrine de l'« aperception du je pense » et critiquait en conséquence le « paralogisme de la personnalité ». La première définition qu'il faille donner du réel, celle qu'il convient de formuler au seuil de la métaphysique, c'est donc celle-ci : le réel ou l'objet, c'est le vrai ; et le vrai est ce qui satisfait la pensée envisagée non comme une substance, mais comme une pure forme dont on doit oublier qu'elle se traduit dans la conscience et pour la conscience par un « je pense » tout phénoménal, pareil aux autres phénomènes mentaux qu'étudie le psychologue. L'esprit a-t-il cependant une existence réelle et même substantielle parmi d'autres choses réelles et substantielles ? Où nous mènera la considération de la pensée comme forme pure ? Il serait prématuré de chercher une réponse à ces questions : le plus sûr moyen d'arriver à une science solide du réel, c'est sans nul doute de prendre pour point de départ des définitions aussi peu réalistes que possible du réel et du vrai, des définitions telles qu'elles puissent satisfaire les adversaires les plus acharnés de la métaphysique.

Nous entendons par « conscience empirique »[1] ou

---

1. Fichte, dès le début de la *Doctrine de la Science*, emploie cette expression dans le sens où elle est prise ici.

« pensée concrète », la conscience psychologique et tout son contenu : sensations, idées, sentiments, volitions, bref les faits dont la conscience, qui croit se saisir elle-même, a, si elle existe, l'expérience. L'épithète « empirique » est d'autant mieux justifiée qu'il sera parlé, dans le cours de ce travail, d'une autre conscience n'ayant rien de commun avec celle-ci : la conscience que l'être en soi, dont toute l'essence est de penser, a de lui-même. La « forme pure de toute pensée », au point de vue de laquelle nous nous placerons pour juger de ce qui est et de ce qui n'est pas, est distincte de la seconde de ces consciences comme de la première ; cette expression désigne l'ensemble des lois de la pensée, la somme des règles du vrai considérées en elles-mêmes, dans leur existence logique, indépendamment de tout rapport avec quelque esprit pensant que ce soit.

Le réel une fois défini par le vrai, il faut définir celui-ci. Le vrai, c'est ce que l'on croit, ou plutôt, puisqu'il s'agit ici du réel nettement distingué de la pensée qui le pose, c'est l'affirmé ; tel est du moins la première définition qu'il faut en donner[1]. Et en effet, le réel, pour nous, n'étant le réel que pour nous, le vrai ne saurait être que ce que nous décrétons vrai. Au reste, séparer l'idée du vrai de l'acte d'affirmer serait détruire cette idée, puisqu'il n'y a vérité ou erreur qu'où il y a jugement, et que non seulement les idées de vérité ou de fausseté, mais aussi toutes les autres apparaissent, dans l'intelligence dont la fonction propre est uniquement de connaître ce qui se produit en elle, comme devant être le produit d'une activité spéciale, distincte de l'intellection proprement dite : affirmer, nier, et même se représenter quelque chose, ce

---

[1]. Une étude complémentaire, toute psychologique, des idées de vérité et de réalité sera faite chap. IV, sect. III.

qui suppose toujours que l'on distingue et que l'on rapproche, toutes ces opérations sont, comme on dit, d'ordre dynamique et requièrent, pour être expliquées, l'idée d'une certaine activité de l'esprit. Il n'y a donc pas d'autre définition de début à donner de la vérité que celle-ci : la vérité est ce qui est posé comme vrai, c'est l'affirmé. L'affirmation est un acte du sujet, dont le résultat immédiat, inséparable de l'acte qui le produit, est l'idée que le sujet est en possession de la vérité. Cette opinion n'est point nouvelle : elle est, plus ou moins explicitement, celle de la plupart des philosophes, depuis Platon et les Stoïciens jusqu'à M. Fouillée[1]. — « Mais, dira-t-on, cette pensée dont vous parlez, ce n'est point cette « forme pure de toute pensée » que vous présentiez comme le seul point de départ légitime de la métaphysique, et dont il faut, disiez-vous, oublier qu'elle ne fait qu'un, pour les psychologues, avec la pensée concrète qu'ils étudient et décomposent en ce qu'on nomme les faits de conscience ? » — La réponse est aisée : penser, c'est toujours plus ou moins affirmer, puisque c'est toujours, tout au moins, penser quelque peu la définition de ce qu'on pense, et que définir c'est juger ; penser, c'est aussi toujours poser quelque chose, ne fût-ce que dans l'abstrait ou encore dans ces vagues régions où se plaisent nos rêves. Mais si cette définition de la pensée par l'affirmation s'applique parfaitement à la pensée concrète, elle résulte aussi de la notion même de la pensée abstraction faite de l'existence de toute pensée concrète, de toute conscience empirique ; dégagée de tout rapport avec le psychologique, la pensée reste encore quelque chose de concevable et d'intelligible en soi ; elle est ce qu'on entend quand on s'élève jusqu'à l'idée de la norme souveraine de toute pensée ; il y a donc une forme pure de

1. V. *La Psychologie des Idées-Forces* (Paris, Félix Alcan).

toute pensée qui s'affirme dans son existence logique, indépendante, souveraine, et qui se définit, comme la pensée concrète, par l'affirmation ; ce n'est donc pas la réduire à cette dernière que la définir comme elle ; ce n'est que formuler son essence. — Et n'est-ce pas aussi une affirmation que cet acte dont parle Fichte au commencement de la *Doctrine de la Science*, acte qu'il place en dehors, au-dessus de la conscience empirique, dans un sujet qui n'est point le sujet individuel ? Cet acte, supposé par tout jugement, il le nomme X, un X qui se pose lui-même, c'est-à-dire qui s'affirme. Inconsciente est cette affirmation, comme la pensée du principe et de la réalité affirmés : le début de la doctrine ici exposée n'est donc pas plus paradoxal que celui de la *Doctrine de la Science* ; même, il ne l'est pas autant, car, jusqu'à présent du moins, nous n'excluons aucune métaphysique, tandis que dès les premières pages de son livre, Fichte avait déjà pris position contre tous les dogmatismes traditionnels et dépassé le kantisme.

Le problème de l'être étant ramené à celui de la connaissance et celle-ci ramenée à l'affirmation, un nouveau problème se pose : jusqu'à quel point et dans quelles conditions existe-t-il un *droit d'affirmer* ? Mais, étant données les réflexions qui précèdent, le problème peut et doit prendre cette forme : y a-t-il, dans l'acte d'affirmer considéré indépendamment de ce qui peut être affirmé au sujet des phénomènes ou de l'être, abstraction faite, aussi, de ce qu'est cet acte en tant que phénomène de la conscience empirique et de tout ce qui peut, dans cette conscience, le préparer et l'accompagner, y a-t-il, en lui incluse, une affirmation de son propre droit ? — Formuler de la sorte cette question, c'est la résoudre ; car affirmer, si vraiment il y a affirmation, et poser qu'il y a affirmation légitime, c'est une seule et même chose ; et l'on ne tourne pas la difficulté quand on réduit ainsi la question de droit à une question de fait, car, du moment qu'il se pose ainsi de lui-même, un droit ne se distingue plus d'un fait.

Cette formule peut étonner d'abord ; elle ne renferme pourtant rien de nouveau. On l'applique ici à l'affirmation qui définit la forme pure de toute pensée ; mais comme c'est de la conscience empirique que vient cette notion d'affirmation, ainsi qu'on est obligé de le reconnaître tant qu'on n'a pas nié l'existence de cette conscience, il n'est pas inopportun de montrer, avant d'aller plus loin, qu'il est inévitable d'assimiler en dernière analyse le droit d'affirmer à un fait, et cela alors même qu'on reste placé au point de vue habituel, c'est-à-dire qu'on étudie la certitude et l'affirmation en tant que se produisant dans la conscience empirique. Or, non seulement une telle assimilation est possible, mais elle a été faite. — Que l'on considère n'importe quelle affirmation de la conscience empirique ; toujours on trouvera qu'elle est double : elle porte explicitement sur les idées réunies par la copule et renferme, implicitement, la position de son propre droit à exister : c'est là ce qu'a établi Cournot[1], quand il montrait qu'à la lettre la certitude de l'*a priori* est donnée, en un sens, *a posteriori*, et que par suite toute certitude est une expérience intérieure. Soit un premier principe quelconque ; la vérité qu'on lui reconnaît diffère-t-elle, au fond, de ce qu'on appelle une vérité de fait ? Non, puisque la certitude est absolue, immédiate, égale à celle de penser en fait ce principe, inséparable, en fait, du fait de le penser comme vrai. Quand nous faisons effort vers la vérité, que faisons-nous, sinon d'attendre la certitude, comme l'événement qui mettra fin à nos tentatives intellectuelles dont

---

1. V. Liard ; Rev. des Deux-Mondes ; 1er juillet 1877 : *Un géomètre philosophe*.

le but unique est de le provoquer? Quand la certitude se produit, dans des conditions d'ailleurs qu'il est possible de formuler inductivement en comparant les cas où cet état mental est éprouvé, ne se produit-elle pas comme tout autre fait mental, comme se produit une joie ou une douleur par exemple? Or, pour quiconque ne nie point la réalité de la conscience empirique, un fait s'impose sans avoir besoin d'être prouvé, si, pour la conscience, il est donné. — Nous parlions d'induction; mais que la mention de cette opération de l'esprit ne fasse pas illusion! L'induction n'explique rien, elle ne consiste qu'à grouper les faits par genres pour préparer les explications futures. La certitude, qui est un fait, ne saurait donc tenir son droit de quelque raisonnement inductif qui la justifierait. Un tel raisonnement, d'ailleurs, devrait être certain : il supposerait donc déjà justifiée, ou immédiatement reçue pour légitime, la certitude. S'il en est ainsi, toute question se réduit à cette question : « Est-ce que je crois ou non à ceci? Qu'est-ce que j'affirme dans ma pensée intime? » Il n'est donc pas téméraire de dire que chaque fois que nous tâchons de résoudre un problème, c'est comme si nous prononcions : « Ce qui est vrai, c'est ce que j'affirmerai »; autrement dit, nous affirmons, chaque fois que nous affirmons une proposition, que nous l'affirmons à juste titre. — Mais il y a plus : la conscience empirique ne se décide à affirmer fermement une proposition que si celle-ci semble plutôt s'affirmer d'elle-même en nous, indépendamment de tout ce qui constitue notre individualité intellectuelle. Chose étrange : la psychologie, qui suppose l'existence de la conscience empirique, ne nous invite pas seulement à réduire la question du droit de l'affirmation à une question de fait; elle nous invite encore, bien qu'en quelque sorte malgré elle, à traiter de l'affirmation en oubliant délibérément la pensée empirique. Lors donc que nous parlons d'une pensée en soi, forme pure de toute pensée, nous sommes loin de contredire la psychologie positive dont la pensée empirique est l'objet.

Supposons cependant que l'on se refuse à traiter de l'affirmation autrement que comme fait de la conscience ; l'opinion à laquelle on aboutira, si l'on a souci d'éviter les paralogismes traditionnels, est très voisine de celle que nous avons émise : il demeure certain que l'acte d'affirmer doit être considéré abstraction faite de toutes les inductions et de toutes les déductions auxquelles il peut donner lieu; que sa valeur peut et doit être découverte par simple inspection. — En effet, poser en termes précis le problème de la valeur de l'affirmation ou même tout autre problème, c'est déjà affirmer, car c'est nécessairement avoir un avis plus ou moins ferme sur la manière dont il doit être étudié, et par suite sur le nombre et la nature des solutions entre lesquelles un choix devra être fait ; c'est avoir, en tous cas, une opinion ferme sur la compétence de l'esprit en ce qui concerne la position du problème et les premières démarches intellectuelles qu'on devra faire, démarches que par avance on proclame légitimes, quelle que soit la conclusion qui s'imposera plus tard, cette conclusion fût-elle que la question renferme des difficultés insolubles. Et puis, tout raisonnement n'a-t-il pas pour base des affirmations ? Pour conclure, ne faut-il pas féconder des majeures affirmatives par des mineures affirmatives elles aussi[1] ? A chaque proposition qu'il insère dans ses raisonnements, l'esprit pose implicitement qu'il a le droit d'affirmer des rapports de sujet à attribut, soit sous l'impulsion d'une nécessité dont il ne peut aucunement se rendre compte (c'est le cas des principes premiers), soit sous l'impulsion de pensées déjà présentes en lui et qui sem-

---

1. Les propositions négatives sont affirmatives en un sens.

blent, sinon expliquer, du moins pousser devant elles, irrésistiblement, les pensées nouvelles qui se font jour en lui (c'est le cas de toute inférence). Sans doute, bien des déductions ont un caractère hypothétique et servent plutôt à démontrer leur point de départ qu'à justifier leurs conclusions, qui sont des propositions déjà tenues pour certaines[1]; mais, même alors, le raisonnement contient des affirmations, à savoir celles que l'on doit rejoindre, et celles qu'il faut faire pour rejoindre celles-ci. Donc, si l'on veut éviter de commettre une pétition de principe ou de poser sous plusieurs formes la question de la légitimité de l'affirmation, il faut étudier ce fait à l'état naissant et l'analyser, simplement, pour voir s'il renferme en fait la position de son propre droit. — Si l'on procède ainsi, on établit aisément la thèse certiste, car le dogmatique peut dire au sceptique : « En réalité, vous n'êtes point ce que vous dites ; dès que vous consentez à poser la question qui nous divise, et à plus forte raison quand vous raisonnez et concluez, vous êtes dogmatique. Vous ne pouvez vous servir, pour travailler à la ruine de la raison, ni de l'induction ni de la déduction, dont vous faites profession de déprécier la valeur. Au moment même où vous interprétez des faits psychologiques, vous outrepassez déjà votre droit. Quand vous prenez l'esprit pour objet de votre étude et que vous le jugez, vous le constituez son propre juge, vous lui attribuez une sorte d'infaillibilité ; tous vos raisonnements ne seront que des faits, des faits dont vous oublierez de faire la critique alors que vous condamnerez la confiance avec laquelle vos adversaires construisent d'autres raisonnements. Éviteriez-vous d'être réfuté par ces objections si, renonçant à raisonner,

---

1. V. à ce sujet un très intéressant article de la Rev. de Métaph. et de Mor., par M. Vailati : *La Méthode déductive comme instrument de recherche*, nov. 1898.

vous vous contentiez de présenter votre scepticisme comme un simple état de votre âme individuelle ? Non, car vous voulez être philosophe, ce qui vous oblige à dogmatiser. Et même sur le terrain de l'observation intérieure, vous êtes vaincu ; car si vous regardez attentivement en vous-même, vous vous découvrirez dogmatique, puisque vous vous verrez affirmer votre scepticisme personnel comme je me vois affirmer mon dogmatisme. Somme toute, votre point de vue repose sur la méconnaissance d'un fait, à savoir la nécessité psychologique de l'affirmation. Or, la meilleure réfutation d'une doctrine n'est-elle pas l'impossibilité, pour cette doctrine, d'exister en fait ? »

Peut-être ce genre de réfutation paraîtra-t-il plus solide que l'appel à la notion de la pensée en soi ? — « Contre Locke et Condillac, diront les partisans du spiritualisme classique, il n'est pas besoin de recourir à une notion comme celles dont partent Fichte, Hégel ou M. Lachelier. Ne risquez-vous pas de suspendre votre dogmatisme à un principe arbitraire et illusoire ? » — Bien au contraire ; considérer le fait de l'affirmation indépendamment de la conscience empirique, c'est le dégager de tout ce qui peut en altérer la notion, c'est le placer en dehors du domaine où la psychologie, pure ou physiologique, multiplie ses questions, si souvent insolubles, sur l'origine et l'évolution des processus mentaux. Loin de présenter ce fait comme une sorte d'être métaphysique, ce qui serait nous jeter dans une autre impasse, nous le vidons de tout contenu étranger à sa pure essence, et par là même nous pratiquons à la lettre ce précepte des logiciens: isoler le plus possible ce que l'on veut connaître. Les psychologues eux-mêmes doivent approuver l'emploi d'une telle méthode, car, pour notre conscience elle-même, toute affirmation qui se produit en elle semble être avant tout impersonnelle ; elle n'adhère qu'à ce qui lui paraît s'affirmer de soi-même en elle ; dans la mesure où nos affirmations nous apparaissent comme nôtres, elles cessent d'être fermes ; toujours la vérité semble s'imposer du dehors, nous rencontrer plutôt que rencontrée par nous.

La méthode ici employée peut et doit aboutir à fonder un dogmatisme, mais elle mérite néanmoins d'être appelée *critique*. Comme l'a montré M. Boutroux [1], Kant part de la physique et de la morale, de la première telle que Newton la constitua, de la seconde telle que la conscience la présente spontanément. Mais Kant ne crut pas avoir à justifier la science : il voulut seulement faire voir comment elle est possible ; quant à sa morale, elle est, comme on l'a souvent répété, une métaphysique. Pour nous, les points de départ de Kant auraient dû être plutôt des conclusions, toutes réserves faites, d'ailleurs, sur la valeur intrinsèque de sa doctrine ; d'autre part, ce que nous voulons tenter en étudiant l'acte d'affirmer, c'est précisément l'analogue de ce qu'il tenta, lorsqu'après être parti de la science et avoir construit sa « déduction métaphysique », il reprit en sens inverse le même chemin et construisit sa « déduction transcendentale ». Kant nous indique ici la véritable voie, car s'il est contestable que le réel doive, comme le croit M. Lachelier [2], s'expliquer par ce qui ne l'est point, il est du moins incontestable que, pour éviter toute pétition de principe et tout cercle vicieux, il faut expliquer et juger la connaissance, qui se présente comme un ensemble de phénomènes, par quelque chose qu'il soit possible d'envisager en oubliant le caractère phénoménal de la connaissance. C'est là ce que faisait Kant lorsque, dans la « déduction transcendentale », il par-

---

1. V. l'article : *Kant* ; dans la Grande Encyclopédie.
2. *Psychologie et métaphysique*, commencement.

tait de la pensée considérée dans les conditions générales de sa possibilité, de la pensée envisagée logiquement, en soi, dans sa pure notion. Mais, dans la pensée, l'acte d'affirmer doit être considéré de préférence, car il est l'essence de toute pensée, toute pensée le supposant et n'étant une pensée que parce qu'elle le renferme. La doctrine où nous arriverons sera peut-être l'opposé de celle de Kant; quoi qu'il en soit, notre méthode de recherche est conforme à l'esprit du criticisme.

Nous avons atteint, jusqu'à présent, trois résultats : le titre de cet ouvrage est justifié, notre point de départ est précisé et la légitimité du dogmatisme est en principe établie. Cette vérité est même la seule que nous possédions pour l'instant. Si donc il est possible d'en atteindre d'autres, il faudra les tirer de celle-ci, dont la fécondité ne peut apparaître qu'ultérieurement, par l'analyse même du fait fondamental de la pensée, qui est l'affirmation. Mais quelle est donc l'affirmation qui peut être regardée comme le fait fondamental de la pensée? C'est, uniquement, celle qui est normale, qui exprime avec une exactitude parfaite ce qu'il est dans la nature de l'esprit de penser sur un sujet donné, qui concorde tout à fait avec la position que l'esprit tend spontanément à prendre dès qu'il pense à telle ou telle chose. — Qu'est-ce maintenant que ce qui est normal à l'esprit en fait d'affirmation, si ce n'est ce qu'il affirme nécessairement? Nous voici donc conduits à formuler le premier principe du dogmatisme d'une manière qui rappelle des doctrines bien différentes de celle qui sera soutenue ici. Le vrai, dirons-nous, c'est ce que nous affirmons invinciblement ; la force avec laquelle certaines propositions s'affirment en nous est la garantie même de la légitimité de nos affirmations. Descartes, Hume, les Écossais et Spencer professent des opinions identiques ou à peu près à la nôtre sur la vérité;

cependant Hume et les Écossais seuls admettraient sans réserves des formules comme celles-ci : « Pour connaître le vrai, sois ce que tu es en tant qu'intelligence. » « Pour bien penser, consens à penser ce que tu penses véritablement », formules qui rendent parfaitement l'esprit de notre définition de la vérité. Descartes, lui, parlait plus volontiers d'une certaine « impossibilité de douter », et Spencer donne, pour critère de la vérité, l' « inconcevabilité du contraire ». Ces deux philosophes, sans d'ailleurs avoir cette intention, indiquent assez bien, par les expressions qu'ils employaient, ce qu'il y a d'inintelligible, au fond, dans toute vérité comme telle : expliquer, en effet, n'est-ce pas tenter de comprendre la vérité d'une proposition en se servant d'une autre jusqu'à ce qu'on soit remonté à quelque principe que l'esprit subit plutôt qu'il ne le pénètre, qu'il accepte, en définitive, parce qu'il ne peut faire autrement ? Mais pourquoi ne peut-on nier telle ou telle proposition, sinon parce qu'on l'admet nécessairement ? Essayer de la nier n'est qu'une manière de se rendre compte de la force avec laquelle on l'affirme spontanément. Donc, si l'on y regarde de près, le point de vue de Descartes et celui de Spencer se ramènent à celui de Hume et des Écossais, au nôtre en somme, moins le parti pris, qui nous est propre, de considérer sans cesse la forme plutôt que la matière de l'affirmation, et de considérer cette forme en elle-même plutôt que le phénomène psychologique de l'affirmation.

Nous avons déjà établi, devant les partisans du spiritualisme classique, notre droit à prendre pour point de départ la pensée en soi : mais les considérations qui précèdent sont peut-être de nature à leur permettre de nous opposer des arguments plus forts, au moins en apparence. — « Que sert, diront-ils, de considérer en soi, dans l'abstrait, l'acte

d'affirmer nécessairement ? Cet acte se réalise dans la conscience empirique, et la question est toujours de savoir si nous avons raison ou tort d'affirmer ce que nous affirmons en fait ; votre point de vue vous permettra-t-il même de trouver un critère assuré de l'affirmation normale, nécessaire en soi ? Et tout d'abord, ne venez-vous pas de vous replacer au point de vue de la conscience empirique, lorsque vous parliez d'affirmations normales et nécessaires ? »
— Pour commencer par ce dernier point, il est évident que si l'on nous a accordé, comme la psychologie elle-même y invite, la permission de nous élever de la pensée concrète à l'idée d'une pensée pure, on n'est pas fondé à nous interdire de parler de l'affirmation en suivant la même voie ; d'autant plus qu'il faut bien, pour nous faire entendre, partir, comme nos adversaires eux-mêmes, de la conscience empirique ; mais passons. — Sans nul doute, il n'existe aucun moyen de déterminer les conditions psychologiques d'une affirmation tout à fait normale et nécessaire ; c'est un fait, que le « sentiment vif interne » de la vérité peut nous tromper. Et rien ne sert d'invoquer, comme on le fait parfois, la conscience réfléchie au lieu de la conscience spontanée. En effet, que signifie donc la première de ces expressions ? Ou bien on désigne par elle un certain mode du raisonnement, une démarche intellectuelle très rapide, presque instantanée, mais à laquelle en réalité convient, uniquement, le nom de raisonnement ; ou bien on entend un certain état de la conscience, à savoir la conscience assez intense et assez nette pour se rendre un compte exact des croyances qui naissent spontanément en elle sans le secours d'aucun raisonnement. Certes la réflexion est un mode de la conscience, mode intermittent ; mais une fois distinguée du raisonnement, la réflexion ne s'oppose pas à la conscience pure et simple : elle est un mode supérieur de la conscience,

voilà tout. Prenons maintenant l'expression « conscience réfléchie » au sens où elle signifierait : ensemble des croyances spontanées que la raison justifie. Que gagne à cela le dogmatisme? Rien, car puis-je jamais être certain que ma réflexion aboutira deux fois au même résultat? Que si elle se prend elle-même pour objet, elle n'ébranlera pas sa foi en sa propre valeur? Que toutes les autres consciences, enfin, devront juger comme la mienne propre? Il est trop évident que je ne saurais répondre affirmativement à ces trois questions qu'en me fondant sur des inductions dont le point de départ serait l'observation des cas où j'ai eu le sentiment vif interne de posséder la vérité. Mais l'induction conserve toujours un caractère hypothétique, quand ce ne serait qu'à cause de l'impossibilité de pouvoir jamais dire : telle observation a été parfaitement bien faite. Ne sais-je pas, d'ailleurs, par expérience, que j'ai abandonné des opinions auxquelles j'avais pu me croire attaché pour la vie entière? Allons plus loin ; supposons que quelqu'un ait trouvé un raisonnement déductif dont la conclusion soit qu'il est en possession du critère de la certitude normale et nécessaire, qu'il ne pourra jamais douter de la valeur de ce critère, que quiconque est capable de réflexion sera forcément de son avis. Psychologiquement, son raisonnement n'est qu'un fait momentané de sa conscience individuelle, et sous la déduction qu'il fait, comme nous le démontrerons plus tard, se cache une induction que rien ne saurait justifier. Puisque par hypothèse cet homme n'est point sceptique, accordons-lui le droit d'être ce qu'il est en fait, à savoir dogmatique ; mais dès qu'il entreprend de justifier son dogmatisme par quelque procédé discursif, soit devant un autre, soit même à ses propres yeux, il n'a pas le droit de dépasser le probabilisme ; ainsi doit-on conclure après la critique qui vient d'être faite de la valeur, en l'espèce.

du raisonnement et du témoignage de la conscience contrôlé ou non par la raison. C'est bien ici qu'on peut dire avec Jouffroy qu'il n'est pas possible de se servir de la raison sans se mettre à douter.

Il y a donc des objections irréfutables contre cette forme du dogmatisme que l'on pourrait appeler psychologique. Tout à l'heure, nous lui contestions déjà le pouvoir de se justifier soit inductivement, soit déductivement, mais nous concédions que la valeur absolue de notre croyance à un certain droit d'affirmer pouvait être découverte par simple inspection, soit qu'on analyse le fait de l'affirmation quand il se produit dans la conscience en telle ou telle circonstance, soit qu'on analyse ce fait dans sa notion abstraite lorsqu'il arrive à la conscience de se dire: « J'affirme, et penser c'est affirmer ». — Maintenant, conduits à analyser l'idée d'affirmation normale et nécessaire, nous avons dû constater que si, lorsqu'on pose la réalité de la conscience empirique, on doit reconnaître que ses pensées sont autant d'affirmations, on est forcé au contraire, lorsqu'on se demande si cette conscience renferme des affirmations normales et nécessaires, de répondre qu'on n'en sait rien, les conditions de celles-ci n'étant pas déterminables exactement, ni par induction ni par déduction. Or, si les affirmations dont il s'agit ne peuvent être reconnues à aucun signe par l'observation intérieure, on peut douter qu'il y ait dans la conscience de véritables affirmations, on peut douter que la conscience affirme; de quel droit parler, alors, d'une affirmation en soi qui est normale et nécessaire? Faudra-t-il donc opter pour le scepticisme? S'il ne le faut pas, comment peut-on sortir d'embarras?

Il n'existe pas un cas où la conscience empirique puisse reconnaître, dans l'affirmation qui se produit en elle, la présence, en elle, du double caractère dont il s'agit; elle ne peut, partant de l'observation intérieure, formuler les conditions d'une telle affirmation. Mais cependant il est des cas où il semble que l'affirmation soit bien normale et nécessaire : ce sont ceux où elle semble invincible. Nous pouvons donc continuer à dire : « Cherchez ce que vous croyez le plus fortement, ce sera là la vérité, car ce sera ce que vous tiendrez pour vrai ». Cette vérité est la seule qu'il soit humainement possible d'atteindre ; mais regretterons-nous son insuffisance théorique ? Non, puisque celui qui l'atteint cesse de se poser la question de sa valeur : il admet que ce qu'il croit est la vérité nécessaire, absolue en soi comme elle est, pour lui, la croyance normale, nécessaire, invincible. En pratique, ce conseil ne s'opposera pas à l'esprit même de notre doctrine qui veut faire abstraction de ce qui se passe dans la conscience empirique ; d'autant plus qu'il a été établi que l'affirmation comme fait de conscience suppose l'affirmation en soi de ce qui s'affirme en nous. C'est pourquoi nous pourrons établir toute notre doctrine comme si nous faisions appel, et uniquement appel, à la conscience de ceux auxquels nous nous adressons ; il sera entendu que c'est, au fond, à la pensée en soi que nous nous référons, et la psychologie elle-même, bien que violentée par nous, sera pour nous, puisque la pensée concrète suppose la pensée en soi, l'affirmation de la vérité en soi. Chaque fois que nous nous demanderons si la notion de ce qui paraîtra s'affirmer normalement et nécessairement est affirmation de soi ou bien affirmation et négation de soi à la fois dans notre conscience, nous regarderons notre devoir intellectuel comme accompli. — Entreprendre de cette manière la recherche de la vérité présente un grand avantage : on est dispensé d'examiner les objections formulées par les psychologues et les psycho-physiologistes sur les conditions de la certitude ; et s'ils se scandalisent, ne peut-on pas leur répondre aussi : « Vous-mêmes, quand vous exprimez vos doutes, vous inquiétez-vous de savoir quels peuvent être les dessous psychologiques ou même physiologiques de votre pensée? » Nous ne demandons ici qu'à faire franchement et sans cesse ce que nos adversaires font sans l'avouer et sans cesse. Il y a plus : ne serait-ce pas tomber dans un paralogisme, que d'entreprendre de juger la pensée, de vouloir présenter un avis motivé sur la légitimité ou l'illégitimité de la certitude? Il reste donc qu'une seule attitude est logique en face du problème de la connaissance ; chercher ce qu'on croit et avouer qu'on le croit ; peu importe si l'affirmation de la vérité est, en même temps que cela, un fait de la conscience empirique livré comme tel à la discussion des dogmatiques, des empiristes et des sceptiques ; peu importe, aussi, si la conscience empirique ne se pose que pour inviter à la dépasser ou même à la nier : les droits de la pensée en soi sont imprescriptibles.

Prétendra-t-on, d'autre part, que dans sa teneur logique l'idée de l'affirmation n'est pas une idée féconde, qu'elle équivaut presque, en tant que pure forme, à un pur indéterminé, qu'elle est une impensable entité? Mais rien n'oblige à vider de tout contenu l'acte d'affirmer, même si on le dépouille de toute existence psychologique. Quand on a fait abstraction de cette existence et de tout ce qui peut être affirmé par nous, il reste, à la forme pure de l'affirmation, une matière qui ne fait qu'un avec elle bien qu'elle la pose en se l'opposant, et cela pour réussir à se poser elle-même. Cette matière, c'est l'être, car du néant il n'y a pas d'affirmation ; c'est l'existence de quelque essence qui reste, il est vrai, indéterminée d'abord, mais qui, fût-elle indéterminable pour nous, est néanmoins posée existante. — Au reste, cette manière d'envisager l'affirmation n'est pas nouvelle : c'est maintenant une opinion presque banale que celle-ci : le sujet ne se pose, ne pense, n'est, même en tant que forme, qu'en tant qu'il pose un objet, qu'il s'oppose une matière ; en d'autres termes, la pensée pose l'être ; elle est, identiquement, le décret qu'il y a quelque chose, et ce décret en renferme deux autres qu'il faut dégager du premier si l'on veut ensuite spéculer avec fruit, édifier une doctrine conforme aux nécessités primordiales de l'esprit. Ces deux décrets sont les suivants : « Toute idée du réel qui ne serait point conforme à ce qui est requis pour que la chose pensée mérite pleinement le nom d'être, doit être rejetée, déclarée absurde, regardée comme n'ayant point un objet réel ; l'être véritable, qui doit être pensable, doit être, à cause de cela même, conçu comme ne pouvant être que de nature pensante. » Ainsi, en supposant que la logique nous force à nier le monde des phénomènes comme firent les Éléates, qu'elle nous force à nier jusqu'à l'existence de cette conscience empirique dont nous sommes cependant partis pour concevoir la pensée pure, et qu'elle ne nous laisse affirmer, finalement, que l'être pensée de soi du spiritualisme concret[1], il nous faudra accepter ces conséquences en dépit de leur aspect paradoxal, comme conformes et seules conformes à l'usage normal de la pensée empirique aussi bien qu'aux nécessités essentielles de ce que nous avons nommé la pensée en soi. — L'erreur de Kant fut de croire qu'il pouvait y avoir une pensée pure forme à laquelle n'était jointe aucune matière. M. Lachelier, qui part de la pensée abstraite, ne reconnaît pas davantage que cette pensée contient déjà l'affirmation de l'être. Quant à passer immédiatement de la pensée pure à la pensée essence de

---

1. Cette façon de désigner les métaphysiques plus ou moins analogues à l'idéalisme leibnitzien tend à devenir classique. V. en particulier l'*Histoire de la Philosophie* de Weber. Le mot « idéalisme » est trop sujet à équivoque.

l'être, il n'y faut pas songer, car la nature de l'être ne peut être découverte que par l'analyse de l'idée de l'être, et il faut d'abord poser l'être : on n'analyse que ce qu'on a posé ; et c'est, nous l'avons vu, la pensée en soi, que supposer la pensée concrète si toutefois celle-ci existe, c'est cette pensée en soi qui pose l'être. Est-il assez clair, à présent, que le point de départ de la théorie exposée ici n'est pas tel que la spéculation philosophique soit rendue impossible dès ses premières tentatives pour atteindre et pénétrer le réel?

Quoi qu'il en soit, il n'est peut-être pas inutile de présenter encore autrement la doctrine qui doit servir de base à toutes nos recherches. Supposons donc que l'on nous dise : « 1° Vous n'avez pas démontré l'inutilité, pour la pratique intellectuelle de la pensée empirique, d'un critère assuré de l'affirmation normale, nécessaire, puisque vous n'avez pas établi ni prétendu établir qu'il est possible à l'homme de penser en dehors de sa conscience empirique ; penser de la sorte serait le plus sûr moyen d'arriver à la vérité, car, si on le pouvait, on ne voit pas d'où viendraient encore des raisons de se défier de la pensée : tous les arguments du scepticisme, en effet, ne portent-ils pas sur la pensée empirique? Mais un tel mode de pensée, qui se passerait de critère, est chimérique. 2° D'ailleurs, en dépit de vos efforts pour vous appuyer sur un principe que vous voulez le plus abstrait possible, afin de le soustraire à toutes les chances d'erreur inhérentes à la pensée concrète, vous affirmez, vous aussi, bon gré mal gré, sur la seule foi d'un certain sentiment vif interne ; et finalement, votre tentative pour fonder plus sûrement le dogmatisme sera vaine, puisqu'elle soulèvera les mêmes difficultés que toutes les autres. »

La première partie de cette objection peut être retournée

contre qui la formule. Quiconque en effet pense et affirme, fait implicitement la distinction à laquelle nous attribuons une importance capitale : penser, affirmer, c'est ériger ses propres jugements en vérités absolues, et dire en quelque sorte : « Ma conscience est d'accord avec la vérité en soi ; tout se passe en moi comme si c'était la vérité qui s'affirme en moi plutôt que moi qui l'affirme ». Meilleur psychologue, notre adversaire serait de notre avis ; par suite, il comprendrait que nous puissions parler d'affirmation nécessaire en soi et nous exprimer ainsi : « Si la conscience existe, l'affirmation qui y apparaît, c'est la vérité s'affirmant en elle ; la conscience peut donc se dispenser de justifier inductivement[1] ou déductivement ses actes de foi et la confiance sans réserve que l'usage de la raison lui donne dans la raison. » Il comprendrait qu'il nous est inutile de chercher à proprement parler un critère de l'affirmation légitime à l'usage de la conscience empirique considérée en elle-même, isolée de la pensée en soi dont elle est, si elle existe, dépendante par nature ; il verrait que c'est lui-même, au contraire, qui serait plutôt obligé de chercher, par les voies où il nous est inutile d'entrer, un critère de l'affirmation légitime, que d'ailleurs aucun artifice de raisonnement ne pourra lui fournir.

Quant à la seconde partie de l'objection, il suffit, pour y répondre, de préciser l'idée du dogmatisme. Lorsque j'affirme quelque chose avec une entière certitude, je crois nécessairement, en ce moment du moins, que je ne cesserai pas de professer la même opinion, que tous les hommes doivent, s'ils pensent normalement, être d'accord avec moi ; je suis dogmatique alors et je ne puis pas ne pas l'être. Si vous êtes d'un autre avis que le mien, vous

---

[1]. Le fait de pouvoir mettre en forme l'induction comme la déduction, explique l'illusion très répandue d'un caractère explicatif inhérent au raisonnement inductif.

pouvez me dire que je me trompe, non que j'ai tort d'être dogmatique, car ce serait me reprocher d'être ce que je ne puis pas ne pas être, et vous êtes dogmatique autant que moi quand vous combattez mon opinion. Mais voici que j'exprime cette opinion et que je veux convaincre mon adversaire ; comment devrai-je lui présenter ce que je crois être la vérité ? On ne saurait être raisonnablement dogmatique que pour son propre compte, et même on ne l'est, au fond, que pour soi-même, que parce qu'on l'est. La certitude est un fait qui se produit ou ne se produit pas ; elle ne dépend pas de notre libre vouloir ; on la souhaite, on la redoute, on la sollicite ou on se débat pour l'éviter, voilà tout : elle survient du dedans, des profondeurs de notre être intime, profondeurs telles que parfois ce qui en sort semble venir du dehors ; elle est un fait essentiellement individuel. — Aussi un croyant imite-t-il un autre croyant qui lui parle, plutôt qu'il n'est convaincu par lui ; son imitation n'a rien d'une transmission. A la lettre, la certitude est incommunicable. Si donc mes raisons ne touchent pas mon adversaire, il sera fondé à me dire que les siennes entraînent irrésistiblement son adhésion ; et comme il n'y a personne qui puisse nous faire connaître lequel de nous pense ce qu'il pense d'une façon tout à fait nécessaire, nous serons placés dans cette alternative : ou bien il nous faudra conclure au scepticisme ; mais cela nous ne le pouvons pas, puisque, par hypothèse, nous affirmons tous deux quelque chose ; ou bien nous devrons réformer notre idée du dogmatisme. — Voici en définitive comment la difficulté peut être résolue, en restant sur le terrain de la conscience empirique. Nous reconnaîtrons tous deux qu'en ce qui concerne chacun de nous, la question de savoir si notre croyance est vraiment irrésistible ne se pose même pas en fait, puisque notre croyance nous semble légitime. Mais en tant que chacun de nous s'adresse à un autre, sa propre croyance doit être présentée par lui comme probable, simplement; chacun doit envisager les arguments qu'il donne comme constituant, en tant qu'il en fait part à un autre, une simple exposition de ce qu'il pense lui-même et dire à l'adversaire : « Tel est mon avis, telles sont mes preuves qui l'étayent ; voyez si vous pouvez penser comme moi. » — Allons plus loin : quand j'élabore quelque théorie sans communiquer mes idées à un autre, il peut m'arriver de penser au sort futur de ma certitude présente et à la possibilité pour moi d'amener d'autres hommes à affirmer ce que j'affirme. Dès que je songe à de telles choses, je me sens confirmé dans mon opinion actuelle si je n'ai pas conscience d'obéir à quelque impulsion émotive, à quelque préjugé ambiant, si ma croyance résiste à tout effort pour l'ébranler, si je ne vois pas qu'elle ait besoin d'être appuyée de quelque preuve différente de celles que j'ai trouvées, si je puis, enfin, m'assurer qu'explicitement ou implicitement cette croyance est aussi celle des autres hommes. Cependant, à la réflexion, je découvre bien vite l'insuffisance de toutes les considérations qui m'invitent à proclamer ma croyance définitive pour moi et nécessaire pour les autres esprits comme pour le mien. Sur quoi donc en effet puis-je m'appuyer pour justifier ma croyance présente? Uniquement sur des règles dont le principe est empirique, sur des généralisations dont le point de départ est le souvenir de quelques circonstances où je fus certain de quelque chose. Je ne suis donc parfaitement confiant en la valeur de mes propres certitudes que quand ces certitudes sont, non point seulement établies sur des raisons, mais non combattues par quelque raison adverse ; quand il me semble que je suis certain pour tel ou tel motif, la vérité est que ma croyance sur un point a été sollicitée par ma croyance sur tel autre point, mais non produite par elle: ne sais-je pas par expérience que je n'ai pu, parfois, arriver à admettre, à croire les propositions les mieux motivées? La croyance, le dogmatisme naturel à l'esprit sont donc, au fond, affaire d'instinct. S'il en est ainsi, si le dogmatisme est essentiellement un fait et un fait individuel, qu'on n'essaie donc plus d'obtenir, au moyen d'une théorie quelconque, une liste des conditions auxquelles devrait satisfaire un dogmatisme « qui ne renfermerait plus de difficultés » ! On est dogmatique, mais on ne l'est pas par principes ; on ne l'est pas par des principes assurés qui démontreraient qu'on a raison d'être dogmatique. Présentons aux autres nos idées ; si nous les convainquons, ils ne se demandent pas plus s'ils ont bien le droit d'être convaincus que nous ne nous demandons cela quand nous croyons à quelque chose. C'est pourquoi nous-mêmes, en présentant ces considérations sur le dogmatisme, nous dirons simplement : « Selon nous, l'esprit est naturellement dogmatique en tout homme ; regardez plutôt en vous-mêmes. »

Assurément, ce n'est pas sans subtilités que nous sommes arrivés à montrer combien simple était, au fond, la question du dogmatisme ; mais si l'on admet notre point de vue, comme cette question se simplifie ! — Si en effet on se réfère à la pensée en soi dont la conscience empirique, en admettant qu'elle soit, est dépendante, le sentiment vif interne de posséder la vérité devient, à supposer qu'il soit, un effet du retentissement, dans la conscience empirique, de l'affirmation de la vérité en soi ; il n'y a donc plus lieu de se préoccuper de la conscience empirique ; on ne peut plus dire que l'on affirme sur la foi d'un sentiment. Un tel sentiment a jadis accompagné des pensées erronées : qu'importe? Si, psychologiquement, quelque sentiment personnel et nôtre précède et motive toujours en partie nos affirmations objectives, cela tend à prouver que le point de vue psychologique, qui postule l'existence de la conscience empirique, est faux, et que peut-être la conscience est irréelle ; cela prouve tout au moins que, si la conscience est irréelle, elle doit faire abstraction de ce qui se passe dans la sphère des sentiments et s'inquiéter seulement de ce qui s'affirme en elle, est objectif, vrai pour elle et en elle, et ainsi, en elle, n'est pas elle. Ce qui s'affirme de la sorte sera vrai pour elle, si toutefois elle existe ; que veut-on de plus ?

Nous ne pouvons pas faire, cependant, que notre attitude ne soit étrange : nous voulons que les affirmations que nous proposerons apparaissent comme la propre affirmation de la vérité par elle-même ; et néanmoins tout se passera comme si nous dogmatisions sur la foi d'un sentiment intérieur personnel, comme si l'affirmation de la vérité par elle-même n'était autre chose qu'un acte de la pensée concrète. — Heureusement, d'autres avant nous ont reconnu et déploré la fâcheuse nécessité où se trouve l'esprit de fausser la vérité pour l'exprimer et tout d'abord pour s'en rendre compte distinctement[1]. Au surplus, puisque l'objectif est, identiquement, ce qui se pose avec une souveraine indépendance, en dehors et au-dessus du subjectif, rien ne nous empêchera, une fois établie la liste des vérités absolues, d'oublier cette conscience empirique dont nous sommes partis, et devant qui nulle vérité n'est qu'un fait. C'est ainsi qu'un édifice une fois bâti et se tenant debout par lui-même, l'architecte fait disparaître les échafaudages qui désormais sont inutiles. Que m'importe ce fait que je tiens la vérité, moi pensée concrète, si ce que je tiens est réellement la vérité ? — « Mais vous avez considéré

---

1. M. Bergson, par exemple : *Essai sur les données immédiates de la conscience*. Avant-propos et chap. 1er. — Le présent ouvrage renferme un certain nombre de vues plus ou moins analogues à celles de ce philosophe, vues auxquelles nous sommes arrivés, le plus souvent, en partant d'idées très différentes des siennes et depuis longtemps nôtres.

l'affirmation elle-même du droit d'affirmer comme un fait ? » — Sans doute, mais bien vite nous sommes remontés de l'affirmation fait de conscience à l'affirmation en soi ; parler de la première n'était qu'un moyen pour arriver à la seconde et une pure concession à l'opinion vulgaire ; concession d'ailleurs fort opportune, puisqu'elle permettait de dire à l'homme qui refuse de s'élever jusqu'à l'idée de la pure forme de toute pensée : « Reconnaissez vous-même que vous êtes naturellement dogmatique ; que vous ne pouvez être vraiment sceptique ; que dans le cas où vous n'êtes point tout à fait dogmatique, vous êtes au moins probabiliste » ; concession fort opportune aussi parce qu'elle nous permet de nous adresser à la conscience empirique et d'assimiler la vérité en soi à ce que cette conscience, à supposer qu'elle soit, reconnaît spontanément pour tel.

Mais si notre langage ne peut pas ne pas ressembler à celui de tout autre, si nous avons établi que la conscience empirique ne pourra se rebeller contre ce qui sera déclaré vrai au nom de la pensée pure dont elle doit se reconnaître elle-même justiciable, ce n'est pas que la doctrine ici exposée tende à se confondre avec les dogmatismes traditionnels. — En effet, subordonner l'affirmation de l'existence de la conscience elle-même et de tout ce qu'elle contient à la logique, à la raison, c'est en définitive proclamer que la soi-disant évidence des faits proprement dits n'a aucune valeur, que les principes abstraits de la pensée doivent être employés tout d'abord, non pas pour interpréter des faits que leur qualité de faits suffirait à garantir réels, mais pour déterminer d'abord si les faits sont réels, si la conscience qui les donne ou plutôt les renferme est réelle, si, en d'autres termes, il existe véritablement un fait de penser la conscience et le phénoménal. Qui n'admet pas cela renonce en quelque sorte à sa dignité d'être pensant, car il limite les droits de la raison, qui est l'essence de la pensée.

Nous n'admettrons la réalité des faits que si la raison nous autorise à les poser réels : ceci ressemble peu à ce que font d'ordinaire les dogmatiques ; mais pouvons-nous oser cela sans nous mettre en contradiction avec nous-mêmes, ayant préalablement établi que le vrai savoir pouvait être considéré comme la somme des propositions admises en fait par l'esprit ? — Il n'y a là qu'une contradiction apparente, car voici le langage que les considérations précédentes nous autorisent à tenir, quelle que soit l'opinion de notre contradicteur : « Posez-vous tout d'abord que la conscience empirique existe ? Si oui, cherchez ce que vous croyez nécessairement ; si vous trouvez quelque chose de tel, vous découvrirez en vous la véritable science, qu'une certitude parfaite accompagnera : cette science et cette certitude seront des faits de votre esprit. Mais il vous reste un autre parti à prendre : faites de la pensée en soi le juge de la pensée concrète, oubliez ou même niez que vous croyez ce que vous croyez ; votre savoir disparaît, en tant que fait de votre conscience, devant la vérité en soi qui, si elle est encore un fait, n'est plus un fait au sens ordinaire de ce mot ; elle est un fait tout idéal, la norme de toute vérité ; elle est ce qui peut décider si quoi que ce soit est vrai ou faux, si, en particulier, le fait qu'une vérité objective quelconque est pensée par une conscience empirique, existe ou n'existe pas. »

Cependant, nous souvenant qu'il est opportun, puisqu'aussi bien nous nous adressons à des esprits qui postulent tout d'abord la réalité de la conscience empirique, de nous placer aussi sur leur terrain le plus souvent qu'il se pourra, montrons à quel point, toutes réserves faites, la méthode préconisée ici pour la recherche philosophique s'accorde avec celle dont la science fait usage. — Que sont les mathématiques, sinon la suite des décrets nécessaires de l'esprit sur les propriétés des nombres et de l'espace? Le nom de « faits » appliqué à des vérités relatives à la quantité, est même assez souvent employé par les mathématiciens contemporains[1]. La physique, la psychologie, la logique, la morale et l'esthétique peuvent se définir d'une manière analogue, comme des séries de décrets nécessaires de l'esprit sur la nature des perceptions objectives, des faits mentaux purs, du vrai, du bien et du beau. Il est donc tout indiqué aussi de se demander ce qu'en fait l'esprit pense normalement de l'être et de son propre pouvoir de le connaître. Consigner dans l'ordre mentalement nécessaire les propositions mentalement nécessaires, et tenir pour explicatives les idées ainsi énumérées et ordonnées : nul savant, nul métaphysicien n'a d'autre fonction ; spécialement, le logicien et le psychologue ne font pas autre chose que de rassembler de la même manière des propositions sur les lois de la pensée, les causes de l'erreur, les conditions dans lesquelles se produit le fait de la certitude, etc... Nous pouvons donc répéter ici de toute opinion scientifique ce qui a été dit plus haut de toute opinion en général : toute vérité est une opinion à laquelle la certitude vient s'ajouter comme un fait à un autre fait ; toute science, même la psychologie, la logique et la métaphysique soit de l'être, soit du connaître rentrent dans une psychologie générale, dans une sorte d'histoire naturelle de l'esprit. Pour des raisons qui leur échappent, les empiristes parlent mieux que Descartes lorsqu'ils professent que ce sont les sciences naturelles, et non les mathématiques, qui sont le type de toute science humaine : aborder la question philosophique de la certitude comme on le fait ici est on ne peut plus conforme à

---

1. V. par ex. Méray : *Leçons nouvelles sur l'Analyse infinitésimale*. Préface, pag. ix, not. 3.

l'esprit de la science. En attendant la certitude, le savant pense; d'abord il espère la certitude, et quand elle vient, il en jouit comme d'une bonne fortune. Le philosophe doit l'imiter : qu'il ne tente point cette chose impossible et contradictoire, d'être sûr, avant d'avoir spéculé, de pouvoir bien spéculer! Pour lui comme pour le savant, la règle est celle-ci : Pense, en attendant la foi à la pensée; quand tu croiras, si ce bonheur te vient, tu sauras que tu as raison de croire; la certitude est le prix de l'effort et de la recherche; elle ne saurait les précéder : « Celui qui pratique la vérité arrive à la lumière[1] ! » Dans l'action, en effet, est le secret de la pensée, qui est action. De même qu'au point de vue moral, la condition de la perfection est l'oubli de soi, de même, au point de vue spéculatif, la condition de la certitude est la pratique de la pensée sans la préoccupation de la certitude.

Rattacher la philosophie au reste des sciences en montrant qu'il y a lieu d'instituer une recherche philosophique aussi bien que d'autres recherches, identifier en même temps, par la base tout au moins, la méthode des savants et celle des philosophes, ce n'est pas prouver la légitimité du dogmatisme, mais c'est un moyen de le rendre moins suspect à plusieurs. La science, en effet, n'est-elle pas regardée comme la raison vivante, la raison dans son œuvre concrète? Après avoir établi d'une manière abstraite et qui peut paraître paradoxale la réalité du droit d'affirmer, il valait la peine d'établir d'une manière concrète, susceptible de frapper les esprits positifs qui croient aux faits donnés, la légitimité d'un certain dogmatisme philosophique.

Mais laissons là toutes ces considérations pour envisager en elle-même, abstraction faite de la possibilité de convain-

1. S. Jean : Ev. III, 21.

cre tels ou tels adversaires, l'idée de l'affirmation prise comme point de départ de toute une philosophie. Le choix d'un tel principe offre quatre avantages principaux dont l'énumération résume toutes les réflexions qui précèdent, et peut servir à annoncer toutes celles qui suivront. En effet, si l'on admet notre point de départ :

1° La question de la légitimité de l'affirmation se ramène à la constatation du fait de l'affirmation normale et nécessaire, dont la valeur ne saurait être dépréciée par aucune considération tirée de l'étude de la conscience empirique objet de la psychologie, ou des faits non conscients que cette conscience semble révéler et dont l'ensemble compose ce qu'on nomme le monde matériel. Que la pensée concrète s'estime ou non réelle, elle doit reconnaître qu'elle s'attribue spontanément une valeur absolue et qu'il ne lui est pas possible de persévérer sincèrement dans le scepticisme.

2° On aperçoit dans le fait de l'affirmation, quelle que soit la chose affirmée, l'affirmation de l'être, et, comme conséquence, la négation implicite, mais absolue, de la réalité de tout ce qui n'arrive pas à se poser avec tous les caractères requis pour que l'esprit qualifie d' « être » l'objet qui se présente à sa pensée. Le réel, c'est ce dont l'idée semble s'affirmer en nous ; l'irréel, c'est ce dont l'idée se nie en nous tout en semblant se poser. Muni de ces définitions, l'esprit se découvre en possession d'une première règle de vérité dont l'emploi fécond n'est subordonné qu'à son désir de savoir.

3° On admet la possibilité d'arriver, tout en raisonnant juste, à des antinomies, à de véritables contradictions, mais on reconnaît à l'avance le devoir intellectuel de nier la réalité de tout ce qui apparaîtrait sous deux aspects inconciliables, cela fût-il un fait que la conscience semble donner. On adopte donc cette seconde règle fondamentale ;

vérifier la nécessité des affirmations de l'esprit en cherchant à les ébranler par tous les moyens possibles, et reconnaître la nécessité d'un point de vue alors même qu'un point de vue absolument opposé paraîtrait nécessaire, si toutefois le premier semble l'être autant que le second. — Sous toute affirmation médiate ou immédiate, il y a quelque chose d'analogue au fameux argument ontologique, étant donné que toute idée admise est une idée objectivée ; mais il y a plus : sous toute croyance qui a été un instant révoquée en doute (et quel homme n'a jamais douté de ce qu'il croit?) il y a quelque chose d'analogue au « raisonnement par l'absurde ». Si toute idée admise est une idée objectivée, toute idée conservée est conservée parce que d'autres, de nature à l'expulser, n'ont pu être objectivées.

Les précédentes réflexions dérivent de celles qui précèdent, mais il était bon de les isoler, car il importe de bien s'en pénétrer pour ne pas être scandalisé par les contradictions où l'on tombe peut-être inévitablement lorsqu'on tente de faire la théorie de telle ou telle chose dont jusqu'alors on avait admis l'existence. Il faut qu'on n'hésite point à affirmer ou à nier sur la foi de la seule logique, en dépit de toute protestation des sens et de l'imagination.

4° On possède une méthode d'une extrême simplicité dont les trois règles principales sont les suivantes :

I. — Ne s'appuyer sur la conscience empirique et sur les faits qu'elle présente, que pour s'élever aussitôt à l'idée de la pensée en soi, de l'affirmation en soi ; puis partir de là pour juger de tout et construire, sur les ruines de la science de l'irréel, la science du réel.

II. — Consigner, dans l'ordre où elles apparaissent et avec les rapports qui s'établissent d'eux-mêmes entre elles, toutes les idées qui viennent successivement, les unes appelées par les autres, donner un contenu à cette forme pure qu'est la pensée en soi, à mesure qu'on laisse en quelque sorte celle-ci engendrer la série des notions certaines dont elle est grosse.

III. — Appeler « être » ce dont l'essence est conforme à ce qui a été reconnu comme constituant l'essence de l'être, c'est-à-dire appliquer le principe d'identité ; appeler « non-être » tout le reste, c'est-à-dire appliquer le principe de contradiction.

A présent que nous avons, non pas démontré, car on ne le pourrait sans paralogisme, mais montré la légitimité de notre méthode, pouvons-nous immédiatement développer la doctrine à laquelle son emploi conduit? Non, car s'il est vrai que cette doctrine exprime la philosophie normale de l'esprit humain, elle ne peut être tout à fait nouvelle ; elle doit donc être présentée soit comme la restauration de quelque philosophie antérieure, soit même comme une rectification de philosophies déjà existantes ; elle doit aussi pouvoir s'appuyer sur le sens commun comme sur un allié involontaire ; elle doit enfin, non seulement ressembler par sa méthode aux sciences proprement dites, mais encore obtenir de la science, qu'elle ne peut juger sans appel qu'une fois constituée elle-même en entier, une sorte de laisser-passer. — C'est pourquoi il est à propos d'inaugurer cet Essai par un exposé fidèle de la doctrine de Parménide, doctrine dont il ne semble pas que la partie essentielle, dont nous nous occuperons exclusivement, ait toujours été bien comprise : notre dessein principal est en effet de présenter une restauration de l'éléatisme. D'autre part si, après avoir reconnu comme Parménide que le monde des phénomènes tout entier n'est point, étant contradictoire, nous proclamons que la science n'a pas d'objet véritable, mais que cependant, si l'on cesse d'opposer au sujet un objet quelconque, toute pensée est en un sens vérité, nous pourrons nous réclamer de Protagoras. S'il nous arrive d'insister sur la disproportion qui existe entre la forme de la science et nos moyens soit d'investigations *a priori* soit d'observation, nous parlerons soit comme les probabilistes de l'antiquité, soit comme nombre de savants modernes. Si nous soutenons, malgré l'étrangeté de cette formule, que l'être en soi est inaccessible à la pensée phénoménale bien que celle-ci soit contrainte d'affirmer l'être et de l'affirmer en niant la réalité de sa propre existence phénoménale, si nous disons qu'on ne peut opposer le phénomène au noumène que comme le non-être à l'être, que ferons-nous sinon de rectifier l'idée mère du kantisme tout en concluant contre lui? — Quant au sens commun, il n'est pas exempt de ce mysticisme qui poussa des saints à professer, par exemple, que ce monde est devant Dieu (nous dirons : devant l'être) comme s'il n'était point. — Enfin puisque, plus la science progresse, plus elle élimine de ses raisonnements les éléments métaphysiques, la science elle-même ne nous invite-t-elle pas à construire une métaphysique d'où tout concept relatif au phénoménal, d'où le concept même de phénomène soit banni? Et comme de plus en plus elle présente ses principes comme des postulats, ceux-ci comme des hypothèses, celles-ci comme de simples moyens de se représenter clairement l'unité du divers donné, elle proclame en somme que la véritable certitude, celle qui accompagnerait la pensée de la véritable réalité, doit être cherchée en dehors de son domaine. Si donc la métaphysique veut vivre, il faut qu'elle se constitue en s'opposant à la science qui ne veut pas d'elle, qui entend se suffire sans cependant nous suffire, et qui protesterait contre toute tentative pour la faire servir de base à une métaphysique, comme si c'était là vicier dans leur essence les concepts qu'elle regardé comme ne pouvant avoir qu'un sens, et un usage scientifiques.

« Quand les philosophes discutent, dit Balmès, c'est le genre humain qui discute [1] ». Le meilleur indice, peut-être, qu'on a trouvé la doctrine vraiment normale à l'esprit humain, c'est de la retrouver éparse parmi les philosophies les plus illustres. Ce serait d'ailleurs une tâche impossible que de vouloir dégager la philosophie normale d'une enquête portant sur toutes les doctrines et sur les opinions de tous les hommes ; sans compter qu'on risquerait de prendre des préjugés communs pour des vérités universelles.

Avant d'exposer notre manière de comprendre la philosophie de Parménide, la seule dont nous traiterons avec quelque développement, il importe d'avertir que, pour interpréter une doctrine comme pour rechercher la vérité sur les choses, nous prenons pour règle souveraine le principe d'identité. Si le principe qui pose l'existence de quelque essence, énonce la première vérité matérielle de la philosophie normale fondée sur l'analyse de l'affirmation en soi, le principe d'identité est la première vérité formelle, car il faut d'abord que l'affirmation soit affirmation. Aussi ce principe qui, dans l'ordre de l'être, ne vient que le second, c'est-à-dire une fois que l'être est posé, vient-il au contraire le premier dans l'ordre du connaître. Il n'est aucune science qui ne le suppose : le physicien n'a d'autre but que de trouver, dans le présent, des suppositions qui s'accordent avec les principes de l'intelligence d'une part, avec ses perceptions passées d'autre part, et avec lesquelles puissent s'accorder ses perceptions futures. En mathématiques, il n'est de raisonnements valables que ceux dont la même conclusion peut toujours être obtenue,

---

1. *Filosofía fundamental.* Lib. 1º, cap. I, 1.

quels que soient les changements qu'on fasse subir à la méthode de démonstration, et le nombre de fois qu'on entreprend d'obtenir identiquement cette même conclusion. Et la science de l'interprétation des doctrines n'est pas une science à part, car le précepte qui s'impose tout d'abord à elle, c'est de mettre le plus possible l'auteur étudié d'accord avec lui-même[1].

Ce premier chapitre, destiné à justifier dogmatiquement et historiquement le point de départ, les tendances et même, autant que faire se pouvait, les conclusions de ce livre, en constitue exclusivement la partie préliminaire.

---

1. Le rôle souverain qui revient, en toute recherche, au principe d'identité, a été mis en lumière avec une profonde originalité par A. Spir ; mais ce philosophe est infidèle à son propre principe en ne déclarant pas que cela ne peut être réel qui ne réunit pas toutes les conditions requises pour satisfaire au principe d'identité.

CHAPITRE II

L'ÉLÉATISME.

Les Éléates dégagèrent les premiers la métaphysique de la science, dont la véritable notion fut pour la première fois bien précisée par Démocrite. Parménide nie absolument l'existence des phénomènes, y compris ceux qui constituent la conscience empirique, y compris la réalité de l'opinion vraie elle-même. Il pose l'existence d'un être non pensé par nous et dont pourtant l'essence est de penser. Parti de la conscience empirique, mais par pure condescendance pour l'ignorant, serf de l'opinion, il s'élève à l'idée de la pensée pure d'où il considère toutes choses et juge de tout à l'aide du seul principe de contradiction. La doctrine exposée dans ce livre est une restauration de l'éléatisme.

Les premiers antésocratiques furent plutôt des métaphysiciens que des savants, bien qu'au fond ils ne crurent pas faire autre chose que ce que nous croyons faire lorsque nous édifions la science ; sans une longue expérience intellectuelle, l'esprit humain ne sent pas la nécessité de préluder aux considérations transcendantes par de patientes recherches positives, recherches dont les résultats généraux ne sont encore pour le métaphysicien qu'un point de départ. Longtemps on devait, à l'exemple des premiers antésocratiques, présenter, sous le nom de science, une combinaison hétéroclite d'opinions métaphysiques n'étant que de la physique ou des mathématiques transposées, exprimées en un langage métaphysique, et d'idées positives plus ou moins mêlées de métaphysique. Et l'esprit humain était satisfait de son œuvre : il est si facile de traiter *a priori* de toutes choses, et l'on peut si bien, avec quelque habileté, éviter de jamais conclure un raisonnement de manière à contredire l'expérience. Peut-être la métaphysique doit-elle se dégager de tout rapport avec la science ; quoi qu'il en soit, elle n'en a le droit qu'après avoir fait la critique de la science, ce qui suppose la science déjà constituée, c'est-à-dire en possession de sa véritable définition et distingué de la métaphysique. L'inventeur de la philosophie première fut Xénophane, qui le premier tenta d'en dégager l'objet pour l'opposer à l'objet de la science, qu'il précisa quelque peu du même coup. — Démocrite, un peu plus tard, devait préciser davantage l'objet propre de la science, en essayant d'expliquer le monde mécaniquement. En effet, il crut nécessaire à son but de postuler la légitimité de la régression à l'infini dans l'ordre des causes et d'éliminer l'idée de force. Or, devant la pure logique, il est absurde d'appliquer au réel l'idée de l'infini ; et d'autre part l'idée de force est étrangère à l'expérience. Démocrite marquait donc la science d'un double caractère qui eût dû rendre à jamais impossible dès lors la confusion de celle-ci et de la métaphysique : que peut-il y avoir de commun entre le domaine des phénomènes, d'où l'idée de force doit être bannie, où l'idée d'infini, idée illogique, peut jouer un rôle, et le domaine de l'être d'autre part, dont l'étude semble requérir l'emploi de la notion de force et l'application constante du principe de contradiction ? — Mais revenons au fondateur de l'école d'Élée ; il y a, selon lui, deux savoirs : l'un qui concerne « l'unité de la force organisatrice », l'autre qui concerne « le changement continuel de toute essence terrestre[1] ». Sans doute, il semble avoir professé la doctrine de l'immanence[2], car il rattache sans cesse la physique à la théologie ; loin d'opposer à la manière moderne le phénoménal au réel et d'identifier le devenir avec l'irréel, il conçoit

---

1-2. V. *La Philosophie des Grecs*, par E. Zeller ; trad. de M. Boutroux. Tome II, pag. 28, 34, 42.

plutôt le métaphysique comme devant donner la clef du scientifique ; c'est plus tard que la science apparaîtra comme devant servir de base à la philosophie première avant de tirer d'elle un supplément de lumière. Mais il est bien celui à qui revient l'honneur d'avoir tracé, entre les deux objets irréductibles du savoir, la première ligne de démarcation ; il marqua la place où Parménide creusa un abîme. — Kant lui-même, postérieur de vingt-trois siècles à Parménide, n'alla pas aussi loin que ce dernier ; car il crut à la possibilité de concevoir, tout au moins, un rapport entre le noumène et le phénomène ; le phénomène, il le nie si peu qu'il en fait l'objet unique de la connaissance ; ce qu'il regarde comme étant simplement objet de croyance est plutôt de l'ordre des choses que Parménide regardait comme l'objet unique de la connaissance.

« L'être est, et le non-être n'est rien [1] », dit Parménide. Platon, interprétant cette doctrine, s'exprime ainsi : « Le non-être n'est nullement, n'est nulle part et ne participe en rien à la réalité [2] ». Que l'on remarque tout d'abord les expressions : « μηδὲν δ'οὐκ εἶναι » et « οὐδέ πη μετέχει οὐσίας ». « N'est rien » signifie : n'est pas même ce quelque chose de réel encore que serait ce à quoi on aurait enlevé l'existence sans lui refuser cependant de pouvoir servir de sujet dans quelque proposition ; « ne participe en rien à la réalité » signifie : est absolument irréel. Il ne s'agit donc pas ici d'un non-être qui serait une forme inférieure de l'être ; rien de pareil au non-être de Platon, qui est encore quelque chose. Il nous faut donc dire que ce

---

1. 43.   ... ἔστι γὰρ εἶναι,
   44.   μηδὲν δ'οὐκ εἶναι.

Nous adopterons, pour numéroter les vers du poème de Parménide, les chiffres que l'on trouve dans les textes rassemblés par Mullach.

2. ... οὐδαμῶς οὐδαμῇ ἔστιν οὐδέ πη μετέχει οὐσίας τό γε μὴ ὄν. Platon. Parm. 163, C.

que Parménide appelle non-être, il en fait un non-être absolu; et cela, on le verra bientôt, est d'une extrême importance.

Mais sur quoi s'appuie Parménide pour justifier ses affirmations? Celui qui devait assimiler l'être à la pensée et dessiner ainsi les premiers linéaments de ce qu'on appelle de nos jours le spiritualisme concret, devait déjà, quand pour traiter de l'être il partait de la pensée concrète, de celle que nous connaissons par la conscience, prendre pour règle souveraine de ses réflexions le principe d'identité, appliquer la loi la plus générale de la pensée à l'étude de la conscience empirique. Et peu importe s'il ne distingue pas, comme il le faudrait, la formule abstraite du principe d'identité, de la formule qui pose l'existence de l'être. N'est-ce pas faire un emploi constant du principe d'identité que d'engager, comme il le fait sans cesse, ses adversaires à n'affirmer l'être qu'au sujet des choses dont les qualités ne sont pas la négation même de l'être, à le nier dans le cas contraire? On peut dire aussi qu'il ne consentit à prendre pour point de départ la considération de la pensée concrète et des faits qu'elle donne, que parce qu'il le fallait pour s'élever à un point de vue supérieur, attendu qu'il ne pouvait y avoir, entre ses adversaires et lui, d'autre terrain commun que celui-là. Il s'adresse à eux en ces termes : « On ne peut connaître le non-être, on ne peut l'atteindre, on ne peut en parler; car il n'y a que ce qui peut être qui peut être pensé.... Il faut que le dire et que le penser soient réels [1] ». En d'autres termes : si la parole et la pensée ne sont point de purs néants, ce

---

1. 39. οὔτε γὰρ ἂν γνοίης τό γε μὴ ἐόν, οὐ γὰρ ἐφικτόν (al. ἀνυστόν),
40. οὔτε φράσαις· τὸ γὰρ αὐτὸ νοεῖν ἐστίν τε καὶ εἶναι.
43. χρὴ τὸ λέγειν τὸ νοεῖν τ', ἐὸν ἔμμεναι.
Voir la discussion du sens de ces deux derniers vers dans Zeller. Pag. 45; not. 1; pag. 46.

sont déjà de véritables réalités ; elles ne peuvent donc être l'une expression et l'autre conception de ce qui ne peut être réel ; niez donc la réalité de ce que vous ne pouvez point affirmer sans le nier ; à la lettre, vous ne dites pas ce que vous dites, vous ne pensez pas ce que vous pensez, quand vous consentez à vous contredire ; votre erreur, en réalité, n'existe même point. — Parménide comprend donc, dans sa négation du monde phénoménal, où il croit découvrir partout la contradiction, jusqu'à ce groupe de phénomènes qui se nomme la conscience empirique ; et le principe d'identité est son unique critère pour distinguer le non-être de l'être, qu'il s'agisse de phénomènes soi-disant extérieurs ou de phénomènes soi-disant intérieurs ; il nie ceux-ci parce qu'il a dû nier ceux-là, ce qui lui permet de revenir sur sa première négation et d'ajouter : ne dites donc pas qu'ils sont, ces faits que vous ne pensez même pas. — Mais comment, d'autre part, Parménide prouve-t-il que l'être est ? Il peut sembler qu'en toute rigueur il ne fait que montrer la possibilité réelle du non-contradictoire ; il n'en est rien cependant. Certes, il ne démontre pas à proprement parler que l'être est, mais l'être lui semble suffisamment posé par la pensée, même empirique, laquelle, on le verra bientôt, ne compte plus pour lui dès que l'être, c'est-à-dire l'objet lui-même, c'est-à-dire ce qu'il importe d'affirmer, se trouve posé. Sinon explicitement, du moins implicitement, il reconnaît l'être comme posé par la pensée dont toute la fonction est, pour lui, de distinguer ce qui est de ce qui ne saurait être, et de s'effacer devant l'être qu'elle affirme.

Une critique superficielle triompherait aisément de l'argumentation de Parménide. — « Soit, dira-t-on peut-être, la pensée du non-être n'est pas plus que le non-être ; l'erreur n'existe même pas. Mais le non-être n'est-il pas l'ensemble des phénomènes, qui comprend aussi bien les pensées humaines que les faits extérieurs, le fait de penser la vérité aussi bien que celui de penser l'erreur? Parménide nie donc contre lui-même, puisqu'il nie la réalité de la pensée conforme à la vérité, la réalité de la propre critique qu'il institue et finalement la réalité même de l'être, que sa pensée, laquelle est chose phénoménale, entend affirmer. Au reste, pourrait-il en être autrement, puisqu'il réduit la raison à la sensibilité, qu'il explique par un certain mélange des principes corporels[1], principes dont il rapporte la théorie à l'« opinion » et qu'il tient pour irréels ? Car il ne faut pas oublier qu'il traite de ceux-ci dans cette partie de son système qu'il ne développe que par condescendance pour l'ignorant, mais à laquelle il ne tient pas. » — Pourquoi donc vouloir que Parménide se soit aussi grossièrement contredit? La raison dont il décrit ainsi la génération a-t-elle rien de commun avec la « Pensée » qu'il déclare l'essence même de l'être? Ce qu'il désigne par l'expression « juger avec sa raison[2] », ce n'est pas nécessairement le fait de juger en tant qu'ayant lieu dans la conscience, c'est bien plutôt la conformité de la pensée consciente avec la vérité en soi. Pour quiconque ne s'arrête pas à la lettre, mais va jusqu'à l'esprit de la doctrine, Parménide emploie cette expression pour dire que ce qu'il expose est la vérité ; que lui importe que cette vérité soit, aux yeux de l'ignorant, pensée par une conscience qui fait partie du monde irréel? Dira-t-on qu'il nie l'erreur en tant que ce fait serait une réalité, mais qu'il ne nie point la réalité du phénomène de penser la vérité, bien qu'implicitement il nie cette réalité en réduisant la raison à un mouvement de cette matière qu'il déclare irréelle? Quel texte invoquerait-on pour défendre cette étrange inter-

---

1. Vers 148, 149.
2. κρῖναι λόγῳ. Vers 56.

prétation? Où voit-on qu'il nie que la vraie science soit chose phénoménale, ou bien que le phénomène du vrai savoir contienne des caractères opposés à ceux qui obligent à nier la réalité des autres phénomènes? Quand Parménide définit l'être par la pensée, ajoute-t-il qu'il y a, en face de l'être proprement dit, un phénomène réel alors que tous les autres sont irréels, et qui serait : l'opinion vraie? Il n'y a rien de tel dans son poème, qui ne contient rien non plus dont on puisse se prévaloir pour prétendre que son explication matérialiste de la raison conclut au scepticisme et bat en brèche la certitude de cette métaphysique qu'il a d'abord présentée comme vraie. Lorsque, consentant à traiter du monde qui n'est point, Parménide déprécie la raison en tant que celle-ci peut être regardée comme partie intégrante de ce monde, il démontre en quelque sorte à nouveau, et par l'absurde, que ce monde n'est point, qu'il ne peut exister, ce monde où la raison, à laquelle il faut croire, n'aurait aucune valeur et serait un pur néant. Celui qui fait de la pensée le synonyme de l'être, ne peut pas ne pas croire à la valeur absolue de la raison. — Enfin Parménide, il faut l'avouer, nie implicitement la réalité de sa propre critique qui est aussi un groupe de phénomènes ; mais quoi de plus légitime? Qui donc le force à instituer cette critique, qui est responsable de l'obligation où se trouve le philosophe de l'instituer contrairement à sa propre doctrine? L'adversaire, lui seul, qui croit à tort que le non-être existe et qui le force, lui Parménide, à se placer tout d'abord avec l'ignorant sur le terrain de l'illusoire et de l'absurde. Que Parménide ait médité toutes les conséquences de ses principes, qu'il ait eu le souci d'être aussi logique qu'il nous paraît l'avoir été, ce sont là d'autres questions ; mais, quoi qu'il en soit, rien ne nous oblige à croire qu'il n'a point pensé à toutes les choses qui pouvaient être dites pour compléter sa théorie, dont les conséquences immédiates sont d'ailleurs évidentes. Parménide, on ne peut en douter, nia absolument la réalité de tous les phénomènes, y compris ceux que nous nommons psychologiques ; il nia la réalité de l'apparence de l'irréel.

En ce qui concerne la définition de l'être, Parménide s'est expliqué avec la plus grande clarté : « C'est la même chose que le penser et ce dont il y a pensée ; car on ne peut trouver le penser à part de l'être, dans lequel il est, à la lettre, contenu [1]. » Le philosophe ne dit point qu'être et être pensé sont la même chose ; s'il l'eût dit, on pourrait se demander s'il n'a pas inventé la théorie qu'on attribue à Protagoras, ou même s'il n'a pas entrevu l'idée dont procède la doctrine de Fichte. Ce qu'il veut dire, c'est que la pensée définit l'être, constitue son essence. Et puisqu'il identifie la pensée avec l'être, avec cet être qu'il oppose à l'être illusoire, c'est-à-dire à celui qu'on ne pense point sans revenir sur sa pensée pour la contredire, sans constater qu'on ne peut parvenir à le penser ; puisqu'il professe que tout ce qui naît, change et meurt est irréel et à ce titre impensable [2] : c'est donc bien que Parménide nie la conscience empirique comme le reste des phénomènes, la réalité de l'illusion comme la réalité de l'illusoire, la réalité de la pensée vraie elle-même et celle

[1] 94. τωὐτὸν δ'ἐστὶ νοεῖν τε καὶ οὕνεκέν ἐστι νόημα
95. οὐ γὰρ ἄνευ τοῦ ἐόντος, ἐν ᾧ πεφατισμένον ἐστίν
96. εὑρήσεις τὸ νοεῖν.
Nous interprétons ἐν ᾧ comme Ritter et Preller. *Hist. phil. græc.*, 7ᵉ édit., pag. 93 *a*.

[2] 49. ... ἄκριτα φῦλα
50. οἷς τὸ πέλειν τε καὶ οὐκ εἶναι τωὐτὸν νενόμισται
51. κοὐ τωὐτόν· πάντων δὲ παλίντροπός ἐστι κέλευθος.
52. Οὐ γὰρ μή ποτε τοῦτο δαμῇ, εἶναι μὴ ἐόντα.
98. ... τῷ πάντ' ὄνομ' ἔσται.
99. ὅσσα βροτοὶ κατέθεντο πεποιθότες εἶναι ἀληθῆ,
100. γίνεσθαί τε καὶ ὄλλυσθαι, εἶναί τε καὶ οὐχί,
101. καὶ τόπον ἀλλάσσειν, διά τε χρόα φανὸν ἀμείβειν.

de la critique qu'il fait de l'erreur aussi bien que celle de l'erreur, tout cela n'étant que phénomènes c'est-à-dire irréalités, ou bien, ce qui revient au même, idées d'irréalités.

Trois causes sans doute ont contribué à masquer le véritable sens de la doctrine de Parménide ; la première est que, comme tous les anciens, ce philosophe ne s'applique pas spécialement à considérer les pensées humaines en tant que faits de conscience ; s'il l'eût fait, il n'eût pas manqué de préciser sa doctrine dans le sens que nous avons indiqué ; il eût nié explicitement, au nom de la logique, la conscience empirique. D'autre part, les modernes semblent mettre autant de soin à ne point critiquer l'idée du phénomène, cette singulière idée d'un être qui pourtant n'en est pas un, et surtout l'idée du phénomène mental, qu'ils mettent de soin à critiquer l'idée de substance et à lui opposer l'idée de phénomène : c'est pourquoi la critique que fait Parménide de l'idée du phénomène devait à peu près leur échapper, d'autant plus qu'elle n'est pas tout à fait explicite. Enfin ce philosophe eut la faiblesse de consentir à expliquer quand même le monde de l'illusion, et cela par des principes le plus possible conformes à sa vraie doctrine, qui est pourtant la négation du monde phénoménal ; aussi peut-on, au moins jusqu'à un certain point, douter qu'il ait radicalement nié celui-ci tout entier, y compris les faits de la pensée concrète, dont au premier abord la métaphysique et la science se présentent comme deux modes.

Il est inutile de pousser plus avant cette étude de la philosophie de Parménide. De ce que nous en avons exposé, il résulte qu'elle contient, formulées ou ébauchées, la plupart des thèses renfermées dans notre premier chapitre et de celles qui seront ultérieurement rattachées à celles-ci. En effet, une étude de la partie essentielle du système de Parménide pourrait être le développement des huit points dont l'énumération suit : 1° Le non-être n'existe absolument pas. 2° Le monde phénoménal tout entier, y compris les faits psychologiques, constitue le non-être. 3° Toute pensée pose que l'être existe. 4° Le principe d'identité est la règle suprême de toute spéculation ; son emploi permet de distinguer en toute occasion le non-être de l'être, de rejeter l'erreur et de construire la science. 5° Quand l'esprit est censé posséder phénoménalement la vérité, la vérité s'affirme alors plutôt que l'esprit ne l'affirme. 6° Étudier la raison en tant que faculté mentale, que mode de la pensée concrète, conduit plutôt à nier la valeur de la raison. 7° Cependant, en pratique, on peut s'élever, de l'étude de la pensée concrète, à la connaissance de la vérité absolue. 8° L'être en soi est spirituel, il est Pensée.

Quant à la philosophie de Zénon, elle peut se résumer en cette proposition, qui n'est que le développement de la sixième des thèses que nous avons attribuées à Parménide : la pensée arrive fatalement à la contradiction dès qu'elle tente de spéculer sur la nature des choses qui composent le monde phénoménal ; elle doit donc nier l'existence de ce monde. Pour Mélissus, au lieu de s'appliquer comme Zénon à détruire les préjugés des adversaires de l'éléatisme, il s'efforça de dégager, de ces préjugés, l'éléatisme latent qu'il y croyait découvrir.

Et ces trois philosophes cherchent la vérité avec la préoccupation visible de mettre l'esprit d'accord avec lui-même ; la vérité pour eux réside dans la pensée normale, nécessaire ; elle est l'ensemble des affirmations réfléchies qui ne sont point en même temps la négation d'elles-mêmes ; pour la formuler, ils demandent à l'esprit ce que véritablement il pense en fait.

L'exposé qui vient d'être fait de la philosophie éléate constitue comme l'ébauche de la doctrine qui sera développée dans le reste de cet Essai, conformément aux principes établis dans le premier chapitre.

CHAPITRE III

L'IRRÉEL

I. — Que l'on considère l'idée de la conscience, que l'on s'efforce de considérer la conscience sans l'intermédiaire de cette idée, ou que l'on analyse l'idée d'idée en général, ce que l'on tâche de saisir fuit à l'infini la prise de l'esprit, ou, ce qui revient au même, donne lieu à des contradictions qui rendent impensable ce que l'on veut penser. La conscience est donc irréelle, et son irréalité entraîne celle de tout phénomène. Mais elle nous invite elle-même à poser la réalité, en dehors d'elle, d'un être n'ayant rien de phénoménal.

II. — Le phénomène est la négation même de l'être, bien que pourtant il suppose l'être de plusieurs manières. Il ne saurait ni manifester un objet à un sujet, ni naître de la collaboration d'un objet et d'un sujet, ni même être en lui-même une ombre de réalité se suffisant à elle-même ; bref, il se nie même comme réalité phénoménale. Examen des contradictions inhérentes aux conceptions du phénomène de Berkeley, Kant et Mill.

I. — CONSCIENCE ET RÉALITÉ

On accorde d'ordinaire sans aucune difficulté que la conscience existe. Partons donc de cette supposition, et analysons la conscience dans son idée. C'est bien ainsi qu'il faut procéder pour voir si la conscience n'est pas chose contradictoire, impossible. Elle est cela si son idée est cela, car c'est par l'intermédiaire des idées que l'on juge et doit juger des choses ; de plus, dans la supposition que nous voulons bien admettre provisoirement, cette idée est partie intégrante de la conscience : il suit de là que si l'idée de la conscience est une idée contradictoire, on devra dire que c'est la conscience elle-même qui se nie quand son idée se détruit ; sur quoi, d'ailleurs, cette idée ayant été sa propre condamnation, la conscience s'appuierait-elle pour s'affirmer ?

Et il importe grandement de remarquer tout d'abord que même si la conscience existe, ce n'est pas elle-même que l'on peut analyser ; c'est, tout au plus, son idée : ce n'est pas la conscience objet, mais la conscience telle qu'elle s'apparaît. Qu'on ne dise pas : « Ici l'être et le paraître ne font qu'un. » — L'être et le paraître de la conscience sont une seule et même chose si la conscience existe ; l'être et le paraître de l'idée qui la représente sont une seule et même chose si cette idée existe ; mais le premier et le second être ne sont point identiques *numero*, non plus que le premier et le second paraître. Qu'est-ce donc qui pourrait prouver que ce qui n'est point identique *numero* l'est cependant *specie* ? — Alléguera-t-on que l'idée de la conscience est elle-même un fait de conscience ? Soit, nous l'avons accordé ; mais qu'importe ? Ou bien cette idée est envisagée comme un simple moment de la conscience ; dans ce cas, comment démontrer que la conscience est nécessairement, à un moment donné, représentation ou même science d'elle-même dans la totalité de ses moments ? Ou bien l'on fait de cette idée comme une conscience au second degré, une conscience d'un autre ordre ; dans ce cas, bien que de même nature que la première conscience, l'idée de la conscience est à celle-ci comme un être est à un autre être ; elle se juxtapose à elle, mais on ne voit pas qu'elle doive la pénétrer, qu'elle doive en être comme l'expression. Ou bien, enfin, conscience et idée de la conscience sont nommées, l'une conscience simple, l'autre conscience réfléchie, et on les fait rentrer dans une même conscience coextensive à tout le mental ; mais si l'on y regarde de près, l'unité réelle de la conscience, qu'on postule alors, est arbitrairement posée. L'idée de la conscience n'est-elle pas, plutôt, l'idée d'un agrégat de faits conscients, dont aucun n'est, en tant que tel, autre chose que connaissance de lui-même ? Est-il même cela ?

De ces faits, il est vrai, les uns se présentent comme représentatifs d'autres faits similaires[1] ; d'autres se présentent même comme théorie et comme science d'une partie ou de la totalité des faits conscients. Mais nos idées générales de nos faits de conscience et nos théories relatives à ces faits, sont-ils autre chose que des agrégats de faits mentaux qui consistent à penser l'existence de rapports plus ou moins précis entre des faits mentaux? La conscience est-elle autre chose qu'un agrégat formé de tels agrégats et des faits mentaux plus simples qui sont la matière des idées générales de ces faits et l'objet de la psychologie? Où est donc son unité? Il y a plus ; ai-je même le droit de parler d'un agrégat réel? Il y a, quand je pense à cet agrégat, idée d'un tel agrégat : voilà tout. Bref, que la conscience existe et soit une, ou qu'elle existe sans être une, ou qu'elle ne soit ni une ni même réelle, l'idée qui la donne à qui veut réfléchir pour en parler en philosophe est tout aussi vaine.

Ainsi, quand on entreprend d'étudier la conscience, on s'aperçoit, premièrement, qu'on n'en étudiera tout au plus que l'idée ; secondement, que l'idée de la conscience ne saurait être l'idée de la conscience dans la totalité de ses moments ; troisièmement, que l'idée de la conscience est à celle-ci comme un être à un autre être avec lequel le premier n'aurait aucune communication réelle ; quatrièmement, que l'idée d'une conscience une, idée incluse dans l'idée de conscience, se morcelle en l'idée d'une infinité de faits de conscience sans lien réel, dépourvus de tout caractère autorisant à soutenir que l'un quelconque d'entre eux puisse être représentation et *a fortiori* science de tout ou partie de ces faits. Il suit de là

---

1. Dans toute idée générale il y a, comme matière, une représentation « composite » plus ou moins analogue à tout ce que l'idée générale résume et rappelle.

qué si un fait de conscience quelconque existe, il ne donne rien au delà de sa propre existence et ne fait connaître que ce qu'il est. Et c'est encore trop dire : car, s'il est, il n'est pour la conscience que ce qui paraît être à celle-ci dans l'idée qu'elle en a, idée qui n'est point identique *numero* avec ce fait. Mais ce que l'on peut dire d'un fait de conscience quelconque doit être dit, à plus forte raison, de ce fait qui consiste dans l'acte de penser la conscience en général : elle ne donne aucunement l'existence de son objet. Quand on l'analyse, on aboutit à cette conclusion : l'idée de la conscience n'est pas idée de ce dont elle veut être idée ; elle se dérobe quand on porte sur elle la réflexion, la réflexion qui est le seul moyen de s'assurer que l'on pense ce que l'on pense et que ce que l'on pense est pensable ; cette idée est donc évanouissante, elle est une idée qui ne peut être saisie vraiment, donc une idée qui n'est pas une idée ; bref, elle est une chose impossible, une chose qui n'est point. A plus forte raison, son objet n'est-il point ; d'autant plus que si cet objet, à savoir la conscience, existait, c'est uniquement en vertu de la force de l'idée de la conscience que la conscience pourrait et devrait se poser comme réelle. A travers la négation par elle-même de l'idée de la conscience, on voit donc la conscience se nier en quelque sorte elle-même.

Au reste, ce premier argument peut encore être présenté comme il suit : pour qu'il existe effectivement une idée et une idée vraie de la conscience, il faut sans doute que cette idée fasse partie de la conscience, car ceux qui parlent d'une connaissance de la conscience, parlent d'une telle connaissance par la conscience et doivent nécessairement ajouter que cette connaissance est immédiate. Mais dès qu'on la suppose dans la conscience, l'idée de la conscience devient un objet à connaître, comme tout le reste de ce que par hypothèse la conscience renferme :

cette idée cesse donc d'être à proprement parler une connaissance. Il faudrait, en définitive, que l'idée de la conscience ne fût pas dans la conscience; mais alors, loin de pouvoir jamais être science de celle-ci, elle ne serait même plus pensée. — Soutiendra-t-on, en désespoir de cause, qu'il peut exister, dans l'absolu, une idée, non pensée par nous, de cette conscience que nous sommes bien que nous ne parvenions pas, lorsque nous portons notre réflexion sur cette conscience, à la saisir dans une idée? — Pauvre expédient, pour maintenir la réalité de cette conscience! En effet, l'idée de la conscience est nécessairement l'idée d'une sorte d'être qui, par définition, peut et doit avoir l'idée de soi-même. L'idée que l'on situe dans l'absolu enfermerait donc l'idée que la conscience, en nous, renferme l'idée d'elle-même; mais si, comme nous l'avons montré, cette dernière idée est chose absurde, osera-t-on soutenir qu'il suffit de transporter l'absurde dans l'absolu pour qu'il cesse d'être absurde? D'autre part, une fois qu'on a démontré que la conscience ne peut exister, il est aussi démontré que l'idée n'en peut exister dans l'absolu alors même qu'on supposerait que l'idée de notre conscience n'implique pas, dans l'absolu, que cette même idée existe dans notre conscience empirique. L'absolu, fût-il Dieu, ne peut penser l'absurde. Il ne saurait donc y avoir dans l'absolu, soit pensée par lui seul, soit pensée par nous en lui, une idée réelle en fait d'une chose qui en soi est absurde, impossible. Nions donc résolument qu'il y ait une idée de la conscience et par suite que la conscience soit.

On peut, dès à présent, élever contre la doctrine ici exposée deux objections très fortes en apparence. Voici la première : « Vous ne démontrez pas véritablement, dira-t-on, que la conscience soit impossible; car vous avez démontré, non pas contre la conscience, mais contre l'idée de la conscience. En procédant ainsi, vous avez séparé ce qui en fait est donné comme ne faisant qu'un chaque fois du moins que la conscience se pense ; votre point de départ est donc vicieux. Mais il n'y a pas lieu de considérer à part l'idée de la conscience, pour une autre raison qui tire en partie sa force de la doctrine même que vous défendez : quand vous argumentiez contre l'idée de la conscience, n'argumentiez-vous pas, plutôt, contre la possibilité d'une idée de l'idée de la conscience ? A supposer que vous vous soyez aperçu de cela, il vous aurait fallu dire : j'argumente contre la possibilité d'une idée de l'idée de l'idée de la conscience, et ainsi de suite à l'infini. Vos raisons étaient donc sans fin, vous abusiez de la logique contre la logique, qui n'admet d'autres arguments que ceux qu'il est possible de clore définitivement. La conscience est, par définition, l'immédiatement donné ; si donc la conscience est donnée par une idée, la conscience ne fait qu'un avec l'idée d'elle-même ; et par suite, quiconque considère à part l'idée de la conscience, altère la notion même de cette conscience qu'il veut critiquer ; il se condamne, en particulier, à passer de l'idée de la conscience à l'idée de cette idée, et ainsi de suite à l'infini. D'ailleurs que valent, de votre propre point de vue, les idées au nom desquelles vous battez en brèche la conscience à travers son idée ? Vous les avez désavouées en soutenant que, dans la conscience, une idée quelconque, en supposant qu'elle existât, ne pouvait rien faire connaître en plus de ce qu'elle était, ne pouvait jamais mériter le nom de connaissance ; or, critiquer, n'est-ce pas encore une manière de connaître ? En niant, vous prétendez savoir que ce qui n'est pas n'est pas ; vous prétendez connaître, vous aussi ! »

Ainsi donc, il serait interdit d'analyser l'idée de la conscience, d'y discerner un contenu et un contenant. C'est cependant ce qu'on fait pour toute autre idée, ce qu'on fait sans cesse en psychologie. Quand, par exemple, on élabore la théorie de la mémoire, on distingue, du souvenir lui-même, l'idée du souvenir comme tel, son caractère de phénomène conscient, ceci enfin, dont l'oubli est d'ailleurs indispensable au psychologue, que la mémoire n'est que la matière d'une idée, celle par laquelle il pense la mémoire ; mais cet oubli implique la distinction dont il est question. Si la conscience et l'idée de la conscience ne faisaient qu'un au point qu'il fût illégitime de chercher à les distinguer tant soit peu, pourquoi ne déclarerions-nous pas, nous, que la conscience n'est qu'une idée, ce que ni nous ni notre adversaire nous ne voulons, d'ailleurs, tandis qu'il déclare, lui, que l'idée de la conscience, c'est la conscience même ? Jusqu'ici, tout dogmatique, affirmant le réel sur la foi de l'idée, distinguait volontiers l'idée du réel, la réalisait à part, lui donnait du corps, si l'on ose parler ainsi, pour la mettre en quelque sorte au niveau de ce réel dont elle devait, pour lui, être le signe : il faudrait donc renoncer à cette conception de l'idée ! C'est un moyen facile de tourner les difficultés que de supprimer les problèmes ; la conscience et son idée ne fissent-ils qu'un, il y aurait encore lieu de distinguer la seconde de la première, car c'est une nécessité imprescriptible pour le philosophe, que d'examiner à la lumière de la logique les idées de toutes choses, et de se demander, qu'il s'agisse de la conscience ou de quoi que ce soit d'autre : « Y a-t-il contradiction entre l'idée de ceci et les conditions générales de possibilité des idées ? » en d'autres termes : « Ai-je bien l'idée de ce que je prétends penser ? », ou encore : « La forme et la matière de mon idée ne répugnent-elles pas ? » Et puis, peut-on abuser de la logique ? Quelle logique supérieure défendrait un tel abus ? Si, dès qu'on admet une chose, on est conduit à un processsus logique qui ne finit point, n'est-ce pas une preuve que la supposition de cette chose était illégitime ? Enfin, si, en tant que groupe d'idées, notre réfutation est un pur néant en vertu même de notre doctrine, qu'on nous oppose, elle ne doit point être tenue pour une réfutation de cette doctrine par les adversaires de cette doctrine, mais pour une preuve de la cohérence de celle-ci, qui n'hésite point à nier dans toute son étendue la conscience empirique, aussi bien quand cette conscience prétend être à un degré quelconque connaissance d'elle-même que quand elle prétend se démontrer qu'elle n'est aucunement connaissance. Si nous avions raison de poser qu'aucune idée n'est une lumière, bien plus, qu'aucune idée n'existe, il s'en suit sans doute, d'abord que notre critique de la conscience est sans valeur, que même elle n'existe pas ; mais la négation de la valeur du témoignage de la conscience et de la réalité de celle-ci, est, qu'on ne l'oublie point, le principe immédiat dont est issue cette conséquence ; il faut accepter celui-là pour adhérer à celle-ci, qu'on ne pourrait tirer d'ailleurs. Et si notre critique a une valeur, si elle est une réalité et apporte une lumière : comme elle démontre l'irréalité de la conscience, elle entraîne la ruine de celle-ci tout entière ; par là même elle se détruit, mais non pas sans détruire en même temps la conscience. Ne pouvoir se poser sans se détruire, ni se détruire sans se poser, mais par un poser qui est sa propre négation, tel est inévitablement la destinée de la conscience lorsqu'elle se considère, ainsi qu'elle le doit, dans sa propre idée.

La première objection écartée, formulons la seconde : « En admettant, dira-t-on, que la conscience empirique se nie en se posant, il n'en est pas moins certain qu'en se niant elle se pose ; et l'on voit par là qu'elle avait tort de se nier ; si donc il a pu sembler qu'en se posant elle se nie, elle n'a pu se nier que par suite d'une erreur; alors même que la logique ne nous fournirait aucun moyen de découvrir cette erreur, elle nous oblige à penser qu'il y a eu effectivement erreur. »

Mais, répondrons-nous d'abord, en quoi consisterait l'erreur initiale, sinon dans le fait d'avoir voulu considérer, non pas la conscience, mais l'idée de la conscience ? Or, notre réponse à la première objection a fait justice d'un tel reproche. Si donc on persiste à présenter une seconde objection, voici comment il faut la formuler : « Logiquement, la conscience se nie en se posant et se pose en se niant : mais comme, au fond, toute négation est une affirmation, il y a lieu de dire plutôt qu'elle s'affirme en se niant, et que, si elle se nie en s'affirmant, cette négation est purement apparente. » — Une négation est en effet une affirmation, mais par laquelle on pose qu'une chose n'est pas. Donc, en définitive, psychologiquement et logiquement, l'affirmation qui consiste à nier vaut au moins autant que celle qui ne fait qu'affirmer. Dès lors, l'alternative est celle-ci : ou bien l'on prétendra que ce qui est à la fois affirmé et nié, est et n'est pas à la fois, et l'on déclarera que la logique est chose vaine, que le vrai peut être contradictoire et l'impossible possible ; ou bien on reconnaîtra que cela n'est pas qui est l'objet de deux pensées contradictoires, et sur quoi il faut porter deux jugements qui se détruisent l'un l'autre. Admettre le premier parti, c'est professer un inintelligible paradoxe ; admettre le second, c'est avoir le courage de soumettre ses opinions à la loi fondamentale de la pensée. La logique exige qu'on ne reçoive point pour vraies, sous prétexte qu'elles n'apparaissent point comme fausses tant qu'on ne fait pas d'elles une critique exhaustive, des opinions qui en fin de compte la violent.

Mais il y a mieux à dire encore ; ce qui est en question,

c'est l'existence de la conscience empirique. Si elle existe, elle ne saurait être qu'une sorte de participation à ce que nous avons nommé la pensée en soi, une sorte d'imitation, par un être individuel, de ce qui constitue la manière d'être de cette pensée ; soumettre jusqu'à l'affirmation de sa propre réalité à l'approbation de la logique, c'est donc, pour la conscience, se conformer à sa loi propre, c'est agir conformément à son essence, c'est choisir le seul moyen de garantir d'une manière absolue les opinions qui sollicitent son adhésion, si toutefois elle est. Par conséquent, même alors que du point de vue proprement psychologique, qui n'est pas le point de vue fondamental, il serait permis de se demander encore si peut-être on n'est pas dans le vrai lorsqu'on néglige qu'en se posant la conscience se nie, pour ne considérer que l'affirmation qui gît sous toute négation de la conscience : du point de vue logique, qui est le point de vue fondamental, on s'aperçoit qu'il faut nier cette conscience qui se nie en se posant et qu'il faut négliger qu'elle se pose en se niant ; car le principe de contradiction interdit de tenir pour réel ce qui se pose et se nie à la fois, que la négation suive ou précède l'affirmation. Donc enfin, si le psychologue s'obstine à constater qu'il pose ce qu'il nie, le logicien doit lui répondre : « Tu nies ce que tu poses même quand tu poses ce que tu nies ; autrement le contradictoire serait pensable, serait possible. Ton idée de la conscience est chose irréelle ; elle n'est pas, cette conscience dont l'idée est absurde, dont l'idée n'est pas, étant absurde. »

Si la conscience était donnée, elle le serait dans une idée, dans une véritable idée qui ne se résoudrait pas en contradictions comme c'est pourtant le cas, ainsi que nous l'avons montré. Mais essayons maintenant d'oublier autant que possible cette idée qui s'interpose, aux yeux du philosophe qui doit en faire la critique, entre la conscience, si elle est, et l'effort qu'on fait pour saisir celle-ci en elle-même, dans sa réalité. Bien vite, les mêmes difficultés vont renaître, et nous verrons de nouveau la conscience disparaître derrière une idée qui nous fuira à son tour ou même nous échappera sans qu'un fantôme d'idée demeure à la place de ce que le vulgaire croit apercevoir sans aucun intermédiaire. — Supposons donc encore une fois que la conscience existe. Si elle est, elle est d'une part constituée par la série des phénomènes dont on la dit la forme commune ; de l'autre, elle est cette forme même. Elle est donc, quant à sa matière, quelque chose qu'elle pense en le distinguant d'elle-même, et elle est, quant à sa forme, pensée de ce qu'elle pense. Mais il faut choisir et soutenir qu'elle est ceci ou cela, car ceci et cela ne peuvent, logiquement, la constituer à la fois. Or, si l'on choisit, il faudra donc prétendre qu'elle n'est que la moitié de ce que pourtant elle semble être en fait ; et encore pourra-t-on dire à volonté qu'elle est ou seulement ce qu'elle déclare qu'elle n'est pas en le distinguant d'elle-même, à savoir la matière dont il y a conscience d'une façon plus ou moins continue ; ou qu'elle est seulement ce qui, en elle, déclare qu'elle n'est pas ce qu'elle est, déclare, en d'autres termes, qu'elle est seulement la forme de ce qui se passe en elle ? Quelque parti qu'on choisisse, on n'évite pas la contradiction.

Mais passons sur cette première contradiction qui vient de nous apparaître entre la matière de la conscience, que la conscience en tant que forme rejette hors d'elle-même, et la forme de la conscience, dont la conscience, en tant que matière, annule en quelque sorte l'existence ; passons même sur cette autre contradiction, à savoir que la conscience est nécessairement dualité bien que son concept exige cependant qu'elle soit une ; et considérons successivement, en elle, la forme et la matière.

Est-il vrai, premièrement, qu'elle ne soit pas, quant à sa forme, une pure impossibilité ? Tantôt elle pense qu'elle pense et tantôt elle ne pense pas qu'elle pense, si du moins nous consultons à son sujet l'expérience. Dans le premier cas, par le fait même qu'elle réfléchit sur sa pensée, elle fait de celle-ci la matière d'une pensée nouvelle ; admettons qu'elle saisisse cette matière, elle ne saisit point la pensée de cette matière ; elle s'échappe comme forme à elle-même. Si elle tente de penser qu'elle pense qu'elle pense, voici une nouvelle matière, et ainsi de suite à l'infini. Dans le second cas, celui où elle ne pense pas qu'elle pense, la question de savoir si la conscience se pense, c'est-à-dire a l'idée d'elle-même comme idée de penser, cette question se trouve, aussitôt que posée, résolue par la négative. Tout à l'heure, l'idée de la conscience en tant que forme nous fuyait à l'infini ; maintenant il n'y a même rien qui ressemble à une idée de la conscience : sur quoi donc s'appuiera celui qui veut soutenir la réalité de la conscience ? — Et notons que cette idée de la conscience dont il est ici question, ce n'est plus celle au sujet de laquelle on soulevait plus haut des objections ; c'est la forme même de la conscience, dont il n'y a d'autre définition que celle-ci : idée de ce qui est pensé en général ou même idée de penser. Ainsi, ce n'est pas seulement chez le philosophe que l'idée de la conscience en général est une impossibilité ; la conscience spontanée, si elle est, est, au moins d'une façon intermittente, idée de la conscience, et cette idée, nous venons de le voir, est une impossibilité : au reste, pendant les moments où cette conscience ne renfermerait pas la pensée de penser, comment pourrait-on soutenir qu'alors elle se saisit sans intermédiaire comme forme ?

La conscience n'est pas davantage idée de ce dont on dit que l'on a conscience ; elle est aussi une impossibilité, considérée dans sa matière. — En effet : tantôt elle pense et tantôt elle ne pense pas à reconnaître, à ce qu'elle pense, le caractère de chose pensée, si du moins nous nous en référons à l'expérience. Dans le premier cas, elle ne pense plus ce qu'elle croyait penser, mais plutôt l'idée qu'elle le pense ; et même elle ne pense pas cette idée, car, si elle veut la saisir, elle ne saisit qu'une idée, de cette idée, et ainsi de suite à l'infini. Dans le second cas, il n'y a rien, dans la conscience, qui puisse être dit posé par elle.

Après avoir essayé de défendre l'existence de la conscience en oubliant que, si la conscience existe, l'idée seule en est donnée, d'où il suit déjà immédiatement que la conscience ne saurait être donnée, considérons encore les choses d'une autre manière. Si la conscience existe, elle peut s'élever à la pensée d'elle-même ; mais il peut se présenter deux cas : elle peut prendre pour objet de sa réflexion la conscience consciente de penser ou la conscience inconsciente de penser. — Dans le premier cas, elle n'a aucun droit à affirmer autre chose que ceci : « Je pense que je pense », ce qui n'est aucunement tenir la réalité du second « je pense », surtout si, par celui-ci, on entend des pensées passées ; alors en effet on rejette de la conscience ce qu'on affirme d'elle, puisque l'expression « conscience du passé » est une contradiction manifeste[1]. — Dans le second cas, il y a, non pas une, mais deux contradictions, car on est obligé de penser comme non conscient ce qu'on appelle conscience, et l'on prend pour objet de réflexion, c'est-à-dire encore de conscience, ce qu'on a déclaré non conscient.

Nous voici donc ramenés insensiblement à notre pre-

---

[1]. V., sur les contradictions inhérentes à la perception et au souvenir, l'article de M. Egger intitulé : *Intelligence et Conscience*. Critique philosophique, 1885.

mier point de vue, à la constatation de l'absurdité inhérente à l'idée de la conscience. C'était d'ailleurs une pure concession de notre part, que de consentir à considérer la conscience en elle-même au lieu de son idée, mais nous étions sûrs d'aboutir au même résultat, puisque dire : « conscience », c'est encore dire : « idée ». Il fallait cependant répondre complètement au reproche de considérer, pour nier la conscience, autre chose qu'elle. Or il est certain qu'elle disparaît, qu'elle s'évanouit derrière une idée illusoire de sa forme, de sa matière, derrière l'idée chimérique de la soi-disant unité de cette forme et de cette matière ; l'idée de la conscience ne peut être considérée sans perdre toute la portée, toute la réalité qu'on lui attribue communément : elle est la réfutation même de la conscience qui, analysée, permet de contempler à nouveau, dans les idées en lesquelles elle se résorbe, les mêmes contradictions dont on était frappé déjà lorsqu'on considérait, non pas la conscience, mais l'idée de la conscience. Qu'on ne parle donc pas d'une certitude spontanée et pré-philosophique de l'existence de la conscience ; cette certitude ne peut être justifiée qu'en apparence, par des sophismes.

On aurait tort de croire que du moins la tentative qui consiste à poursuivre la conscience à travers une idée qui fuit à l'infini ou sans le secours d'aucune idée, est quelque chose de réel. Non, une idée qui ne s'achève point dans l'esprit, qui ne peut s'y réaliser sans entraîner quelque contradiction logique, ne peut être une idée réelle. Si une idée est réelle, elle est un être : on doit donc, pour juger de l'existence d'une idée, comme de l'existence de quelque être que ce soit, s'appuyer d'abord sur le principe de contradiction. Aussi le psychologue qui dirait, au moment même où il fait acte de psychologue : « Je suis science du psychique », serait-il moins loin de la vérité que s'il disait : « Je suis une série de phénomènes psychiques » ;

car dire : « Je suis des phénomènes », n'est-ce pas avouer que l'on n'est ce que l'on est que pour soi, ce qui est loin de constituer une réalité même d'espèce inférieure ; car être pour soi sans être en soi ainsi que les substances, s'il en existe, n'est-ce pas n'être rien parmi les réalités, n'être point réel ? Le mot « être » est univoque, ou bien il est inintelligible ; simple idée, conscience, substance : tout cela doit, pour être, satisfaire au principe de contradiction ; ne pas réunir toutes les conditions requises pour être, c'est ne pas être. En ce qui concerne le sujet présentement traité, la vérité pour la conscience empirique tient dans cette formule : « Je suis un effort vers l'impossible, et cet impossible, c'est moi ! »

Avant de passer, pour le compléter, de l'examen de l'idée de la conscience à l'examen de l'idée d'une réalité quelconque, il nous faut nettement indiquer les résultats négatifs et positifs que nous pouvons tenir pour acquis et les conséquences qui s'en dégagent. Le premier de ces résultats, c'est que la conscience est irréelle ; et son irréalité entraîne celle de tous les faits internes dont, si elle était, elle serait la série ; sensations, sentiments, volitions, idées de tout cela, idées d'idées de tout cela : néant ! Mais si le phénomène lui-même de penser le phénomène interne fuit ma pensée quand celle-ci, si elle existe, veut le saisir : le phénomène externe qui, s'il est donné, l'est en tant que fait interne, doit être nié comme celui-ci ; d'autant plus qu'il ne saurait être qu'une vaine abstraction une fois séparé de l'acte psychique qui le donnerait, et qu'il y aurait contradiction à tenir pour externe ce qui ne saurait, en tant que donné, être donné que comme interne. Enfin, supposons une sensation qui existe réellement ; elle est un fait interne ; l'idée du phénomène externe dont elle serait le double pour l'objectiviste, est aussi un fait interne ; l'idée de la sensation comme signe du phénomène externe, est elle-même, soit simplement un autre fait interne, soit un fait interne dans lequel les deux premiers n'entrent qu'à l'état d'image d'eux-mêmes. Que cette sensation et que l'idée du phénomène externe aient été réellement, aient été antérieurement à ce dernier fait interne, qu'elles aient été pareilles à ce qu'elles sont dans l'idée qui les représente et les interprète alors : voilà ce que rien ne garantit ; la réalité du psychique que je veux repenser ne m'est plus donnée, et rien ne me prouve qu'elle l'ait été ; à plus forte raison, n'ai-je aucun droit à déclarer qu'à ma sensation a dû correspondre un phénomène externe réel.

« Mais, dira-t-on, à supposer que je ne puisse légitimement poser des phénomènes externes ou même l'existence d'un certain passé de ma conscience[1], je puis du moins affirmer que je pense la multitude des idées que je pense et en faire la théorie ; pourquoi diriez-vous que je ne pense pas ce que je pense, que j'en fais une théorie inexacte et surtout que cette théorie n'existe pas ? » — En premier lieu, répondrons-nous, de même que la théorie de phénomènes externes qu'on cesserait de tenir pour externes n'aurait plus de sens, de même la théorie de phénomènes internes que l'on concevrait comme étant tous contemporains, tous réunis en un seul, n'aurait plus de sens. De plus, ces phénomènes, bien que réunis en une seule appréhension de la conscience, conservent une diversité qualitative dont, après tout, la théorie que je veux construire n'est qu'un élément, pareil aux autres quoi qu'on dise : cette théorie, ou bien vous la concevrez comme partie intégrante de ce qui remplit alors la conscience, ou bien vous y verrez comme un élément privilégié dans l'ensemble des pensées présentes à la conscience. Dans le premier cas, il y aura, entre le fait explication et les faits expliqués, ce genre de

---

1. M. Egger, *op. cit.*

rapport qu'on appelle rapport de réciprocité et qui définit les organismes, du moins pour la biologie positive ; il vous sera impossible de dire si le fait explication n'est pas la résultante des faits qu'il est soi-disant expliquer, plutôt qu'il n'est l'explication de ces faits ; ou plutôt vous devrez dire que les deux suppositions sont également vraies : mais alors que devient la science ? Dans le second cas, il faudra d'abord regarder la théorie de ce dont il y a théorie comme une idée d'ensemble de ce qu'on veut expliquer : une idée s'interpose alors entre l'explication proprement dite et ce qui est à expliquer ; et la garantie de cette idée, rien ne saurait la fournir ; car de même qu'aucune idée ne peut être regardée avec certitude comme l'image d'un fait psychologique antérieur dont elle serait le souvenir exact, de même nulle idée ne peut être tenue pour représentant exactement les faits psychologiques contemporains d'elle dont elle passe pour être la conscience ; à plus forte raison toute science du mental est-elle impossible. Aucune théorie ne saurait être, peut-on dire d'abord, que conscience de ce qu'elle est, à savoir théorie de quelque objet dont rien ne garantit qu'elle l'a saisi et qu'il existe ; mais cette concession est elle-même illégitime, puisqu'il n'y a pas de vraie conscience, puisqu'il n'y a pas vraiment de conscience. Ainsi, non seulement aucune théorie n'est science de ce dont elle voudrait être science, non seulement toute théorie requerrait, si elle était, d'être considérée, à l'égal de tout autre fait mental, simplement comme un objet à connaître par le moyen d'une autre théorie, et ainsi de suite à l'infini, mais nous pouvons dès maintenant affirmer qu'il n'y a en fait aucune science parce qu'il n'y a pas en réalité d'idées, pas de conscience empirique.

Et pourtant, quelque chose survit à toute cette destruction : l'idée de l'idée non psychologique, l'idée de la pensée en soi, celle-là même au nom de laquelle toute cette critique est faite, celle dont nous disions, au début de ce livre, qu'elle est la norme de toute vérité, de toute affirmation légitime. Puisque, absolument, cette idée se pose comme non psychologique, elle ne renferme pas les contradictions inhérentes à toute idée psychologique ; elle ne se nie point en même temps qu'elle s'affirme ; elle subsiste pour nous préserver du nihilisme radical, et l'on peut entrevoir déjà, puisque l'idée non psychologique survit seule, que si cette idée pose l'existence de l'être et la non-existence du non-être ou phénomène, il n'y aura pas, devant elle, d'autre définition possible de l'être que celle-ci : l'être est idée, affirmation de soi, pensée ou conscience de soi. La conscience empirique, dont l'idée bien critiquée mène à la négation de la valeur et de la réalité de tout savoir conscient, y compris la métaphysique elle-même en tant qu'elle serait pensée par nous, la conscience empirique a beau vouloir nier jusqu'à l'être, qu'elle pose chaque fois qu'elle affirme quelque chose ; il n'importe : la logique, si elle pose l'être, l'oppose au phénoménal dont fait partie la conscience empirique ; elle le lui oppose, et l'établit, au nom de la pensée en soi, sur les ruines de cette conscience.

Mais le fond, l'essence de l'idée de la conscience, c'est l'idée d'idée en général ; il en est ainsi aux yeux du philosophe, pour qui « être conscient de » signifie : « avoir l'idée de », et pour le vulgaire qui, alors même qu'il a vu, par exemple, sans remarquer qu'il voyait, accepte encore qu'on lui parle de vision, c'est-à-dire de pensée sans conscience de voir ; il lui échappe que « pensée inconsciente » signifie : conscience inconsciente, c'est-à-dire : idée de quelque chose non accompagnée de l'idée de ce quelque chose comme idée. De ces observations, nous conclurons seulement qu'une étude exhaustive de la conscience doit comprendre une étude de l'idée d'idée en elle-même. Voyons donc si l'idée d'idée ne se nie point elle-même, d'où il suivrait une fois de plus, la conscience étant essentiellement idée, que la conscience serait sa propre négation ainsi que celle de tout ce qu'elle donne, autrement dit de tout phénomène et du phénomène même de penser l'être.

Pour éviter les redites, nous oublierons que d'une idée il ne saurait y avoir qu'une idée et ainsi de suite à l'infini. — Quoi que ce soit que l'on puisse poser, l'idée qu'on a pose toujours un objet qu'elle réalise ; elle est, par là même, position de cet objet. Mais l'objet n'existe pour le sujet qu'en tant que posé ; en tant qu'il existerait en dehors de cette position, par soi ou par autre chose que le sujet, ou bien pour un autre sujet que celui-là, cet objet n'existe point pour ce sujet : ce qu'il y a de vraiment objectif, de réel dans un objet, s'il existe, ne peut donc être objet pour le sujet : en même temps, par conséquent, que le sujet pose l'objet, il le nie. — D'autre part, pour poser l'objet, même comme objet relatif à lui sujet, le sujet doit s'opposer à l'objet comme étant lui-même une sorte d'objet : sans quoi il ne poserait pas d'objet, l'objet n'étant alors opposé à rien de réel, lui qui, pourtant, ne peut être posé que par une telle opposition. En posant l'objet, le sujet se pose donc comme un objet, comme un objet qui ne s'affirme qu'en s'opposant à son objet, qu'en se séparant de celui-ci qui, distingué de lui, lui devient par là même étranger, devient pour lui impénétrable. — Enfin, lorsqu'il s'affirme comme objet, le sujet se nie comme sujet. — Et pourtant il faudrait, pour que l'idée ne fût pas chose contradictoire, qu'elle fût en fait, le fût-elle illusoirement, position d'un objet, et position de soi comme objet, et position de soi comme sujet : l'idée de l'idée implique, nous l'avons vu, ces conditions. Il faudrait cela, et pourtant il ne le faudrait pas, puisque ces trois posers se contredisent à tel point que l'illusion même qui consisterait à les penser dans une seule idée pour définir l'idée d'idée, apparaît comme une impossibilité. On ne pense pas l'impensable. La plus impensable des idées est peut-être l'idée de fait de conscience, qui est la base de toutes les autres, car dans une telle idée, où le sujet, l'objet et la connaissance de celui-ci par celui-là ne font qu'un par hypothèse, ce qui vient d'être dit du sujet s'applique à l'objet, ce qui vient d'être dit de l'objet s'applique au sujet.

De ce point de vue, le savoir tout entier, positif ou métaphysique, apparaît comme un ensemble d'autant d'impossibilités qu'il contient d'idées, avec cette circonstance aggravante que l'idée scientifique non seulement fuit, comme l'idée simplement représentative (souvenir ou idée générale), l'étreinte de l'esprit qui voulait par elle atteindre quelque réalité phénoménale en soi ou transcendante en soi, mais encore renferme la prétention insoutenable d'être théorie et théorie vraie de telles réalités ; or celles-ci, si elles existent, sont irreprésentables ; leur représentation est au représenté comme un être est à un autre être. Pure juxtaposition d'idées, dont aucune n'est science de rien, dont aucune même n'est idée d'elle-même puisque toute idée aurait besoin d'être, et cela à l'infini, saisie dans une autre et par une autre : voilà ce qu'est la science parmi les autres phénomènes, dont l'ensemble constitue la conscience empirique.

A ce moment de notre dialectique, la réalité du phénomène est sous toutes ses formes démontrée fausse, et cela en partant de la considération de la conscience elle-même. Il est établi que le phénomène, c'est-à-dire le non-être, n'est point, non plus qu'aucune science, ni surtout qu'aucune science véritable soit du phénomène, soit de l'être :

purs phénomènes, pures idées, purs faits de conscience, pur néant que tout cela.

Mais la réalité du phénomène semble à la plupart des hommes si incontestable, qu'il nous faut aussi prendre corps à corps cette idée pour en démontrer directement l'absurdité.

II. — PHÉNOMÈNE ET RÉALITÉ

Le non-être est intelligible : la logique, qui en nie l'existence, en contient le concept ; mais elle proscrit l'idée du phénomène, cet absurde synonyme du non-être, ce non-être réalisé qui fait le fond de l'idée de la conscience empirique et de toutes les idées qui forment le contenu de cet être illusoire. Au premier abord, il peut être choquant d'entendre soutenir que le phénomène est un autre nom du non-être, du contradictoire de l'être, de ce que la logique défend de réaliser, de penser, de croire qu'on le peut penser. Il en est ainsi, pourtant, comme on va le voir ; au nom de la logique, on a le droit de dire à la conscience : « Tu n'es pas, car que tu te penses ou que tu penses quoi que ce soit, tu ne peux pas ne pas penser que le non-être existe sous la forme du phénoménal. »

Pour être entendue, l'idée de l'être ne requiert point d'être opposée à l'idée du phénomène ; mais celle-ci ne s'entend que par opposition avec l'autre : le phénomène, c'est l'être auquel il manque le nécessaire pour mériter le nom d'être. — De plus, il semble bien que l'idée du phénomène suppose celle d'un être qui se manifeste et d'un être auquel le premier est manifesté, car il ne saurait y avoir de phénomène d'un phénomène, ni de phénomène pour un phénomène, ni de phénomène pour soi. En effet, le phénomène dont il n'apparaîtrait qu'un phénomène ne serait plus phénomène ; un phénomène ne saurait devenir connaissance d'un autre sans devenir cet autre et par suite sans disparaître devant cet autre ; un phénomène qui serait pour lui-même serait le phénomène d'un phénomène, requerrait à son tour un autre phénomène qui serait son phénomène et ainsi de suite à l'infini ; ou bien encore, il serait purement en apparence connaissance de ce dont on le dit phénomène. Donc, non seulement le phénomène ne s'entend, d'un côté, que par opposition avec l'être, mais il suppose, et doublement, ce à quoi il s'oppose : l'idée du phénomène suppose, en dehors de lui, ce dont il est la négation, lui dont tout l'être est d'apparaître. Voilà donc un néant servant de lien à deux êtres. Un néant ? Est-il ainsi bien nommé ? Non, puisqu'il fait quelque chose et qu'il n'est pas possible de ne pas concevoir l'apparaître comme une manière, étrange, mais réelle d'être. — Il y a plus : puisque ce néant est quelque chose, pourquoi donc imaginer des êtres pour l'expliquer ? En lui attribuant l'être, ne rend-on pas l'être en soi, auquel on l'oppose, parfaitement inutile ? Faudrait-il donc dire, maintenant, que l'être est inutile pour concevoir le phénomène ? Appelle-t-on le phénomène « phénomène », on entend, ce semble, lui retirer la réalité. Parle-t-on de sa réalité, on lui retire sa qualité de phénomène. Emploie-t-on, enfin, l'expression de « phénomène réel », on rend superflue l'idée de l'être véritable, on remplace la notion de l'être qui se pose sans se nier par celle d'un être qui se nie en se posant, la notion de cet être étant essentiellement contradictoire.

Supposons néanmoins qu'il y ait de réels phénomènes, manifestant l'être. Cette supposition est contradictoire à quelque point de vue qu'on se place. En effet, si de tels phénomènes sont réels, ils sont eux-mêmes quelque chose ; ils sont donc des êtres distincts de tous les autres êtres, y

compris ceux dont on veut qu'ils soient la manifestation ;
donc, ils ne manifestent point ces êtres ; donc ils ne sont
point, puisque leur raison d'être était de manifester ces
êtres. Préfère-t-on dire que ces phénomènes sont quelque
réalité sans cependant avoir en eux-mêmes leur existence?
Dans ce cas, ils font partie de la réalité qui les soutient,
ils n'en sont donc pas la manifestation, mais bien une
partie intégrante. De toute façon, l'être, en tant qu'être,
ou, ce qui revient au même, en tant qu'être en soi, reste
impénétrable : le phénomène n'est, par suite, phénomène
de rien.

De même, le phénomène considéré par rapport à moi,
en tant qu'il me manifesterait quelque chose, ne remplit
pas la fonction qu'on lui attribue. Il faut bien, semble-t-il,
qu'il soit en moi, mais il faut d'abord qu'il soit ; mais s'il
est, il est en soi, donc il n'est point en moi ; et s'il est en
moi tout en étant en soi, ce qui est d'ailleurs inintelligible,
c'est moi qui suis ce qu'il est ; il n'est donc plus manifestation de l'être à moi. Dans le premier cas, il m'est
étranger ; dans le second cas, il ne tient plus à l'être qu'il
est soi-disant me manifester ; dans les deux cas, il ne me
fait aucunement pénétrer l'être. De toute façon, donc, le
phénomène ne remplit pas plus sa fonction relative au
sujet que sa fonction relative à l'objet ; et quand on constate qu'il ne remplit pas celle-ci, on constate déjà qu'il ne
remplit pas celle-là, puisque c'est au sujet que l'objet devrait être manifesté.

Dira-t-on que le phénomène est un mode comme extérieur et plus ou moins passager de l'être sujet en même
temps qu'un mode extérieur et plus ou moins durable de
l'être objet? — Mais que serait donc un mode extérieur
d'un être? Un tel mode ne saurait exister, car ce qui est
extérieur à un être ne lui appartient pas et ne saurait ni
manifester un objet, ni être quelque chose pour un sujet :

faire une telle supposition, c'est intercaler, entre l'être sujet et l'être objet, un troisième être qui éloigne encore davantage l'un de l'autre les deux premiers. Et puis, qu'est-ce, encore une fois, que cette réalité de qualité inférieure qu'on attribue au phénomène ? — Mais passons sur ces difficultés ; imaginons une réalité phénoménale faisant corps, d'un côté avec l'objet, de l'autre avec le sujet. De deux choses l'une : ou bien il faut identifier sujet, objet et phénomène dans un seul être ; mais alors ils ne font plus trois êtres ; et pourtant, par hypothèse, ils sont bien trois, et l'on invoquait, pour expliquer la connaissance de l'objet par le sujet, la nécessité d'un phénomène manifestant le premier au second. Ou bien il faut nier l'être et substituer, à la réalité de l'objet et du sujet, celle du phénomène, et déclarer que la réalité absolue n'est que sa propre apparence, apparence de rien à rien, ou, si l'on veut, à une apparence qui n'apparaît que pour une autre et ainsi de suite à l'infini. Bref, à chaque effort qu'on fait pour sauver l'idée du phénomène, on s'aperçoit que cette idée est sa propre négation, qu'elle est la négation même de toute idée de réalité.

Admettra-t-on que le phénomène peut être la créature de l'objet et du sujet, le produit de leur collaboration ? Mais qu'est-ce qui garantit que leur œuvre est telle qu'elle soit image vraie de l'un, et nullement image de l'autre ? Si, comme il est probable, le sujet s'est peint lui aussi dans la connaissance qu'il acquiert de l'objet, l'objet n'est plus connu avec certitude ; et la création ayant été inconsciente au moins *a parte subjecti*, le sujet peut se demander s'il n'a pas, peut-être, créé à lui seul le phénomène. Enfin, si cette création fut réelle, ce n'est point un phénomène qui fut créé, mais un nouvel être, car l'effet est de même nature que la cause ; et toutes les objections soulevées ci-dessus se représentent.

Ainsi, de quelque façon qu'on prenne le phénomène, son idée se détruit. Veut-on en faire une réalité? Il cesse d'être phénomène. Le regarde-t-on simplement comme phénomène? Il cesse d'être réel. Au premier point de vue, il apparaît comme une réalité contradictoire avec l'idée de réalité ; au second, comme un phénomène contradictoire avec l'idée de phénomène ; et chacune de ces contradictions fournit l'occasion d'en remarquer de nouvelles. Comme, bon gré mal gré, quiconque parle de phénomènes les réalise et en fait la manifestation, à l'esprit, d'une ou de plusieurs réalités, celles du sujet, de l'objet et de l'être *sui generis* du phénomène, ou du premier et du troisième ou encore du troisième seul, nous pourrions à la rigueur regarder comme réfutées les diverses conceptions du phénomène qui ont été proposées.

Mais il est intéressant d'examiner avec quelque soin celles de Berkeley, de Kant et de Stuart Mill, les trois plus originales de toutes. Celle du sens commun, suivant laquelle le phénomène manifesterait telle qu'elle est la substance objet à la substance sujet, a été réfutée directement par les considérations qui précèdent ; et nous ne saurions prendre au sérieux celle de certains savants qui regardent les phénomènes de la vue et de l'ouïe, par exemple, comme une sorte de manifestation de phénomènes tout différents et non manifestés; à savoir les petits mouvements vibratoires des atomes : non seulement la logique, mais la science des savants les plus éclairés est contraire à ce genre de théorie.

Pour Berkeley, les phénomènes sont des créatures de Dieu, jouissant d'une existence réelle, mais ayant besoin cependant, pour être, d'être pensés, car leur « esse » est « percipi ». Ils sont pensés par Dieu et par tous les êtres doués de la faculté de sentir, suivant le degré de perfection de cette faculté en eux. — Cette théorie conduit à des conclusions contraires aux plus chères convictions de son auteur. En effet, de tels phénomènes sont des modes contingents de l'être nécessaire, dont la notion est par là même viciée, viciée par une conception évidemment contradictoire. De plus, ces phénomènes sont à la fois l'« esse » de la créature et l'« esse » du créateur, puisque tous deux les perçoivent, puisque « percipi » équivaut à « esse », et que, tout comme le créateur, la créature ne perçoit que la manière dont elle est affectée lorsqu'il s'agit de phénomènes ; sur ce dernier point, qu'on ne l'oublie pas, l'affirmation de Berkeley est formelle. Dieu, le monde inanimé, animé et pensant seraient donc une même chose ? — Mais considérons seulement l'âme humaine ; son être est en partie les phénomènes, ou le monde : lors donc qu'elle pense le monde, c'est elle-même qu'elle pense ; le phénomène ne se manifeste donc pas à l'âme en lui faisant connaître une réalité phénoménale distincte d'elle ; il manifeste, plutôt, à cette âme, une partie d'elle-même. Mais cette manifestation à son tour ne saurait être dite phénomène, dans l'âme, d'une partie de l'âme, puisqu'elle est elle-même une partie de l'âme. S'il en est ainsi, le monde phénoménal de Berkeley, monde qui ne peut avoir de réalité extérieure puisqu'il est purement phénoménal, devient logiquement une partie d'une âme toute phénoménale : ne faut-il pas, en effet, que le tout soit homogène avec la partie, puisqu'aussi bien la perception peut être définie « le phénomène de percevoir » ? Et d'autre part, pourquoi Berkeley ne définirait-il pas la substance même de l'âme tout entière par la phénoménalité puisqu'il suffit, selon lui, qu'il y ait perception, pour qu'il y ait pleinement réalité du perçu ? Enfin, que sont les faits mentaux autres que les sensations ? Des phénomènes aussi sans nul doute, c'est-à-dire quelque chose qui, suivant le principe de Berkeley, peut à ce titre être vraiment réel. L'âme substance est donc superflue dans sa doctrine ; il devrait définir l'âme ainsi : des phénomènes qui pour eux-mêmes existent. Mais des phénomènes qui sont pour eux-mêmes, sont pour ce qui est une apparence pour soi-même ; admettre une telle conception, ce n'est pas autre chose que condamner l'esprit qui voudrait la préciser, à un mouvement de va-et-vient sans fin entre l'idée d'un apparaître qui n'est que pour soi et l'idée d'un soi qui n'est que cet apparaître. Le nihilisme absolu est au bout de la doctrine de Berkeley. — Pour y échapper, ainsi qu'au panthéisme vers lequel cette doctrine nous semblait tendre aussi, essaiera-t-on de poser le phénomène comme une réalité non substantielle *sui generis* entre Dieu et l'âme ? Il devient encore pensée de soi, puisque son « esse » est toujours « percipi », mais il n'est plus pensé par Dieu ni par l'âme qui, s'ils le pensent, le pensent par le moyen d'une idée qui est un autre phénomène ; ce phénomène, à l'égard du monde qu'il nous révèle, est exactement ce que le phénomène, dans l'opinion commune, est à la substance des choses. Cette fois, c'est au substantialisme vulgaire que nous sommes ramenés par un détour.

En résumé, la notion berkeleyenne du phénomène est instable et contradictoire ; pour avoir voulu donner au phénomène quelque consistance et en avoir fait une réalité en soi, réalité qu'il ne veut point pareille, pourtant, à celle des substances, ce philosophe est entré dans une voie qui mène au panthéisme et même au nihilisme ; sans compter que sa doctrine, à un certain point de vue, se rapproche de celles qu'admettent le sens commun et l'école, si préoccupée toujours de ne pas heurter celui-ci. — Admet-on le point de départ de notre philosophe ? Les phénomènes détachés de la substance matérielle que l'on croyait indispensable cessent d'être distincts de l'esprit et de Dieu lui-même, qui devient tout; ou bien encore l'âme humaine devient toute phénoménale et pure illusion d'une illusion, objet illusoire pour un sujet illusoire qui n'est que cet objet vain et se croit à tort le sujet de cet objet ; ou bien enfin le monde phénoménal redevient identique au monde substantiel dont Berkeley ne veut point.

L'idéalisme de Berkeley aboutissait, suivant Kant, à une conception subjectiviste du monde, conception que doit réprouver la Critique. Kant prétend à la fois indiquer mieux que Berkeley la part de subjectivité que renferme notre connaissance, et restaurer la réalité du monde phénoménal; il est vrai que par la réalité de ce monde il entend, ou du moins veut entendre, cette objectivité qui consiste, pour le monde, à être objet de perception et de pensée pour tout esprit organisé comme le nôtre. Analysons donc le phénomène tel que le kantisme nous le présente. — En tant qu'objet de perception et de pensée, il n'est que par ce qu'il reçoit de la sensibilité et de l'entendement, ou plutôt il est double, car ce qui est perçu et pensé est tout d'abord qualité pure, et comme tel, « objet indéterminé d'une intuition empirique ». Mais laissons là, pour un instant, le premier de ces deux aspects du phénomène ; sous le second, le phénomène contient encore deux parties : il est ce que les sens le font ; et il est aussi ce que le fait l'être nouménal, lequel « affecte » la pensée d'une certaine manière, sans que d'ailleurs cet acte puisse être donné au sujet et connu par lui ; c'est bien au noumène, cependant, et à son action, qu'il faut rapporter, d'après Kant, l'existence de la diversité qualitative qui s'offre en pâture au sujet, c'est lui qui contient la raison dernière de ce qui, dans la connaissance, ne s'explique pas par la nature et l'activité du sujet. On ne peut donc dire qu'il n'y a pas, dans le phénomène kantien, quelque chose de vraiment réel, de purement extérieur à l'esprit, d'objectif au sens ordinaire et non plus kantien de ce mot. Mais s'il y a quelque chose de tel dans le phénomène, c'est précisément ce qui ne peut, ni entrer dans les formes de la sensibilité, ni être subsumé aux catégories de l'entendement ; c'est donc, dans le phénomène, quelque chose de non phénoménal. Comment, dès lors, ne pas nommer cela aussi noumène, ou, ce qui revient au même, mode propre ou partie du noumène? La Critique aboutirait-elle à considérer une partie tout au moins du phénomène comme partie intégrante du noumène, et faut-il dire, avec certains adversaires du kantisme, faut-il dire, en s'appuyant sur le kantisme lui-même, que notre connaissance du monde traduit, en phénomènes qui sont des symboles vrais, des qualités réelles des choses en soi? Dira-t-on que notre connaissance est pour le moins parallèle à la réalité, ou même qu'il est un point par où elles se confondent? Si cependant on hésite à réaliser de la sorte une partie du phénomène, comment donc concevra-t-on la réalité qu'on lui laisse en face du noumène, de la réalité vraiment digne de ce nom? Qu'est-ce, d'ailleurs, que ce demi-non-être qu'on juxtapose à l'être et dont on fait l'œuvre de l'être? Comment ce qu'on oppose à l'être tout en l'y rattachant serait-il de nature à le manifester? Enfin, que serait ce phénomène qui, en tant que distinct du noumène, serait une sorte de chose en soi et qui, en tant qu'inapte à entrer dans la sensibilité et l'entendement humains, ne serait pas de nature mentale? Ce serait un phénomène existant en soi, quelque chose que nous n'aurions aucune raison de considérer comme de nature mentale, bref un phénomène existant en soi sans même se penser lui-même, un phénomène qui ne serait même pas pour lui-même. Cette conception, directement contraire à l'une de celles où nous menait Berkeley, est aussi inacceptable que la conception d'un phénomène qui ne serait que pour lui-même.

Sortira-t-on d'embarras en soutenant que l'idée du phénomène, en ce qu'il contient de nouménal, n'est qu'une conception idéale, tout comme l'idée du noumène auquel la raison rattache, mais d'une manière tout idéale, l'édifice entier de la connaissance? — « Du point de vue de la raison spéculative, dira-t-on, l'idée du noumène n'est qu'une idée « régulatrice », une hypothèse commode pour introduire l'unité dans la connaissance! Ne réalisez donc pas plus le nouménal du phénomène que le noumène proprement dit! » — Soit ; mais alors il faut aller jusqu'au bout, et poursuivre ainsi : Formes, catégories, idées de la raison en y comptant celle de ce que le phénomène contiendrait de nouménal, tout cela n'est qu'idées permettant la possibilité de l' « aperception pure » ou « originaire du je pense » ; ce sont les conditions mêmes de la possibilité de la pensée, qui ne pourrait se déployer sans se servir de ces éléments *a priori*. Mais qu'est, à son tour, l'idée d'une telle aperception, l'idée du « je pense »? Ne réalisons point le « je pense », de peur de tomber dans le « paralogisme de la personnalité » ! Que faire donc? Soutenir que le « je pense » n'est qu'une idée comme les autres, un pur phénomène mental qui n'existe qu'en tant qu'il se pense? Mais n'est-ce pas là édifier, sur la ruine de toute réalité en soi, la conception déjà réfutée par nous d'un phénomène qui n'existe que pour lui-même? Kant tombe ici dans l'une des difficultés propres à la doctrine de Berkeley, sans compter celles où le jette sa doctrine, en ce qu'elle a de spécial. Quoi! Ce serait pour et par cette pensée, pure apparence de soi pour un soi qui ne serait qu'apparence de soi, ce serait par et pour ce néant créateur d'idées, de catégories, de formes, d'apparences sensibles enfin, que seraient toutes les choses de ce monde dont Kant entend maintenir la réalité! Quelle capacité et quelle puissance vraiment divines, illusoires autant que divines, sont ici attribuées à notre pensée!

Ce n'est pas tout : lorsque l'esprit fait spatial et temporel ce qu'il fait sensible, puis le pense et spécule, que fait-il ? Il fait subjectif le phénomène en soi qui est le messager du noumène ; pour se le rendre assimilable, il le déforme ; puis il le fait successivement entrer dans des conceptions qui toutes viennent de lui-même ; ou plutôt, tout ce qu'il pense du phénomène qui en soi lui échappe, ce ne sont que des conceptions à lui qu'il fait en quelque sorte entrer les unes dans les autres ; après avoir fait du phénomène en soi, par la sensibilité, quelque chose où il n'y a déjà plus, pour l'esprit, que ce qui vient de l'esprit, celui-ci transforme sa première œuvre en superposant, à l'œuvre de la sensibilité, celle de l'imagination transcendantale, à celle-ci l'œuvre de l'entendement, à cette dernière l'œuvre de la raison. Comment peut-il soutenir, après cela, que c'est toujours du même phénomène qu'il traite ? N'a-t-il pas, à chacun des moments successifs de la spéculation, inventé un point de vue nouveau ? Pour la sensibilité, la partie nouménale du phénomène était déjà comme si elle n'était pas ; et quand l'entendement applique aux perceptions ses catégories, ce n'est même plus aux perceptions en tant que telles qu'il les applique, c'est aux perceptions en tant qu'elles ont subi la transformation opérée par le schématisme de l'imagination transcendantale. Et même, n'est-ce pas trop dire ? L'entendement fait-il autre chose que de retrouver, en ce qu'il prend pour objet, les concepts qu'il y a introduits ? Le schématisme prépare une matière à l'entendement, sans doute ; mais, à ce point de vue, ce qu'il présente à l'activité de l'entendement est hétérogène avec celui-ci, qui d'ailleurs transforme la matière sur laquelle il s'exerce pour pouvoir spéculer sur elle. — La science de Kant n'est donc pas ce qu'elle veut être, car elle est à chaque instant science d'autre chose que de son prétendu objet ; cet objet est dépourvu de l'unité que, selon Kant, la raison exige de la connaissance, qui doit être « systématique[1] »; et ce qu'il y a de moins donné à la raison spéculative, c'est le point de départ de toute spéculation, le fond nouménal, ou réel, du phénomène. Tout l'édifice de la connaissance spéculative, chez Kant, se réduit donc à un ensemble d'idées dont certaines, celles de la raison, n'ont d'autre intérêt que de fournir à l'esprit l'occasion d'exécuter une sorte de thème sans portée aucune sur les idées élaborées par l'entendement; celles-ci ne sont qu'un thème exécuté sur les idées qui ont leur source dans l'imagination transcendantale, laquelle a exécuté un thème sur la matière élaborée par la sensibilité, laquelle ne présentait elle-même à la conscience rien de réel en soi. La science n'est donc pas la science de ce que le phénomène aurait de réel en soi; elle est la négation radicale de la réalité de ce monde. Elle n'est même pas la science de ce que l'irréel serait pour l'esprit; elle n'atteint aucun objet sans le transformer, sans lui substituer un autre objet: quand donc l'esprit passe d'un point de vue à un autre qui semble plus profond, il n'approfondit et n'éclaire rien.

Enfin, que sont et l'idée du phénomène, et les « intuitions pures » de l'espace et du temps, et les catégories et les idées de la raison, sinon des phénomènes internes, des faits du sens interne, tous donnés, comme tels, dans le temps « pure forme du sens interne »? De ces idées, comme de toutes les autres, ainsi que nous l'avons établi, il ne saurait y avoir, si l'on peut s'exprimer ainsi, que des idées sur d'autres idées ou plutôt à propos d'autres idées. De plus, si elles existent, ce n'est que pour le sujet; mais sont-elles en même temps par lui, et de telle sorte qu'on puisse leur accorder une réalité au moins interne? Non,

---

[1]. V. spécialt: *Kritik d. r. V.*; Anhang zur tr. dial; Von dem regulat. Gebr. d. Id. d. r. V.

car la pensée de leur existence dans le sujet ne serait qu'une nouvelle pensée, un nouveau phénomène interne, n'existant, qu'on ne l'oublie pas, qu'en tant que donné dans le temps pure forme du sens interne. Il n'y a donc aucune réalité, même mentale, dans tout ce que Kant énumère quand il décrit l'esprit ; car ce qu'il décrit, et jusqu'au fait de le décrire, ce ne sont que phénomènes donnés dans le temps, lequel n'est qu'une idée, c'est-à-dire un phénomène, donnée dans le temps et ainsi de suite à l'infini. — « Vous semblez croire, objectera-t-on, que Kant réalise le temps. » — En somme, il le réalise bien qu'il s'en défende ; car il lui arrive de traiter de ce monde exactement de la même manière que les dogmatiques théistes, comme si ce monde était, tel qu'il apparaît, l'œuvre réelle de Dieu ; ce n'est certes pas un monde irréel, pour lui, que celui où se déploie la vie phénoménale qu'il oppose, dans la Critique de la Raison pratique, à la vie nouménale[1]. D'ailleurs, de toute façon, il ne peut pas soustraire au temps la pensée du temps : or, ne pouvant regarder le temps dans lequel apparaît cette pensée comme un nouveau temps forme d'une sensibilité spéciale, il faut bien qu'au moins implicitement il réalise le temps à la manière du vulgaire, afin de n'être point obligé d'admettre une infinité de temps tour à tour phénomènes et formes du phénomène de les penser. — « Mais Kant ne veut pas réaliser le temps ! » — Soit ; mais alors, tout, jusqu'à la Critique elle-même, se réduit à un simple ensemble de phénomènes mentaux dont il y a lieu de faire une seconde Critique en situant cette nouvelle Critique dans un nouveau temps contenant du premier, et ainsi de suite à l'infini. La même difficulté réapparaît donc, finalement.

---

1. Kant va jusqu'à appeler Dieu « Weltregierer ». V. fin de la Dial. de la Rais. pur. prat.

Pour conclure, lorsque Kant tend à objectiver le phénomène, il tend à le confondre avec le noumène. S'efforce-t-il d'en maintenir la subjectivité? Il comble l'intervalle qui le sépare de l'illusion pure, il assimile « Erscheinung » à « Schein ». Et voilà à quelle conception du phénomène, donc de la science et de la Critique elle-même comme phénomènes mentaux, conduit la conception criticiste du phénomène.

Contradiction, inintelligibilité : la conception du phénomène, chez Stuart Mill, aboutit-elle là, elle aussi? S'il y eut jamais une doctrine capable d'assurer au phénomène la réalité et de ruiner la chose en soi en la rendant inutile, ce n'est pas celle de Hume, c'est celle de Mill; dans aucune autre, en effet, l'empirisme n'est aussi fidèle à lui-même. Cependant, de tous les empiristes, Mill est peut-être le plus facile à réfuter, précisément à cause de la cohérence relative de son empirisme. Sa doctrine peut être ainsi résumée : le phénomène est la seule réalité, il existe en soi, par soi, et aussi pour soi puisqu'il est conscient; or, il arrive que dans la série formée par les phénomènes, il s'en produit certains qui consistent à penser un sujet et à rapporter à ce sujet tous les phénomènes en tant que conscients, spécialement les phénomènes d'ordre affectif, qui s'y prêtent mieux que les autres ; il s'en produit aussi certains qui consistent à penser un objet, à lui rapporter la possibilité de toutes les sensations éprouvées, surtout des sensations représentatives ; donc le sujet n'est que l'idée d'un sujet ; l'objet n'est que l'idée d'un objet. — Mais, toute autre difficulté écartée, qu'est-ce, encore une fois, qu'un phénomène qui n'est que pour lui-même, et qui est pourtant une véritable réalité, la seule? On comprend assez bien que, si le phénomène conscient existe, il puisse être, oubliant son contenu, phénomène de penser la pensée, et par suite pensée d'un sujet; on comprend de même qu'il puisse être pensée d'un objet ; mais ce qu'on ne peut comprendre, c'est d'abord l'existence du phénomène conscient, c'est ensuite l'affirmation d'une multiplicité de phénomènes alors que, cependant, l'existence d'aucun phénomène passé, distinct du phénomène présent qui consiste à le penser, n'est et ne saurait être objet d'expérience ; pour un empiriste tout à fait conséquent, la pensée d'un phénomène passé ne saurait être qu'un aspect de la pensée présente ; mais alors, quel sens auraient les explications que donnent les psychologues phénoménistes, au sujet des rapports de succession qu'on croit remarquer entre les phénomènes mentaux ? — Même, pour un vrai empiriste, toute explication, même l'explication empiriste devrait encore être illusoire, car il ne devrait voir là que des agrégats de faits de conscience ; d'autant plus que les principes eux-mêmes de toute explication, à commencer par celui de causalité dont chacun se sert qu'il le veuille ou non[1], ne sont, du point de vue empirique, que des faits de conscience comme la plus insignifiante de nos sensations. Sans doute on peut soutenir que, pour qui veut tenir compte de l'expérience tout entière, les principes sont bien des principes, puisque, dans l'expérience intérieure, ils sont tenus, en fait, pour des sources de vérité ; mais un tel empirisme se confond avec le dogmatisme ; il n'a rien de commun avec celui de Stuart Mill. — Enfin,

---

[1]. Il est intéressant de remarquer que quiconque donne une explication de quoi que ce soit, fût-elle aussi peu métaphysique qu'il est possible, postule le principe de causalité en ce sens qu'il regarde son explication, par le fait même qu'il la propose, comme étant en quelque sorte causée par la chose qu'il explique et par son esprit qui l'explique. L'idée d'un savoir quelconque ne signifie rien d'autre que ceci : l'effet intellectuel (effet unique en son genre) de la réalité et de la pensée en tant que natures, sur la pensée en tant qu'activité. — Un principe est, d'ailleurs, pour le logicien, comme la cause de ses conséquences. On réduit parfois les causes aux lois, mais les lois sont alors les causes véritables ; seul le concept de cause explique le concept de principe et celui de loi.

perceptions, théories, principes, sentiments aussi et volitions, qu'est-ce que tout cela ? Des phénomènes dont il n'y a en nous que des idées, idées dont il n'y a que des idées, et ainsi de suite à l'infini.

Le phénoméniste lui-même n'a pas le droit de dire que le phénomène, tout au moins, est donné. Il commence par faire hériter le phénomène de la réalité dont il dépouille l'antique substance ; il ne s'aperçoit pas du singulier mélange de non-être et d'être, d'empirisme et de métaphysique qu'il opère. Puis, après des efforts inévitablement vains pour expliquer l'illusion substantialiste, dont Mill avoue lui-même qu'elle semble impliquer au moins l'existence de la substance spirituelle (mais nous n'abordons pas ce point sur lequel tout a été dit), il poursuit des explications que son propre point de vue lui défendrait de tenter, puisque sa science et les principes dont elle procède ne sont que des faits comme les autres, puisque d'autre part aucun fait n'est, en réalité, empiriquement donné.

En résumé, de quelque manière que le philosophe s'y prenne pour concevoir le phénomène, l'idée par laquelle il le pense se détruit elle-même : elle est aussi absurde que celle du sens commun, pour lequel le phénomène est une réalité à deux faces dont l'une est apparente quoique distincte de la pensée qui par elle saisit, croit-on, quelque fait extérieur ou quelque fait de l'âme, et dont l'autre est affirmée réelle, bien que non saisie dans ce qui, du réel, échappe nécessairement aux prises de la pensée. Et cependant on voit sans cesse des philosophes [1], dominés par la pensée d'exalter la chose en soi, déclarer d'une part que le phénomène n'est pas l'être, de l'autre se fonder sur le premier pour atteindre le second et partir du second pour

---

1. V. à ce sujet la plupart des manuels courants de philosophie, y compris les meilleurs.

en déduire le premier ; on les voit expliquer d'abord un phénomène par un autre, puis proclamer que le phénomène n'explique pas vraiment le phénomène, et superposer à toutes les causes phénoménales des causes transcendantes. Il faudrait pourtant choisir ; mais ils sentent obscurément, pensons-nous, que le phénonène, qui est le non-être, ne saurait posséder l'attribut de la causalité.

Nous sommes allés d'abord de la négation de la conscience à celle du phénomène ; puis nous avons suivi l'ordre inverse. Ici notre marche était plutôt synthétique, puisque la possibilité de la conscience dépend logiquement de la possibilité du phénomène ; là notre marche était plutôt analytique : nous allions de la négation de la conséquence à la négation du principe. C'est toujours à la conscience que nous nous sommes adressés ; nous l'avons interrogée pour savoir ce qu'elle niait ; mais pouvions-nous procéder autrement? Ne nous fallait-il pas nous placer sur un terrain où fût possible une entente préliminaire avec nos adversaires. Au reste, nous avons fait mieux que de la dialectique : nos négations, l'établissement de la légitimité d'un certain dogmatisme et la doctrine qui sera exposée plus loin ont une valeur absolue puisque, si elle est, la conscience empirique, à laquelle nous faisons appel, est une pensée qui participe de la pensée en soi, sorte d'individuation de cette pensée. Peu importe donc si la conscience se nie, car, au fond, c'est la pensée en soi qui la nie : la conscience n'a donc pas besoin, comme on pourrait le croire, d'être pour se nier. De même, s'il nous faut refuser toute réalité à la science, et même à la métaphysique qui sera développée dans le dernier chapitre de ce livre, qu'importe? Si l'être est ce que nous disons, peu importe que l'on puisse ou non objecter que nous disons qu'il est et ce qu'il est. Peu importe, enfin, la critique qui a été ou sera faite des principes de la science : la valeur absolue de ceux qui appartiennent en commun à la science et à la métaphysique n'en sera pas affaiblie en ce qui concerne cette dernière quand nous la nierons comme fait psychologique pour mieux affirmer la réalité de son objet ; et de quoi le savant se plaindrait-il si l'on éloigne à tel point la métaphysique du domaine qu'il explore, que celle-ci soit pour lui comme si elle n'existait pas ?

Platon et aussi Hégel réalisèrent le non-être et lui donnèrent un rôle dans la constitution du réel. Un tel illogisme ne semble pas avoir scandalisé les historiens de la philosophie ; et pourtant, il y a là plus qu'un paradoxe. Pourquoi donc hésiterions-nous à reprendre l'axiome des Éléates ? Que disons-nous de plus que ceci : l'être est et le non-être n'est point, donc ne réalisons pas le non-être, ne lui donnons point les attributs de l'être ? C'est une chose singulière, que l'on semble proposer une nouveauté quand on demande seulement à l'esprit humain de ne pas violer le principe d'identité, le plus essentiel à la pensée, et d'accorder que ce dont l'idée est contradictoire, ou, ce qui revient au même, évanouissante, ne saurait exister, cela fût-il le phénomène ou la conscience. Cela seul est qui est possible ; cela seul est possible dont l'idée est possible ; si jusqu'à l'idée du fait psychologique, auquel tout fait se réduit en dernière analyse, est impossible, il faut bien nier tout fait, fût-ce même le fait métaphysique, au nom de la pensée en soi, c'est-à-dire au nom de la logique.

CHAPITRE IV

LA SCIENCE DE L'IRRÉEL

I. — La critique de l'idée de phénomène prise comme la prend la science, à laquelle cette idée sert de base, aboutit à la destruction de cette idée. La science, en effet, implique à la fois dans son objet quatre choses qui se détruisent elles-mêmes et se détruisent les unes les autres, à savoir : phénoménalité, spatialité, temporalité et nombre. En réalité, l'idée scientifique du phénomène est la destruction de la science elle-même, envisagée comme elle l'est communément. Critiquer de la sorte la science, c'est à nouveau, indirectement, prouver l'inexistence de la conscience et de tout phénomène.

II. — Pareillement, l'étude de l'activité de l'esprit aboutit à la destruction de la science, en particulier parce que l'idée de tout phénomène ou groupe de phénomènes est l'idée d'un genre et que l'idée de genre est injustifiable. Toute intuition suppose quelque induction ; toute induction, à part celle qui consiste dans la position des principes comme tels, suppose quelque déduction ; et le principe des genres, supposé par toute induction et aussi par toute déduction, est illusoire. D'ailleurs, principes et matériaux de la connaissance révèlent une telle hétérogénéité dans les idées dont l'ensemble compose la science, que celle-ci ne peut être cette connaissance du général que cependant elle devrait être. Enfin, si une telle connaissance était atteinte, elle ne serait point connaissance du réel, qui ne peut être que l'individuel.

III. — Que l'on considère le rapport des moyens que la science met en œuvre au but qu'elle doit viser, ou bien ce but lui-même, ou même, simplement, l'idée d'explication en général, on s'aperçoit que la science n'est point, ne saurait être ce qu'elle voudrait être : son objet lui échappe quand elle veut le saisir, elle l'altère pour s'en emparer, elle raconte en voulant expliquer. Entreprend-elle de faire la théorie des facultés mentales et spécialement du jugement, elle se confirme dans le scepticisme tout aussitôt. De plus, toute science, y compris la métaphysique sous toutes ses formes, suppose les autres sciences, mais pour les mieux détruire, les détruit pour se constituer, et porte en elle de quoi se détruire elle-même. Bref la science n'est pas la science ; et, considérées une à une, toutes les sciences confirment cette conclusion.

IV. — Cependant, en un sens, la science est indépendante de la critique qui la nie et de la métaphysique qui l'ignore plutôt qu'elle ne la nie, comme la métaphysique est indépendante de la science, et de la critique qui fonde celle-là en niant celle-ci. Devant la pensée en soi, toute forme du savoir positif et même toute métaphysique est susceptible d'un certain degré de vérité. Pour sauver tout ce que la critique détruit, il suffit d'un nouvel et dernier effort de critique, il suffit de rectifier l'idée commune de la science, et de nier absolument l'objet de la science et des métaphysiques traditionnelles.

Il ne saurait y avoir, à la doctrine exposée dans le précédent chapitre, de confirmation plus éclatante que celle qui consisterait à tirer directement, de la science elle-même qui est le chef-d'œuvre de la conscience et l'organisation la plus parfaite des phénomènes qui la constituent, l'aveu que la science n'atteint jamais l'objet qu'elle veut atteindre, et surtout que, si on suppose qu'elle l'atteint, elle n'en peut tenter la théorie sans tomber dans plusieurs contradictions. Faire la critique de la science du phénoménal ou de l'irréel en tant que connaissance, et non plus en tant que cette prétendue science est tout d'abord un phénomène ou groupe de phénomènes parmi d'autres ; étudier la science en oubliant qu'elle fait elle-même partie de l'irréel, qu'elle a pour objet l'irréel et que, l'irréel fût-il, à aucun moment la science, existât-elle comme partie de la conscience, n'atteint, même en se trompant sur la nature de l'objet qu'elle veut saisir, aucun objet absolument ; faire une telle critique sans nous souvenir que notre critique de la conscience l'a rendue superflue : tel est maintenant notre but. La science comme connaissance exacte de quelque chose a été ruinée en principe par les arguments dirigés contre la conscience et contre le phénomène ; mais il importe aussi de démontrer directement, toujours à l'aide du seul principe de contradiction, que la science ne fait rien connaître à proprement parler, et de tirer de cette proposition : « La science n'est nullement connaissance », cette autre proposition : « Aucun des prétendus objets de la science n'existe ». — Nous voulons aboutir, en partant de la science, au point même où nous avons abouti en partant de la considération abstraite de la conscience et du phénomène. La conscience, on le verra, se nie, avec tout ce qu'elle contient et produit, par l'intermédiaire aussi de la science qu'elle édifie et qui se nie elle-même.

Voici donc quelle devra être la conclusion de cette nouvelle étude, si les résultats en sont tels qu'on peut l'espérer : absolument, la science est sa propre négation comme science ; elle se décompose en propositions illusoires, et sa fausseté emporte l'inexistence de son objet, de cette conscience en particulier qu'elle suppose, sans doute, mais qu'elle étudie aussi. Car s'il est vrai qu'elle ne peut s'étudier ni étudier quoi que ce soit sans aboutir à une déception ou même à quelque contradiction formelle, la science n'est qu'une série de pensées qui ne peuvent s'achever, qui ne sont rien de stable, qui par suite ne peuvent pas poser leur prétendu objet. Au reste, toute conception contradictoire d'un objet, toute conception, même, d'un objet qui simplement se dérobe à la pensée qui veut le saisir, est une conception indéterminée ; or, l'indéterminé, ainsi que le proclamait déjà Aristote, ne pouvant être réel, on doit conclure, de l'impossibilité de constituer une théorie satisfaisante des prétendus objets de la connaissance scientifique, que ces objets sont eux-mêmes irréels. Cependant, quand nous aurons soumis la science tout entière à l'épreuve de la logique — non de la logique en tant que science se déployant dans la conscience, mais de cette logique en soi que bon gré mal gré cette maîtresse d'erreur, la conscience, reconnaît au-dessus d'elle comme son juge, comme la règle à la lumière de laquelle il faut examiner jusqu'au titre à l'existence des faits eux-mêmes — il y aura lieu de chercher si, en un sens tout au moins, le dogmatisme scientifique n'est pas soutenable. Et il apparaîtra que la doctrine exposée dans ce livre est la seule capable de fonder sûrement ce dogmatisme. Il est vrai que, pour sauver la science, nous lui retirerons toute espèce d'objectivité ; mais il n'est pas interdit d'aller plus avant que Kant dans la voie qu'il fraya, et sur laquelle rien n'autorise à s'arrêter, si ce n'est peut-être le sens commun, qu'il oppose lui-même en termes si précis à l'esprit critique[1]. Or cette voie, rigoureusement suivie, ramène jusqu'à la doctrine de Parménide telle que nous l'entendons.

I. — LE PHÉNOMÈNE CONSIDÉRÉ DANS SES RAPPORTS AVEC LE TEMPS L'ESPACE ET LE NOMBRE

Dans le chapitre précédent, alors même que l'idée du phénomène était le plus étroitement rattachée à l'idée de la conscience qui le donne, l'idée du phénomène a été critiquée d'une manière tout abstraite, comme équivalant, logiquement, à l'idée du non-être. Il faut l'étudier maintenant telle qu'elle se présente dans la science et dans l'expérience dont part la science, laquelle a pour objet unique la connaissance des phénomènes ; par « science » on entend ici science positive opposée à métaphysique, et par « expérience » le fait, pour les phénomènes, d'être donnés dans l'espace et dans le temps. Il faut voir si, considéré tel qu'il se présente dans l'expérience, tel qu'il est aux regards de la science, le phénomène n'est pas, à ces points de vue aussi, quelque chose de contradictoire, c'est-à-dire, pour parler notre langage, quelque chose qui ne s'affirme pas, mais qui se nie.

A. — Que la physique et la psychologie aient pour objet exclusif la connaissance de phénomènes, nul ne le conteste guère aujourd'hui ; mais on en doute encore en ce qui concerne les mathématiques ; une démonstration est donc ici nécessaire pour justifier la définition générale donnée plus haut de la science. — Or, il en est bien ainsi ; les mathématiques elles-mêmes ont toujours et exclusive-

---

1. *Prolégomènes* ; préface.

ment pour objet des phénomènes sinon réels du moins possibles. La géométrie, en premier lieu, suppose des figures vues ou touchées, ou du moins la conception de figures visibles ou tangibles; même alors qu'on la traite exclusivement par l'algèbre, elle suppose encore des phénomènes spatiaux en lesquels il doit toujours être possible de traduire les équations finales, comme d'ailleurs les équations initiales, du calcul auquel on s'est livré ; ajoutons que la plupart des démonstrations géométriques requièrent l'idée du mouvement : on transporte, on fait tourner, glisser des lignes, des surfaces, des volumes ; bien plus, on suppose des traductions géométriques des valeurs imaginaires auxquelles la géométrie analytique donne lieu, quand bien même aucune représentation claire et distincte de ces valeurs ainsi traduites n'est possible [1]. Il en est de même pour la mécanique dont l'objet, le mouvement, suppose l'étendue et la durée. L'arithmétique et l'algèbre, enfin, supposent ou des choses étendues, ou des événements successifs ou simultanés; on pourrait dire même que la science du nombre implique toujours la possibilité d'une traduction géométrique, puisque la géométrie est aussi légitimement appliquée à l'algèbre que celle-ci à celle-là [2]. Allons plus loin : l'étendu est du phénoménal, mais il en est de même du successif et du simultané, car le premier, comme le remarque M. Bergson [3], et le second, comme on le voit avec la dernière évidence dès qu'on y réfléchit, sont, qu'on nous permette cette expression, du compté; or, ce que l'on

---

1. On parlera, par exemple, d'une droite rencontrant une circonférence en trois points.
2. Descartes, comme l'a établi M. Liard reprenant une idée de M. Mouchot, applique tout autant la géométrie à l'algèbre que l'algèbre à la géométrie. — Il y a des équations que l'on ne résout que par des procédés graphiques.
3. *Op. cit.*; chap. II.

compte, on en fait du juxtaposé, c'est-à-dire en définitive du spatial, donc du phénoménal ; il n'y a que deux modes de juxtaposition, la juxtaposition proprement dite et la succession, mais celle-ci n'est intelligible que si l'on en fait l'analogue de celle-là. Les mathématiques n'ont donc pour objet, au fond, que du phénoménal, parce que le successif lui-même se ramène à l'étendu, c'est-à-dire au phénoménal, le successif étant du compté, donc du juxtaposé, donc du spatial.

Mais, dira-t-on, il peut y avoir des êtres aussi bien que des phénomènes dans ce qu'on nomme le temps : l'arithmétique et l'algèbre peuvent donc avoir un objet non phénoménal. — Il n'en est rien ; abstraction faite de la possibilité de réduire le temporel à du spatial et, par là, à du phénoménal, on peut démontrer l'impossibilité d'appliquer le mathématique à l'être, de l'appliquer à autre chose qu'au phénomène de l'être ; et cela démontré, il l'est aussi, sans aucun doute, que nulle réalité ne saurait être temporelle, puisque cette dernière qualité implique la possibilité d'être considérée sous le point de vue mathématique. — Il est certain qu'il n'y a de mathématique que ce qui peut être compté, car des nombres sont toujours requis pour formuler les vérités mathématiques ; où les chiffres de la suite naturelle des nombres ne suffisent pas tels quels, on emploie des expressions fractionnaires (c'est le cas des incommensurabilités), ou même des expressions comme $\sqrt{-1}$: ce qu'on ne peut compter, on le désigne par des formules dont les éléments peuvent l'être. Mais il est certain aussi que compter est toujours l'acte d'un sujet ; supposons huit objets, par exemple ; ils ne sont point huit ; ce qui existe réellement, c'est un objet, un autre objet, un autre encore, etc... ; si donc l'être peut être dit un, jamais il n'est deux, ni trois ; jamais il n'est nombre. L'idée de l'unité absolue, indivisible, indestructible, monade ou atome, est antérieure aux mathématiques et étrangère à l'expérience ; les mathématiques commencent avec le nombre. Il y a cependant une idée mathématique de l'unité, puisque le nombre suppose l'unité ; mais c'est l'idée d'une unité factice et instable, d'une unité divisible, de l'unité qui est un nombre. D'ailleurs, cette unité doit se définir $0 + (\pm 1)$ ou $(-1+1)+(\pm 1)$: donc, par sa définition même, l'unité mathématique prise dans toute la généralité de son concept, c'est-à-dire envisagée comme pouvant être positive ou négative, est elle-même nombre, puisqu'elle est somme. Or, les sommes n'étant que pour qui les effectue, ce ne peut être en tant qu'il est, que l'être est susceptible d'être considéré mathématiquement, mais en tant seulement qu'il apparaît, si toutefois il apparaît. Au reste, cela n'implique nullement que les phénomènes plutôt que les êtres forment de véritables sommes ; mais si, comme on le verra plus loin, les mathématiques sont un point de vue artificiel alors même qu'on se contente de les appliquer aux phénomènes, du moins les phénomènes sont-ils en fait la seule matière qui se prête à être envisagée mathématiquement.

Ainsi, toutes les sciences, même les mathématiques, ont pour objet exclusif du phénoménal, parce qu'elles ont pour objet du spatial, c'est-à-dire du phénoménal, et du temporel qui n'est au fond que du spatial. En particulier, la science de la quantité a un objet exclusivement phénoménal, tout d'abord parce que le mathématique n'est au fond que du spatial, ensuite parce que les idées de nombre et de réalité sont inconciliables. — Laissons de côté, pour le présent, ce que nous pourrions tirer, en faveur de notre thèse, de la considération du nombre qui jusqu'ici n'est intervenue qu'accessoirement dans notre recherche. Nous avons établi que le spatial et le temporel, objets exclusifs de la science, impliquent, sont phénoménalité ; mais la réciproque est vraie : le phénomène ne peut être que spatial et temporel. Cette seconde proposition démontrée, il nous suffira, pour apprécier la valeur de l'idée scientifique et expérimentale du phénomène, de faire la critique des notions d'espace et de temps : nous aurons fait par là même une critique d'ensemble de toutes les sciences.

D'après l'opinion courante, que l'on ne met guère en doute et qu'il nous faudra modifier un peu, les phénomènes impliquent l'espace et le temps, ou le temps seul. Mais, qu'il en soit nécessairement ainsi, c'est ce qui requiert une démonstration, laquelle exige, évidemment, une définition exacte du temps. — Qu'est donc le temps, dirons-nous d'abord, sinon une sorte de quatrième dimension de l'espace, le long de laquelle on dispose les événements qui ne sont plus ? Cette dimension est analogue à celles qui constituent l'espace proprement dit, car on peut défier qui que ce soit de se représenter autrement le temps, sans substituer à cette notion, soit celle d'une succession purement idéale, ce qui est inintelligible, soit celle d'une pénétration mutuelle qui ne l'est pas moins. Ce que M. Bergson appelle la « durée réelle[1] » est une impossibilité psychologique : quand, par exemple, je veux me représenter d'une manière vraiment synthétique une phrase musicale, au sens où M. Bergson comprend l'expression de synthèse mentale, il faut que j'aie à la fois la sensation de tous les accords, de tous les sons que le vulgaire croit successifs ; et si j'y arrive, ce n'est pas la phrase qui m'a charmé que j'entends, c'est bien la plus insupportable des cacophonies : autant vaudrait frapper à la fois sur toutes les touches d'un piano. — Le temps

1. *Op. cit. ; loc. cit.*

n'est pas ce que M. Bergson présente sous le nom de durée réelle ; mais nous-même, en donnions-nous une idée satisfaisante, lorsque nous la définissions une sorte de quatrième dimension de l'espace? Non ; ce point de vue ne fournit qu'une demi-vérité, intermédiaire entre les erreurs courantes sur le temps et la véritable théorie du temps. Si, en effet, on examine l'intuition du temps sans rien omettre de ce qu'elle renferme, le temps apparaît comme un contenant plus vaste que l'espace, et dans lequel on fait rentrer tout le spatial ainsi que tout ce que l'on s'efforce de concevoir comme non spatial ; on se représente, bien confusément il est vrai, l'espace proprement dit comme pénétré par cet autre espace, auquel on accorde aussi trois dimensions, afin qu'il puisse contenir les volumes et l'espace à trois dimensions qu'ils supposent ; on déroule l'histoire des corps et toute autre histoire suivant la longueur de cet espace spécial dont la largeur et la profondeur servent, en chaque point de la largeur, à noter les faits simultanés au fait que l'on tient pour le plus important de ceux qui coexistent en chacun des moments du temps. Mais on ne mesure que la longueur de ce nouvel espace, en allant de l'avant qui est comme une gauche ou comme une droite, à l'après qui est comme une droite ou comme une gauche. Bref, si les phénomènes supposent l'espace et le temps, le temps est une sorte d'espace, analogue à l'autre toutes réserves faites.

Ceci établi, nous démontrerons successivement : que tout phénomène, sans exception, doit être considéré comme existant dans le temps ; ensuite que le phénomène devient inintelligible s'il n'est pas supposé exister dans un temps qui est une sorte d'espace ; enfin qu'il n'y a point de phénomènes non spatiaux.

Quand même on se refuserait à admettre la doctrine ici

proposée sur la nature du temps, il faudrait encore reconnaître que la durée est un élément inséparable du phénomène ; cette durée, selon une observation de M. Bergson que nous estimons exacte, fait partie de sa qualité, dont les autres aspects varient avec elle[1] ; il en est de même de l'opposition que chaque phénomène présente avec ceux qui le précèdent ou lui sont simultanés : ceux-ci le limitent et le colorent sans se confondre avec lui ; ils ont une existence et par suite une durée qui se distinguent des siennes propres, existence et durée qui se juxtaposent aux siennes comme un avant ou comme un pendant ; et ces deux sortes de durée, celle qui précède et celle qui accompagne la sienne, lui créent comme une durée extrinsèque[2], une durée milieu qui détermine les contours de sa durée intrinsèque ou propre ; de la sorte, on peut dire que la durée extrinsèque d'un phénomène lui est aussi essentielle que sa durée intrinsèque. Tout phénomène se présente donc comme ayant une durée réelle, bien plus, comme occupant un fragment d'une durée sans limites assignables, qui était avant lui et qui, au moment où il est, se prête aussi à contenir d'autres phénomènes durant à côté de lui ; en un mot, tout phénomène est nécessairement temporel. — D'ailleurs, être, au regard de la conscience, n'est-ce point durer, et cela dans un temps infini, dans une succession infinie ? Cela est si vrai que nous ne pouvons concevoir l'éternité de Dieu « totam simul » ; nous la concevons comme une existence qui s'écoule le long d'une suite infinie de moments successifs : pour penser l'être métaphysique, nous le phénoménalisons en quelque sorte ; dès lors, nous le faisons, sinon spatial (on revien-

---

1. *Op. cit.* ; *loc. cit.*
2. Nous empruntons à M. Egger ces termes d'étendue et de durée intrinsèques et extrinsèques, ainsi qu'un certain nombre de vues psychologiques auxquelles il est fait allusion dans le présent chapitre.

dra plus loin sur ce point), du moins temporel. — C'est ainsi, dira-t-on peut-être, que nous nous représentons l'éternité de Dieu ; mais nous pouvons du moins la concevoir « totam simul ». — Erreur ! le temps est une intuition (Anschauung) ; il n'y a donc pas d'idée pure du temps ; ici, concevoir ne peut être autre chose que se représenter ; voilà pourquoi, au moment même où l'on essaye de concevoir la durée sans succession, on se trouve dans le même cas que si l'on voulait se représenter l'espace en omettant l'une de ses trois dimensions ou les trois : le temps et l'éternité sont deux contraires, mais « les contraires appartiennent à un même genre », et la succession est ici le caractère générique ; l'être, même conçu en opposition avec le phénomène, est inévitablement conçu comme temporel ; c'est là une des raisons pour lesquelles nous déclarerons illégitime, plus loin, toute tentative pour édifier la métaphysique sur une physique et sur une psychologie. Que reste-t-il à faire quand on s'aperçoit que le Dieu éternel apparaît comme un Dieu temporel ? Il reste à déclarer que, si Dieu est, son être est impensable, que l'éternité que nous lui attribuons n'est qu'un mot désignant une qualité inconcevable. Mais on ne déclare pas d'ordinaire le phénomène impensable ; et quand on le pose pensable, on lui accorde comme qualité essentielle la durée, avec ou sans changement, dans une durée successive qui contient la sienne propre et la rend possible. Que lui resterait-il s'il ne durait point, puisqu'il n'est saisissable, spontanément ou par la réflexion, si toutefois il est, que dans la mesure où il peut être remémoré, puisqu'il n'est pour nous qu'autant que nous pouvons dire : « Je vois ce que je voyais ; ce qui était est encore » ? — Et c'est bien dans un temps réel, réel sans doute de la vaine et fausse réalité du phénomène, ni plus ni moins réel que le phénomène, ce n'est pas dans un temps qui serait simplement une forme de la sensibilité, qu'il faut placer le phénomène. Supposons, en effet, abandonnée, la supposition d'un phénomène vraiment externe ; pour se penser, la conscience pense les phénomènes dans la série desquels elle consiste ; mais elle ne peut se penser, c'est-à-dire penser ses phénomènes, qu'en leur imposant la forme du temps : Kant a démontré cela. Cependant, faut-il dire que la conscience et ses phénomènes sont réellement dans ce temps à l'aide duquel ils sont pensés ? Il le semble, car autrement on devrait dire que la conscience, que le phénoménal ont une existence en dehors du temps, et que, pour se penser, elle et son contenu, la conscience doit se créer une illusion, celle d'une vie apparente dans le temps, mais qu'en elle-même, la conscience avec ses phénomènes est chose intemporelle tout comme le moi nouménal. Mais si la conscience et le phénomène sont réellement dans le temps, celui-ci n'est plus exclusivement une forme de la sensibilité, et c'est seulement grâce à la réalité du temps que le phénomène mérite d'être appelé « Erscheinung » et non « Schein ». — L'affirmation de la réalité du phénomène impose donc celle de la réalité du temps, même à un criticiste s'il est conséquent. N'avons-nous pas remarqué déjà que la Critique de la Raison pratique commande cette interprétation, que commandent aussi certains passages de la Critique de la Raison pure [1] ?

D'autre part, le phénomène doit être rapporté à un temps analogue à l'espace. — En effet, considérons un phénomène quelconque et donnons-lui, ainsi qu'il est nécessaire, une durée minima, sans nous arrêter à la contradiction que renferme la notion d'un infiniment petit

---

[1]. V. la critique du quatrième paralogisme de la Psychologie transcendantale.

réalisé. Puisque cette durée n'est pas nulle, elle a un commencement et une fin, d'autant plus qu'elle est le contraire d'une durée infiniment grande, où par hypothèse il n'y aurait rien de tel. Ayant un commencement et une fin, la durée infiniment petite est elle-même succession, mais les deux termes de cette succession ne formant point, par hypothèse, deux moments distincts, deux durées successives, doivent être conçus comme en quelque sorte coexistants : pour comprendre la succession dans l'instantané, il faut se représenter le successif comme une sorte de coexistant, de juxtaposé. Il y a plus : succession implique continuation, c'est-à-dire non abolition de ce à quoi succède ce qui est dit succéder, c'est-à-dire coexistence des durées qui se succèdent; et comme la fin d'une durée, minima ou non, doit se confondre avec le commencement d'une autre pour qu'elles soient limitées comme on suppose qu'elles le sont, il faut admettre qu'il y a une durée succédant à toute durée considérée; c'est là, d'ailleurs, ce qu'admet tout savant digne de ce nom : il laisse le métaphysicien agiter la question des premiers commencements et spécule sur le monde en disciple de Démocrite. Mais qu'est-ce donc qu'une succession qui doit être traduite en coexistence, si ce n'est quelque chose d'analogue à l'espace? Le temps dans lequel on est obligé de placer le phénomène est donc une sorte d'espace, quoique la notion de l'avant et celle de l'après ne soient pas absolument réductibles à la notion d'une droite et d'une gauche telles qu'elles ressortent de notre intuition de l'espace. — Ajoutons que l'intuition d'un temps de ce genre est indispensable pour relier le divers de la conscience : ce divers, en effet, est toujours de la durée ; pour relier de la durée à de la durée, il faut donc relier dans la durée, faire rentrer, dans une durée contenant, les diverses durées; d'autant plus que les rapports de durée paraissent indispensables pour penser quelque autre rapport que ce soit entre les phénomènes, dont l'essence, d'ailleurs, comprend la durée aussi bien que toute autre qualité. Et puis, pour être le contenant des sensations, la durée forme de la sensibilité doit être autre chose qu'un pur concept ; elle doit participer à la nature de la sensation ; bref, elle doit être ce quelque chose d'à moitié concret que Kant appelait une « intuition pure » et qu'il opposait, d'une part aux « concepts de l'entendement », de l'autre aux « intuitions empiriques ». Mais comment la forme du temps pourrait-elle être appliquée au spatial aussi bien qu'au reste du contenu de la conscience, si elle n'était analogue à l'espace ? Comment, sans cela, pourrait-elle être comme un contenant, même pour ce reste ? C'est seulement dans un espace que l'on peut ranger des durées qu'il faut bon gré mal gré faire coexister, des durées auxquelles on ne peut pas ne pas appliquer la qualification d'étendues quand on les considère individuellement, des durées, enfin, dont la plupart appartiennent à des objets de nature étendue ; même, la totalité des objets, nous semble-t-il, est faite étendue, bon gré mal gré, par la pensée empirique.

Sans doute, si nous étions privés, en admettant que cela fût possible, de sensations spatiales, le temps ne serait pas pour nous tout à fait ce qu'il est ; il serait, d'abord, quelque chose d'infiniment plus vague, à peu près, peut-être, ce qu'est une succession de plaisirs ou de peines pour qui la pense en oubliant momentanément que ces faits ont rempli une période d'une vie écoulée dans un monde étendu ; mais cette succession serait encore pensée comme une sorte de juxtaposition dans un milieu où chaque présent suppose un avant réel bien qu'en un sens aboli, un pendant qu'autre chose peut remplir, un après déjà donné ou du moins prévu, au seuil duquel expire le présent. Privés de sensations spatiales, nous n'aurions pas l'intuition de l'espace proprement dit dont ces sensations sont la raison d'être, mais nous aurions l'intuition d'un temps analogue à l'espace. Capables de sensations spatiales, nous avons une intuition de l'espace qui nous offre un symbole commode pour nous représenter le temps, bien que la juxtaposition proprement spatiale et la juxtaposition temporelle soient en un sens hétérogènes. Que l'on ne tente point de réduire à l'autre l'une quelconque des deux, sous prétexte que toutes deux impliquent une notion commune, celle de simultanéité : celle-ci n'est qu'un mode de la juxtaposition dont il y a deux espèces irréductibles. — Ce n'est pas qu'il n'y ait une certaine dépendance réciproque entre l'espace et le temps : le spatial est du coexistant ; il est donc inconcevable sans la notion de simultanéité, qui se rapporte au temps : le temps, de son côté, implique l'espace, parce que la succession est inintelligible sans la survivance, comme à l'état d'ombre, de l'antécédent, quand le conséquent a déjà commencé, sans une juxtaposition analogue à celle du spatial. Cette réciprocité de dépendance n'a rien qui doive surprendre, s'il est vrai qu'à la racine de ces deux intuitions, il y a l'intuition de la juxtaposition, c'est-à-dire d'un mode d'être défini par l'extériorité de toutes les parties du tout les unes par rapport aux autres. Le juxtaposé proprement spatial est la matière première (Urstoff) de l'espace, et le juxtaposé temporel est la matière première du temps ; quant à la simultanéité, c'est d'une part l'espace qui l'explique et de l'autre le temps : ce qui est simultané, en effet, c'est ce qui peut être considéré comme succédant à un fait unique dont la disparition marquerait l'origine de deux ou plusieurs faits nouveaux. En résumé, le phénomène suppose un temps analogue à l'espace et même un temps qui suppose l'espace, lequel suppose aussi le temps.

On peut soutenir, semble-t-il, qu'il y a des phénomènes, tels les sons, les odeurs et les saveurs, qui ne sont point spatiaux, comme le sont les visa et des tacta. Une résistance non rapportée à une partie de notre corps tout au moins n'est plus qu'une douleur ; une figure inétendue est chose absurde, une couleur inétendue est chose inconnue ; mais en est-il de même de tous les phénomènes ? — Oui ; tous supposent l'espace, nécessairement ; et cet espace est en fait l'espace vulgaire ou euclidien. Lorsqu'on perçoit simultanément un instrument de musique et le son qu'il rend, ne semble-t-il pas que l'étendue de cet instrument soit sonore ? Il est très vraisemblable que, si tous les corps étaient sans cesse sonores, on croirait l'étendue nécessairement sonore et le son étendu par essence, comme la couleur. N'est-ce pas ainsi que l'on imagine, sans se l'avouer, le vent qu'on entend toujours au moins un peu lorsqu'il souffle ? Les fleurs odoriférantes paraissent des surfaces balsamiques ; les mets paraissent des surfaces sapides quand on les regarde, des volumes sapides quand on y goûte, et la saveur des mets semble s'étendre sur le palais et sur la langue ou même remplir la cavité buccale, aussi bien que la mollesse ou la rudesse du corps que l'on presse entre le palais et la langue. Sons, odeurs, saveurs paraissent cheminer depuis les causes étendues qui les produisent jusqu'à nos organes qui les perçoivent [1].
— « Pure association, dira-t-on. » — Il faut reconnaître que le cas de ces sensations n'est pas exactement le même que celui des visa et des tacta ; mais puisque ces sensations requièrent la pensée d'un rapport à des visa et à des tacta, c'est-à-dire à des sensations étendues, c'est au moins que l'on ne saurait légitimement les regarder comme tout à fait étrangères à l'étendue. — Cependant on insiste et l'on

---

1. M. Egger.

dit : « Les sons, les odeurs et les saveurs requièrent seulement l'idée que leur cause est extérieure à la pensée qui les perçoit. » — Mais est-il, répondrons-nous, d'autre idée de l'extériorité que l'idée d'un lieu extérieur c'est-à-dire d'un espace ? L'idée de lieu est, dans la conception de l'espace, l'idée essentielle, car l'espace n'est qu'une multiplicité de lieux : supposer un lieu, c'est donc supposer un espace.

Si nous étions privés de ces sensations spatiales qui sont les visa et les tacta, nous aurions l'intuition d'un espace sans doute assez différent de celui dont nous avons l'intuition, mais nous aurions certainement l'intuition d'un espace : bon gré mal gré, penser c'est objectiver, extérioriser, juxtaposer ce qu'on objective et extériorise ; on spatialise donc tout ce qu'on affirme par le fait même qu'on le situe en dehors de la pensée qui le pense. Notre intuition de l'espace à trois dimensions est donc simplement l'une des déterminations dont est susceptible, chez un être pensant, l'intuition de l'espace. On peut appeler celle-ci, qui contient la possibilité d'être objet de plusieurs manières pour le sujet pensant, la « forme d'extériorité »[1]. Mais cette forme, on commence à s'en douter aujourd'hui, n'est pas nécessairement l'espace qui est en fait la forme de notre faculté de sentir ; c'est pourquoi les mathématiciens ne croient plus, comme jadis, à la possibilité exclusive de l'espace euclidien ; la forme d'extériorité, en d'autres termes la nécessité de percevoir dans un espace, n'est pas jugée inutile par eux ; ils ne répudient pas l'essentiel de l'*Esthétique transcendantale* ; mais l'espace kantien, qui n'est que l'espace euclidien, leur semble seulement le plus commode[2] de tous ceux où l'esprit pourrait localiser

---

[1]. Rev. de métaph. et de mor. Couturat ; mai 1898.
[2]. *Ibidem*, Poincaré ; nov. 1895.

les phénomènes et mouvoir sa pensée. Au reste, de quelques phénomènes externes qu'il s'agisse, est-il une autre physique que la physique mathématique? Est-il une autre explication de ces phénomènes que l'explication mécanique? Or, le mouvement, fût-il invisible, est de l'ordre des phénomènes que perçoivent la vue et le toucher; il suppose le temps et l'espace, celui-ci plus encore que celui-là, si c'est possible, puisque certains savants, aujourd'hui, considèrent le temps comme un simple paramètre qu'ils représentent géométriquement, qu'ils traitent de la même manière que n'importe quelle courbe, négligeant ce qu'il dénote d'irréductible à l'étendue. Enfin, malgré l'intention, chez tout psychologue et chez tout métaphysicien, de formuler une théorie de l'âme, ou de l'absolu en général, qui se puisse relier par quelque côté à la science de monde étendu sans que pourtant il y ait confusion de la psychologie ou de la métaphysique avec la physique, n'y a-t-il pas, chez le premier, une certaine nécessité de concevoir l'âme comme dans un lieu, et chez le second une certaine nécessité de placer l'être ainsi que toutes les vérités abstraites dans un absolu qui est comme un lieu vaguement relié à l'espace qu'occupe le monde matériel? Ne pas objecter que le philosophe est alors dupe de métaphores qui ne signifient rien. Ces métaphores révèlent une tendance essentielle à la pensée, car il suffit de s'observer soi-même, lorsqu'on philosophe, pour s'assurer que ces métaphores correspondent à une nécessité mentale : s'il est vrai que tout phénomène suppose directement le temps, il est vrai aussi que toujours, directement et indirectement, tout phénomène suppose l'espace. Tout ce que l'on pense est phénomène tout au moins de le penser, est ou est fait phénoménal pour être pensé ; et pour être phénomène, ce que l'on pense est tout d'abord fait temporel et spatial.

Enfin il n'y a qu'un espace, puisque tous les espaces

possibles sont simultanés, puisque la conception de tout espace à plus de trois dimensions et même à rayon de courbure non nulle suppose tout au moins la conception de l'espace euclidien, et que toute formule relative à un espace quelconque peut être traduite en une formule relative à un autre espace. Il n'y a aussi qu'un temps, car tout temps imaginable est une fraction d'éternité; et l'éternité n'est point hétérogène au temps car on ne se comprend pas soi-même quand on fait Dieu contemporain simultanément de tous les événements dont ce monde de la succession est le théâtre.

Il faut donc transformer la formule courante admise depuis Kant ; non seulement tout phénoménal est temporel, mais tout phénoménal est aussi spatial ; il n'y a qu'un temps, qui est analogue à l'espace ; c'est comme un espace qui contient tous les espaces possibles, lesquels forment un seul espace, dont l'espace euclidien n'est qu'un cas particulier ; mais c'est dans celui-ci que nous localisons les phénomènes ; et du temps aussi nous faisons un contenant analogue à l'espace euclidien. Cependant, cet espace spécial n'étant que celui où nous localisons en fait les phénomènes, il faut dire, non que cet espace est une forme ou même la forme générale de notre sensibilité, mais qu'il y a dans notre sensibilité « une forme d'extériorité », dont l'espace euclidien n'est qu'une spécification.

Jusqu'ici, nous avions fait synonymes : « espace » et : « extériorité » ; mais nous sommes en mesure d'enrichir de deux manières cette dernière notion. En premier lieu, l'extériorité comprend aussi bien la temporalité que la spatialité. En effet, situer un fait dans le temps, c'est lui attribuer une existence en soi, distincte du fait de la penser, distincte aussi de toute autre existence ; on retrouve dans le temps comme dans l'espace cette double forme d'extériorité : extériorité du pensé par rapport à la pensée ; extériorité réciproque des parties les unes par rapport aux autres. En second lieu, la première de ces extériorités est synonyme d'objectivité, de réalité. Et il n'y a pas d'autres modes de l'extériorité, comme le montrent les analyses qui précèdent, que la spatialité et la temporalité.

Puis donc qu'extériorité est absolument synonyme de spatialité et de temporalité, puisque ces deux qualités sont, avec la phénoménalité, une seule et même chose, il nous faut conclure que l'esprit phénoménalise tout ce qu'il conçoit, jusqu'à l'être métaphysique et aux vérités abstraites. Si donc il y a du non-phénoménal, il est impensable, étranger à la conscience empirique. — Un espace dans un autre espace (celui qu'on nomme le temps), un espace pouvant avoir plus de trois dimensions, mais dont la représentation suivant plus de trois dimensions ne nous est pas possible, voilà comme la matière première de la forme d'extériorité. Formulée, la nature de cette matière première de la forme d'extériorité est chose peu claire, mais grâce à son absence d'esprit critique, le sens commun, auquel est réduit le philosophe lui-même quand il ne philosophe pas, s'accommode d'une telle intuition.

Cherchons à présent les raisons dernières de l'inséparabilité de l'espace et du temps, de ceux-ci et du phénomène. L'être est ce qui est en soi ; le phénomène ce qui n'est pas en soi ; ce qui n'est pas en soi, si on ne veut pas en faire un pur néant, c'est forcément quelque chose qui ne se confond pas avec ce en quoi il est ; comment donc ce qui n'est pas en soi peut-il avoir quelque ombre d'être tout en n'étant pas en soi ? Cette condition est remplie si le phénomène est divisé en un nombre infini de parties toutes extérieures les unes aux autres, car ainsi la qualité d'être en soi ne se trouve point en lui : alors le phénomène, en chacune de ses parties, étant en dehors des autres, il est, pris dans sa totalité, quelque chose qui n'est point en soi en aucune de ses parties. Mais qu'est-ce à dire, sinon que le phénomène, si toutefois il est, ne peut être que du juxtaposé ? Or il y a lieu de distinguer, dans le phénomène, une dualité qui correspond à ce qu'on appelle, chez l'être, essence et existence. Au premier point de vue, le phénomène devra être, dans sa réalité constitutive, divisible à l'infini, c'est-à-dire étendu ; étant cela, il sera, dans son essence, ce qui n'est rien. Au second point de vue, il devra être une existence dont les divers moments, infiniment petits, supposent chacun la disparition du moment précédent ; son existence sera alors succession ; étant ainsi, il sera, dans son existence, ce qui n'est jamais, ce qui n'est point. On peut donc prouver *a priori* que le phénomène a pour conditions constitutives la spatialité et la temporalité, lesquelles sont elles-mêmes inséparables comme le sont l'essence et l'existence en toute réalité.

Il n'est pas sans doute inutile, étant donnés les préjugés courants, de montrer spécialement que les phénomènes de la conscience, auxquels on se plaît à opposer des phénomènes extérieurs, sont bien tels qu'on doit les situer, eux aussi, dans le temps et dans l'espace. Ces derniers phénomènes, dont le physicien pose l'existence, sont tous rapportés à l'espace euclidien ; mais il en est de même des sensations représentatives en tant que faits internes, et aussi des phénomènes émotifs et volitifs : on les pense spatiaux comme, d'un avis unanime, on les pense temporels.

Soit un phénomène représentatif considéré dans la conscience ; il est double, car il est le phénomène pensé en tant que pensé, et il est pensée de ce phénomène ; isolé du fait d'être conscient, le phénomène pensé n'est plus rien ; isolée de l'image dont elle était pensée, la conscience n'est plus rien. Donc, de deux choses l'une : ou la conscience doit être fondue dans le phénomène image, ou celui-ci dans celle-là. Dans le premier cas, la conscience est étendue et temporelle comme l'est le phénomène externe dont l'image interne est sa matière ; dans le second cas, il en est encore de même, car la conscience doit être dite son propre phénomène ; par elle-même, elle n'est plus rien, il ne reste plus qu'un phénomène interne, indiscernable du même phénomène en tant qu'il est externe c'est-à-dire spatial et temporel ; le fait de conscience considéré doit donc être, comme tout phénomène externe, temporel et spatial à sa manière. — D'une façon générale, d'ailleurs, si, par l'intermédiaire de la représentation, la conscience est pensée d'un phénomène vraiment externe, elle est nécessairement de même essence que ce phénomène ; rien ne l'autorise non plus à prétendre que les phénomènes externes, dont elle n'a aucune perception en dehors de l'espace et du temps, ne sont ni spatiaux ni temporels ou sont seulement temporels ; il lui faut à tout prix prendre ce qui lui est donné comme étant tel qu'elle le reçoit. C'est sans doute parce que l'homme a la faculté du langage qu'il a pu inventer l'idée d'une réalité autre que le donné : ayant cette faculté, il peut mentir aux autres et tout d'abord à lui-même ; il peut se dire qu'il pense autre chose que ce qu'il pense.

Il ne faudrait pas croire que les éléments étendus de la conscience n'ont qu'une étendue intrinsèque et pas d'étendue extrinsèque, que la conscience ne s'aperçoit pas comme développant dans un espace la série de ses phénomènes. — Certes, quand je me représente un objet dans une étendue que je veux d'ailleurs différente numériquement de l'espace des savants et du sens commun (étendue que l'on appelle volontiers « intérieure » ou « idéale »), je me préoccupe rarement de l'étendue idéale qui existerait autour de celle de cet objet, mais il m'arrive d'y penser pourtant ; quand je reprends une rêverie interrompue, je me soucie peu, en général, de disposer ce que j'imagine de manière à le relier à ce que j'imaginais antérieurement, tout au contraire de ce que je fais quand je rentre dans mon cabinet pour achever de mettre en ordre des livres et des papiers ; bref, il m'est assez indifférent que les régions où se déploie ma fantaisie soient voisines ou non de celles où elle se déployait tout à l'heure, et qu'elles forment ou non une sorte d'espace unique ; je ne m'inquiète guère de l'ordre des images qui s'y meuvent, et peu m'importent celles qui s'y sont mues. Cependant, dès que je veux penser à ma conscience, des images de sensations, de sentiments, de volitions se présentent en masse à mon attention. Forment-elles une pure succession à mes yeux ? Non, elles forment encore autre chose, à savoir, premièrement, un groupe de représentations que je fais extérieur au fait de les penser, auquel je donne comme un autre lieu que ma pensée qui les pense ; à savoir, secondement, un groupe de représentations dont les éléments ne m'apparaissent pas seulement comme ayant été successifs, comme subsistant en conséquence dans la région de l'aboli où tout devient d'ailleurs contemporain comme dans un espace, mais encore m'apparaissent comme formant un ensemble où tout est bien réel et contemporain, où chaque élément est extérieur aux autres, bref, a son lieu propre, lieu à sa manière étendu, divisé qu'il est pour la conscience en autant de parties que celle-ci peut distinguer d'aspects coexistants dans les phénomènes mentaux qu'elle considère.

C'est justement parce que la conscience est temporelle et, à sa manière, spatiale, que la moralité phénoménale est possible. Supposons la conscience intemporelle : la voilà à la fois bonne par le repentir qu'elle ressent et mauvaise par l'action coupable dont il y a repentir. Supposons-la non-spatiale : voilà tout son passé entièrement aboli puisqu'il n'y a plus rien de son passé qui persiste dans son présent ; dans ce cas, le repentir qu'elle peut sentir devient absurde, puisque le repentir suppose la permanence, en un sens, de la faute accomplie.

Il n'est pas plus paradoxal de définir l'âme : « une succession de phénomènes tous étendus, et d'une étendue qui ne fait qu'un avec l'espace euclidien », que de la définir : « une succession inétendue de faits soit étendus, soit inétendus »[1]. Car ce qui se compose avec de l'étendu doit être étendu ; les étendues, même idéales, requièrent l'espace comme contenant ; et peu importe si, dans certains cas, l'espace imaginé l'est moins nettement que dans d'autres cas. Enfin, nous tenons à le répéter : s'il est vrai qu'extériorisation est nécessairement spatialisation, c'est spatialiser la conscience que d'en faire une réalité en face de l'idée par laquelle on la pense.

Concluons donc que la conscience elle-même est, pour elle-même, spatiale et temporelle, qu'elle applique à ses phénomènes ainsi qu'à tous ceux qu'elle regarde comme extérieurs, les formes de l'espace et du temps, sans lesquelles elle ne peut penser aucun phénomène, fût-ce celui d'avoir conscience d'avoir conscience ; elle se place elle-même dans l'espace et dans le temps, elle y place jusqu'aux choses qu'elle y veut soustraire, et qu'elle phénoménalise en dépit qu'elle en ait. Comment d'ailleurs le phénomène de penser l'être n'aurait-il pas pour premier effet de teindre l'être, quel que soit l'être qu'on pense, de cette spatialité et de cette temporalité qui sont les conditions mêmes de la pensée, de la pensée qui est, avant tout, le phénomène de penser ?

[1]. M. Egger.

B. — Certains maintenant que le plus étroit rapport existe entre phénomène d'une part, espace et temps d'autre part ; possesseurs, aussi, d'une théorie de l'espace et du temps conforme à ce que ceux-ci sont vraiment pour l'esprit : nous allons tenter de faire, de l'espace et du temps, une critique exhaustive. S'il nous faut les déclarer choses contradictoires et absurdes, l'inexistence du phénomène sera prouvée une fois de plus.

On peut donner de nombreux arguments contre la possibilité de l'existence réelle de l'espace et du temps. De ces arguments, beaucoup ont été présentés ; mais on a trop peu remarqué qu'il est insuffisant de déclarer subjectif ce qui est absurde : les preuves qui établissent l'impossibilité de l'existence d'une chose démontrent aussi que cette chose est véritablement impensable, qu'il ne convient pas même de lui accorder une existence subjective. De réels phénomènes dans un temps et un espace impossibles, sont impossibles ; bien plus, des phénomènes auxquels on n'accorderait d'autre existence que celle qui consisterait à être pensés sont impossibles, s'il est prouvé que l'esprit spatialise et temporalise forcément ce qu'il pense, et que l'espace et le temps sont absurdes. De toute façon, le phénomène est impensable, est un pur néant, si l'espace et le temps sont absurdes. Comment le sujet penserait-il ce qu'il s'aperçoit qu'il ne peut penser ? Comment surtout ferait-il de l'impensable la forme de ce qu'il penserait effectivement ? Comment des réalités soit extérieures, soit purement intérieures ou même des apparences de telles réalités lui seraient-elles données par le moyen de formes tout illusoires ? L'apparence, si elle est, est être à sa manière, puisqu'elle est. La forme de l'apparence doit être pensable, doit n'être point contradictoire ; sinon, il faut assimiler « Erscheinung » à « Schein », contrairement à la doctrine même de Kant.

Admettons que la durée et l'étendue soient données avec les faits de la conscience : l'espace et le temps dans leur totalité ne le sont pas ; il y a là un premier sujet de défiance pour tout esprit vraiment critique. En second lieu, la ressemblance du temps avec l'espace, plus nettement représenté que le temps, est très propre à faire naître ce doute : peut-être n'y a-t-il qu'un seul espace, l'espace proprement dit, et le temps n'est-il que l'œuvre de notre imagination qui le construit avec de l'espace? Et puis, qui sait? l'espace lui-même est peut-être imaginé pour concrétiser et ordonner les rapports que le divers offre à la conscience? Il y a plus : une intuition est, bien qu'intuition, chose consciencielle comme une idée pure ; or, avoir conscience, c'est avoir l'idée de ce dont il y a conscience : ne doit-on pas dire, par suite, qu'il y a seulement en nous une idée de la spatialité et de la temporalité des phénomènes? Dans ce cas, les dire spatiaux et temporels, ce serait déjà les interpréter, c'est-à-dire exprimer quelle idée d'eux naît en nous quand nous les pensons, et rien de plus? Enfin, un espace en requiert un autre pour le contenir, et il en est de même pour le temps, à l'infini ; d'autant plus que si l'espace et le temps sont des formes de notre esprit, il faut bien, pour les penser, les soumettre eux-mêmes à ces conditions de toute pensée.

Considérons, maintenant, l'idée du phénomène telle qu'elle existe chez le phénoméniste qui l'oppose à l'idée de l'être. Au fond, qu'affirme celui-ci? Que l'être est, mais que son être réside dans son paraître, c'est-à-dire dans cette spatialité et cette temporalité sans lesquelles il n'apparaîtrait pas. Le phénoméniste affirme donc l'être qu'il nie, et il suspend la possibilité de la réalité phénoménale à la possibilité d'un temps et d'un espace tout au moins phénoménaux. Cependant, on peut lui adresser les mêmes questions qu'à ses adversaires : « Pouvez-vous, à défaut de l'être substance, faire le phénomène spatial et temporel sans le nier? Pouvez-vous penser véritablement l'espace et le temps dont vous parlez? » Quand nous démontrions que le phénomène n'existe pas, nous démontrions *a fortiori* que l'espace et le temps qu'il implique, ne sont pas ; que ceux-ci soient impliqués par celui-là, et même, que ceux-ci et celui-là s'impliquent réciproquement, c'est ce que nous avons établi ; mais on verra que ce qui d'une part s'implique, de l'autre se repousse, de sorte que phénomène d'un côté, espace et temps de l'autre ne s'impliquent que pour se nier. On verra aussi que, comme le phénomène se nie lui-même, l'espace et le temps sont leur propre négation et la négation l'un de l'autre : eux aussi ne s'appellent que pour se repousser. En somme, nous allons détruire tout ce que nous avons d'abord établi : par là même nous justifierons notre thèse, suivant laquelle on ne peut admettre le phénomène et spéculer sur lui sans tomber dans des contradictions.

Un fait attire tout d'abord l'attention : que l'espace et le temps soient ou non divisibles à l'infini, ils sont du moins indéfiniment divisibles ; que devient alors l'individualité du phénomène ? Ne se morcelle-t-elle pas indéfiniment ? Peut-être même est-on conduit à la morceler en une infinité d'éléments nuls. Et pourtant, peut-on suspecter l'axiome : « Ens et unum convertuntur » ? Mais passons. Pour donner au phénomène quelque solidité, nombre de philosophes ont traité l'espace et le temps comme des substances : leur contenu acquérait ainsi plus de consistance. De plus, la notion de ces formes et celle du phénomène sont, par un côté au moins, si fortement liées, que l'on ne sait trop si ceci dépend davantage de cela ou cela de ceci. Pour ces deux raisons, il importe d'examiner spécialement l'espace et le temps, comme on a fait à part la critique du phénomène.

Mais dès qu'on aborde cet examen, on s'aperçoit de l'étroite solidarité qui existe entre l'espace et le temps d'une part, et le nombre d'autre part. Le spatial et le temporel sont du juxtaposé, et le juxtaposé est au nombre ce qu'une matière est à sa forme ; le nombre est l'une des deux formes, l'autre étant celle d' « extériorité » que le juxtaposé revêt d'une façon nécessaire : de quoi qu'il y ait juxtaposition, le juxtaposé est nombre. Pareillement, le nombre implique une matière qui soit essentiellement du juxtaposé car dire : « nombre » c'est dire : « somme ». Sans doute, une critique du phénomène, de l'espace et du temps rejaillit sur le nombre, mais ici encore on ne sait trop de quel côté se trouve la plus grande dépendance ; d'autant plus qu'étant donné le sens du progrès scientifique, l'élément mathématique des choses semble à certains égards le plus important bien que le plus abstrait. Aussi traiterons-nous à part de l'idée du nombre, et cela avant même d'examiner les idées d'espace et de temps. — Mais pourquoi suivre cet ordre ? Le voici : l'espace et le temps se présentent comme des continus : mais quelle idée peut-on se faire de la grandeur continue si on ne fait appel à la notion de quantité discontinue ? Le continu se prête, en effet, par hypothèse, à être divisé en autant de parties qu'on veut. Ensuite, malgré l'intimité de leurs rapports avec la qualité des phénomènes auxquels ils servent de forme, l'espace et le temps se distinguent d'eux comme le contenant du contenu ; ils sont donc indépendants en un sens de ce à quoi ils imposent leur loi ; et à titre de contenants, ils sont soumis eux-mêmes à la loi de tout contenant, qui est la loi du nombre, puisque tout contenant a pour office d'opérer l'unité d'une multiplicité. Il semble donc que l'étude du nombre doive précéder l'étude de l'espace et du temps.

Une partie des difficultés que l'on rencontre dans l'étude du nombre paraît venir de ce que cette notion flotte entre celle de quantité purement abstraite et celle de quantité réelle ou du moins réalisable. Mais que serait donc le nombre en soi, abstraction faite de ce qui est nombré ou pourrait l'être? Une pure forme, un néant. Par nombre, il faut en conséquence entendre le nombre concret, le nombre en tant qu'applicable à des réalités. Or, le nombre peut et doit être regardé à la fois comme fini et comme admettant l'infini en grandeur et l'infini en petitesse. — Il importe de remarquer ici, avant de rien démontrer, que l'infini dont il s'agit n'est point l'indéfinie possibilité d'augmenter ou de diminuer une quantité ; cette dernière notion suffit, en un sens au moins, au mathématicien, comme on sait ; mais, logiquement, il est possible de l'établir, le nombre suppose les deux infinis ; et pourtant, on peut l'établir aussi, le nombre repousse, logiquement, les deux infinis.

On assimila, dans l'antiquité, le pair au fini et l'impair à l'infini. Il y a là une vue profonde bien que l'énoncé en soit puéril, puisqu'aussi bien les notions de fini et d'infini sont également, à les considérer d'une certaine manière, inséparables de celle de nombre. — Contrairement à l'opinion la plus répandue aujourd'hui, il est possible d'en appeler aux mathématiques elles-mêmes pour justifier la thèse, non reçue en général par les mathématiciens, de la possibilité de l'existence réelle d'un nombre infini de choses. En effet, comment la possibilité d'augmenter ou de diminuer toujours une quantité pourrait-elle être affirmée, si l'on ne postulait que le nombre des éléments dont on s'occupe n'est pas illimité en soi? Puisque l'indéfinité de cette possibilité ne saurait être bornée sans cesser d'être une indéfinité, c'est que l'infinité la rend possible. Mais, d'autre part, les arguments accumulés par M. Renouvier contre le nombre infini sont irréfutables : il est certain, par exemple, qu'un nombre infini est un nombre qui n'est pas un nombre. Nous voici donc obligés de déclarer que le nombre infini réel est et n'est pas possible. Le nombre peut être conçu, par suite, de deux façons contradictoires également nécessaires. Considère-t-on la condition de la possibilité de l'indéfinie continuation de telles opérations mathématiques ? On est conduit à admettre la thèse que combat M. Renouvier ; définit-on le nombre avec lui, avec tout le monde : « ce qui peut être augmenté ou diminué de l'unité » ? On est conduit, malgré l'étroit rapport qui existe entre cette définition abstraite du nombre et les opérations mathématiques qu'elle autorise, à nier ce que nie M. Renouvier.

Et il est intéressant de remarquer aussi que les deux infinis se supposent réciproquement, car l'infiniment grand est nécessairement le produit de lui-même par l'autre, et celui-ci le quotient du premier par lui-même. Mais, chose étrange : l'infiniment grand est tout aussi bien le quotient de lui-même par une quantité finie quelconque, et l'on peut toujours faire l'infiniment petit égal à une quantité finie quelconque ; donc on peut dire que l'infiniment grand ne suppose pas l'autre nécessairement, ni celui-ci le premier. — Soit maintenant une quantité finie quelconque ; comme l'infiniment grand lui-même, elle suppose les deux infinis dont elle peut être considérée comme le produit ; envisagée comme un tel produit, elle devient donc, elle, finie et déterminée pourtant, infinie et indéterminée : infinie, puisqu'elle est le produit de l'infini par l'infini ; indéterminée, puisque ce produit n'est pas numériquement assignable. — Soit, d'autre part, une quantité infinie ; elle doit être, par cela même qu'elle est réelle, assignable, c'est-à-dire finie et déterminée. — Il y a même une preuve mathématique de la nécessité de résoudre dans l'infinité, c'est-à-dire de réduire à un mode de la quantité non assignable par un nombre, une quantité finie quelconque. Soit la fraction $\frac{1}{3}$. C'est là une valeur réelle, car je puis juxtaposer trois objets identiques et en enlever deux : il reste un tiers du tout. Mais divisons 1 par 3, il vient 0,333..... La série doit être achevée bien que pourtant elle ne puisse pas l'être, puisque 0,333..... $= \frac{1}{3}$ c'est-à-dire une quantité réelle. Ce n'est pas tout : on montre aisément que la série 0,333..... ne peut être achevée bien que pourtant elle doive l'être, puisque le procédé de la division ne fournira jamais un résultat équivalent à $\frac{1}{3}$. — Il suffit de ces observations sommaires pour faire voir que le nombre se résout en notions contradictoires, si contradictoires qu'elles vont jusqu'à se supposer pour mieux se contredire. Il faut donc conclure que le nombre est une notion absurde, dont l'absurdité rejaillit sur les notions d'espace, de temps et de phénomène qui l'impliquent et qu'elles impliquent ; il n'est applicable à aucune réalité, bien que sa notion postule nécessairement celle d'une réalité au moins possible.

Ainsi, le nombre étant critiqué, l'espace, le temps et le phénomène le sont aussi ; mais il est encore possible de prouver directement qu'il y a contradiction entre l'espace et le temps d'une part et de l'autre le nombre, entre la phénoménalité d'une part et de l'autre la spatialité, la temporalité et le nombre, que l'espace et le temps s'excluent et que l'espace et le temps se détruisent eux-mêmes comme fait le nombre, comme fait le phénomène. — Si l'on démontre cela, ce dernier ne peut plus être, à aucun point de vue, tenu pour une réalité, car ce dont il faut avoir des opinions qui s'excluent doit être absolument tenu pour irréel. Voyons donc si nous pouvons établir le contraire de ce qui a été établi précédemment.

L'espace et le temps sont donnés comme des continus. Mais des continus sont-ils possibles ? Si, pour les concevoir, on les divise en parties, la division est toute arbitraire ; si l'on refuse de les diviser en parties, pour ne pas morceler la continuité en éléments discontinus, on ne peut plus avoir, des continus, une idée claire et distincte. Donc, pour concevoir les continus, il faut résoudre la continuité en son contraire qui est le discontinu ou le nombre, et la continuité s'évanouit ; donc l'espace et le temps répugnent au nombre : s'ils appellent cette notion pour devenir intelligibles, cette notion, une fois appliquée aux deux premières, rend celles-ci inintelligibles. — « Mais, dira-t-on, pourquoi ne regarderait-on pas la continuité comme un caractère purement apparent, comme un symbole de la multiplicité purement qualitative du réel ? Ainsi faisait Leibnitz ; quand il appliquait au réel l'épithète de continu, il désignait par là, simplement, l'harmonie d'un discontinu non quantitatif. » — Sans doute, puisqu'on n'a le droit d'ajouter que des unités identiques, l'idée de multiplicité qualitative doit être substituée à celle de nombre, et l'idée d'infinité qualitative doit l'être à l'idée du nombre infini ; mais on a beau imaginer une diversité radicale au sein des choses ou des phénomènes, l'espace et le temps demeurent des homogènes, ou bien ils ne sont plus ce qu'on entend par ces mots. Étant des homogènes, ils demeurent donc des continus, qu'on les regarde ou non, d'ailleurs, comme purement subjectifs ; ils restent des continus réels, puisque l'existence subjective est encore une sorte d'existence ; par conséquent, même si l'on adhère à la doctrine de Leibnitz, bien proche ici de celle de Kant, il faut traiter des continus comme si c'étaient de véritables réalités ; et comme ces réalités appellent la notion du discontinu ou du nombre, laquelle est leur propre destruction, il faut conclure finalement que l'espace et le temps répugnent au nombre : ils ne sont pensables que par ce qui les rend impensables. — Il a été établi aussi que le nombre implique la spatialité soit directement, soit indirectement parce que le compté est au fond du spatial ; d'autre part, tout nombre, étant somme, implique tout d'abord la succession ou temporalité des actes par lesquels un sujet pensant construit les sommes. Mais en même temps que le nombre appelle l'espace et le temps, il y répugne, car la continuité de ceux-ci, bien que requérant pour devenir intelligible la notion du discontinu qui est celle même du nombre, repousse aussi cette notion qui finalement les rend impensables dans leur essence, la continuité.

De même, le phénomène, qui appelle la spatialité et la temporalité, y répugne pourtant, puisque l'espace et le temps sont divisibles à l'infini, sont des sommes d'éléments nuls. Il est vrai que nous avons démontré aussi qu'il n'y a pas d'infiniment petit réel, d'où l'on pourrait déduire qu'il y a des éléments phénoménaux indivisibles, lesquels, à ce titre, pourraient être réels ; mais qu'importe? La notion du nombre nous est apparue comme contradictoire : on ne peut donc l'employer à qualifier le phénomène, s'il est réel ; il répugne au nombre qui détruirait sa réalité ; il y répugne bien que, par où il requiert l'espace et le temps, il requière aussi le nombre pour devenir intelligible. Nous venons de démontrer à la fois que le phénomène répugne à l'espace, au temps et au nombre. En ce qui concerne ce dernier point, il nous faut ajouter que, s'il y avait une réalité phénoménale, elle ne pourrait être mathématique, parce que, nous l'avons établi, cette réalité serait en soi, c'est-à-dire métaphysique, c'est-à-dire d'une nature à laquelle ne saurait aucunement convenir la qualification de mathématique. — Pareillement, s'il a été établi qu'espace, temps et nombre appellent phénoménalité, on peut montrer qu'ils répugnent à cette qualification. En effet, le phénomène se détruit lui-même, étant affirmation de l'irréel ; à plus forte raison est-il destruction, annihilation de ce qu'on définit phénoménal quand on oppose phénoménal à réel.

Envisageons maintenant l'espace et le temps en eux-mêmes, en faisant le plus possible abstraction de leurs rapports avec le nombre et avec le phénomène, afin de mieux les voir se détruire eux-mêmes bien que chacun d'eux semble à l'infini se supposer lui-même comme contenant, et tout d'abord se détruire réciproquement bien qu'ils nous aient paru s'impliquer l'un l'autre. — Qu'arrive-t-il dès que l'on pense quoi que ce soit comme étant à la fois dans l'espace et dans le temps ? Le temps est analogue à l'espace : si donc on veut se représenter à la fois l'espace et le temps, il se produit ce qui arrive, par exemple, quand on veut se représenter la superposition de deux triangles : on n'aperçoit plus qu'un espace, comme on ne voit plus qu'un triangle ; ce que l'on veut distinguer se confond. Ainsi, l'intuition simultanée de l'espace et du temps se résout en une intuition unique indistincte. D'autre part, le spatial répugne à être temporel, en dépit de ce qui a été prouvé plus haut, car il serait à chaque instant détruit : si, d'un côté, être c'est durer, d'un autre côté ce n'est pas durer, car durer, c'est être successif, c'est ne plus être, à chaque instant, ce qu'on était. Et le temporel répugne aussi à être spatial, comme étant la négation, au moins partielle, de la coexistence de ses parties ou moments.

Enfin, le temporel se détruit lui-même, puisqu'il faut

dire, de ce qui dure, que cela a, dans le présent, un passé : la coexistence du présent avec le passé est au fond de l'idée du temps et la rend contradictoire. Et le spatial se détruit aussi lui-même puisqu'il est, identiquement, l'extériorité absolue et réciproque de ses éléments, lesquels à l'infini se composent de parties réciproquement extérieures chacune à chacune. Et chacun des deux se détruit encore en ce sens que chacun des deux apparaît à la fois comme devant être infini et comme ne pouvant l'être sans absurdité.

A mesure que l'on avance dans l'étude d'une science qui est arrivée à se constituer, on y trouve plus d'harmonie et de cohérence ; mais qu'importe, si la contradiction est au seuil, si l'accord est le résultat de l'habileté du savant à concilier des notions qui, prises en elles-mêmes, sont la négation les unes des autres[1] ? — Nous ne pouvons ici considérer les points de départ de toutes les sciences ; mais il est bon, pour confirmer notre thèse, d'insister un peu sur les contradictions des notions essentielles de la géométrie, puisque le spatial est, en définitive, le fond même du phénoménal.

En premier lieu, la géométrie admet également des suppositions qui s'excluent, et cela sans qu'il en résulte, pour les raisonnements du géomètre, aucun inconvénient. — Admettons, par exemple, que l'espace soit infini ; peu importe si l'on affirme ou si l'on nie que les parallèles se rencontrent à l'infini : comme, à toute distance finie de leur origine, les parallèles sont encore infiniment éloignées de l'infini où elles se rencontrent, il n'y a aucune raison

---

1. On voit ici réunies les ressemblances et les différences de la doctrine contenue dans cet ouvrage et de la doctrine de M. Bergson, si profondément développée ces derniers temps par M. Le Roy, dans la Revue de métaphysique et de morale.

pour soutenir qu'à une distance finie quelconque de leur origine, elles sont plus rapprochées qu'à cette origine. Ce n'est donc à aucune distance finie, ou assignable, que la conséquence d'une rencontre à l'infini peut se faire sentir par la diminution de la distance des parallèles. Faisons maintenant l'espace fini : il est bien difficile alors de le concevoir comme « homogène », et de ne pas supposer qu'il varie « de densité » d'une manière constante, suivant un certain « rayon de courbure ». Mais, ici encore, peu importe que l'on admette ou non que les parallèles se rencontrent, elles ou leurs prolongements du côté opposé au côté d'abord considéré : puisque d'une part la mesure dont on se servirait pour évaluer leur distance varierait comme l'espace même dans lequel on la transporterait, puisque d'autre part la distance à laquelle on pourrait vouloir mesurer l'écartement des parallèles serait toujours une longueur finie comptée depuis leur origine, tandis que la limite dudit espace est regardée comme non assignable malgré la conception de cet espace comme fini, il est évident qu'il en va de même que si la rencontre avait ou n'avait pas lieu dans un espace supposé infini. Ainsi donc, que l'espace soit ou non infini, qu'il soit, s'il est fini, homogène ou hétérogène, que les parallèles finissent ou non par s'y rencontrer, il n'en peut résulter aucun trouble pour les raisonnements et les calculs que le mathématicien a l'habitude de faire : tout se passe comme si les parallèles ne se rencontraient pas, dans tous les cas considérés. Un tel trouble serait l'unique raison qui pourrait inviter le mathématicien à se décider pour ou contre telle conception de l'espace. — Nous pouvons donc dire qu'en géométrie, des conceptions contradictoires sont également soutenables et ont des conséquences identiques, ce qui, aux yeux de la logique, est un véritable scandale. La logique exige que l'on nie tout ce qui est conçu de la sorte, ainsi que tout ce qui se rattache à tout ce qui est ainsi conçu. Et que dire de propositions comme celles-ci : « A l'infini toutes les droites sont dans un même plan » ? Cette proposition signifie, à la lettre, que ce qui n'est pas dans un même plan est dans un même plan.

Sans même aller si loin, l'idée d'une géométrie en général est décevante et contradictoire : la supposition de toute figure, en effet, suppose elle-même le mouvement, c'est-à-dire l'espace et le temps ; mais l'espace n'existe pas sans des points et des lignes qui le déterminent, et qui supposent l'espace comme ils sont supposés par lui : le temps, de son côté, n'est mesurable que figuré par un symbole spatial ; la géométrie repose donc sur une notion qui se suppose elle-même doublement : l'espace suppose la figure d'une part, et de l'autre le temps, qui, comme la figure, suppose l'espace. — On pourrait d'ailleurs raisonner sur le temps, envisagé en lui-même, sur le temps qui suppose des événements qui le supposent, comme on vient de faire au sujet de l'espace.

De nouveaux sujets d'étonnement attendent celui qui veut considérer du point de vue critique les genres en lesquels on distribue les formes géométriques. — De plus en plus, le principe de continuité sert de règle à qui veut innover en géométrie : c'est ainsi, par exemple, qu'après avoir relié la parabole à l'ellipse, on regarde la droite comme une courbe de courbure infiniment petite. Mais, en procédant ainsi, que fait-on, sinon de nier la distinction des genres en géométrie, de ces genres dont la distinction est pourtant la raison d'être de la spéculation géométrique ? — « Le succès, dira-t-on, justifie l'emploi d'une telle méthode. » — Soit ; mais qu'on avoue donc, alors, que le raisonnement mathématique et le calcul sont analogues aux méthodes qu'emploie le physicien, qu'ils sont des manières d'expérimentation intérieure, et que le fait de réussir à trouver un résultat qui concorde soit avec le résultat d'un autre raisonnement, soit avec ce que l'esprit découvre par la mesure directe des éléments géométriques sur lesquels il a d'abord spéculé tout à fait *a priori*, que ce fait est identique à la vérification expérimentale d'une hypothèse quelconque en physique. Mais c'est une pauvre justification, pour la géométrie, que d'être défendue au nom de l'expérience et non d'une raison indépendante de toute expérience ; c'est à une certitude purement et avant tout rationnelle que prétend le mathématicien. Les genres, en géométrie, n'existent qu'à une condition, c'est qu'il y ait discontinuité entre les formes qui les constituent ; et cependant, la meilleure manière de les étudier consiste à supposer entre eux une parfaite continuité : comment constater cela sans déclarer la géométrie irrationnelle ?

Sortira-t-on d'embarras en déclarant symbolique l'emploi du calcul infinitésimal, qui suppose la continuité des formes auxquelles on l'applique, pour étudier des formes qui, en réalité, seraient discontinues et hétérogènes ? Quand le physicien déclare que l'application du mathématique au physique n'en fournit qu'une connaissance symbolique, on le croit aisément, bien que la physique soit par là même singulièrement dépréciée ; mais le géomètre osera-t-il dire que l'application de l'algèbre à la géométrie n'est qu'une connaissance symbolique du géométrique ? Il le fait implicitement s'il appelle la géométrie la « physique de l'espace » : et rien n'est plus juste que cette définition, car l'espace est donné par une intuition. De plus, la moindre considération géométrique implique la possibilité d'une traduction algébrique ; par exemple, l'égalité de deux lignes doit pouvoir s'écrire $a = b$, ou bien cette égalité des deux lignes n'a aucun sens ; l'espace n'est plus rien abstraction faite de toute considération algébrique ou arithmétique ; mais, d'autre part, nous l'avons vu, l'espace répugne au nombre ; il répugne donc à être étudié au moyen de l'algèbre ; il y a donc incompatibilité entre la nature de l'espace, et le calcul infinitésimal qui n'est que le point de vue algébrique le plus élevé et le plus parfait. En conséquence, on a raison de déclarer que l'application de l'algèbre, et du calcul infinitésimal en particulier, ne fournit du géométrique qu'une connaissance symbolique ; les formules de la géométrie analytique où n'entre pas l'infiniment petit et celles où il entre, sont également symboliques : les premières sont telles qu'elles définissent les formes géométriques comme distribuées en genres, comme discontinues ; les secondes établissent la possibilité de passer d'un genre à un autre. La géométrie n'appelle donc l'algèbre que pour devenir contradictoire ; l'emploi, en géométrie, du calcul infinitésimal n'est pas l'application, à des genres discontinus, d'un calcul tout symbolique supposant une continuité qui ne serait pas la négation de la discontinuité réelle des formes géométriques ; non, ce qu'il faut dire, le voici : la géométrie requiert l'emploi de l'algèbre, qui ne fournit, des objets géométriques, qu'une science symbolique. Mais, dans ce symbolisme, il ne faut même pas voir une demi-connaissance, car l'algèbre introduit, dans la conception des objets de la géométrie, une contradiction flagrante : l'algèbre élémentaire suppose la discontinuité des genres en géométrie ; l'algèbre infinitésimale nie cette discontinuité.

Un dernier moyen s'offre à nous, par où l'on peut espérer lever la contradiction qui semble peser sur la géométrie. — Toute quantité, en effet, soit arithmétique, soit algébrique, soit géométrique, est susceptible d'être considérée à la fois comme continue et comme discontinue, car tout nombre, toute grandeur étendue déterminée peut être aussi envisagée comme une limite. Par exemple, $1 = \frac{1}{2} + \frac{1}{4} + \frac{1}{8} + \ldots$; l'unité discrète est donc un continu, et l'on peut même dire que le discontinu suppose le continu, car il n'est pas d'unité qu'il soit défendu de diviser ; et de plus, ne faut-il pas que le discontinu soit en quelque sorte découpé dans du continu, puisqu'il n'est possible d'ajouter que de l'homogène à de l'homogène et que deux choses ne sauraient être homogènes que si elles le sont en quelque chose qui l'est, qui, en d'autres termes, est continu ? D'autre part, quand on définit la circonférence par la limite d'un polygone régulier dont on double indéfiniment le nombre des côtés, on construit le continu, à savoir la courbe, dans le cas qui nous occupe, à l'aide du discontinu représenté ici par la ligne brisée ; et force est bien, pour définir l'élément du continu, de faire appel à la notion du discontinu. — Donc, dira-t-on peut-être, continu et discontinu sont solidaires, se supposent, et la distinction des genres, en géométrie, n'est pas contradictoire avec leur non distinction. — Il n'en saurait être ainsi ; étudier le discontinu en lui substituant le continu, ou celui-ci en lui substituant celui-là, c'est remplacer ce qu'on veut connaître par autre chose, et même par son contraire ; c'est irrationnel, absurde ; quelle science décevante que celle où il faut procéder de la sorte ! Non, on ne peut lever les contradictions sur lesquelles repose la géométrie ; ou du moins on ne les lève point en faisant observer, simplement, que cette science « réussit ». — Il est évident aussi que tout ce qui vient d'être dit de la géométrie, qui fait le fond de la mécanique, pourrait être répété, *mutatis mutandis*, de cette dernière science. Mais nous renonçons à examiner à fond, ici, la notion du mouvement, car la discussion des arguments de Zénon et des théories suscitées par eux jusqu'en ces dernières années, nous entraînerait en dehors des limites que nous devons nous prescrire.

Trois points restent à démontrer pour qu'il soit complètement établi que la science est sa propre négation comme science et même comme fait, négation qui implique *a fortiori* l'obligation de nier l'existence de son objet. — Quand, en effet, nous aurons montré, contrairement à ce que nous avons nous-même prouvé : 1° que les attributs du non-être, espace, temps et nombre ne lui appartiennent même pas en tant qu'ils le constitueraient comme pure apparence ; 2° qu'il est sa propre négation si même on l'envisage simplement dans sa qualité ; 3° qu'il y a, entre la forme pure de l'extériorité et sa forme de fait, une contradiction, sans compter d'autres contradictions encore entre les divers modes de la spatialité perçue, il sera définitivement évident que toute théorie scientifique, en postulant dans son objet ces quatre caractères, phénoménalité, temporalité, spatialité et nombre, suppose des choses qui se repoussent autant qu'elles s'appellent, des choses qui toutes sont leur propre négation, et que par suite les éléments mentaux dont se compose toute science ainsi que la pensée de tout objet scientifique sont de nature incohérente et contradictoire ; nous aurons détruit le phénomène en partant cette fois de la critique de la science, en nous fondant toujours sur ce principe essentiel dans la doctrine ici soutenue : le contradictoire est l'impensable, le non-pensé ; il n'est pas plus capable d'être réalisé dans la pensée qu'il ne l'est d'être réalisé en dehors d'elle.

En ce qui concerne le premier point, il est clair qu'on ne saurait dire : « Cela peut exister à titre de pure apparence, qui a des attributs exclusifs les uns des autres, et en eux-mêmes contradictoires ». Car ce serait dire : l'apparaître est être, l'être peut n'être que l'apparaître, l'absurde peut être réel. Mieux vaut dire : le non-être est une illusion absolue, la vaine apparence d'une apparence.

En prouvant le second point, nous prouverons à nouveau le premier : le phénomène contient, en effet, la négation de ce qu'il est d'une façon proprement qualitative, parce que sa qualité propre, quelle qu'elle soit, est la négation même de la spatialité, de la temporalité et du nombre, sans lesquels il semble pourtant qu'il soit chose inintelligible et même irreprésentable. Soit, par exemple, un phénomène visuel de couleur ; sans doute, la couleur a une certaine étendue, mais quel rapport intelligible y a-t-il entre l'étendue et la couleur ? Une couleur abstraction faite de son étendue, abstraction légitime puisque couleur et étendue sont choses radicalement différentes en soi, est aussi étrangère à l'étendue, à tout mode de l'étendue, que le peuvent être l'odeur, le son et la saveur. S'il en est ainsi, il faut reconnaître que rapporter ces phénomènes à l'espace, c'est vicier la notion de ces phénomènes, c'est méconnaître leur originalité qualitative proprement dite. Il y a plus, les qualités propres des phénomènes correspondant aux sensations de résistance, de mollesse, de dureté, etc..., sont aussi hétérogènes que les autres avec la spatialité. Et tous sont aussi sans aucun rapport avec la durée, avec le nombre, la première étant hétérogène dans son essence avec toute autre détermination qualitative, le second étant une pure abstraction ; le phénomène, envisagé sous son aspect qualitatif, repousse le nombre pour cette raison, bien qu'il implique la dualité de l'essence et de l'existence du perçu et toujours quelque diversité dans son essence afin que la conscience soit possible, bien que pourtant la connaissance de tout phénomène suppose un rapport entre chacun d'eux et un ou plusieurs autres. — On pourrait raisonner de même sorte au sujet des sensations qui correspondent aux phénomènes externes, les phénomènes internes qui représentent ceux-ci leur étant parfaitement semblables quant à la qualité.

Comme l'idée du mouvement est capitale dans la science moderne, à tel point que le savant ne s'inquiète même plus de ce qui pourrait bien se mouvoir, il vaut la peine de remarquer combien répugne au mouvement et, d'une manière générale, au changement, ce phénomène que l'on s'ingénie de plus en plus à expliquer par le mouvement, par un mouvement dont, au reste, on veut oublier qu'il est lui-même une sorte de phénomène élémentaire composé de temps et d'espace abstraits l'un et l'autre et vides. — Une telle conception n'est-elle pas aussi inintelligible qu'elle paraît féconde? Connaître les phénomènes, c'est, semble-t-il, les réduire à des vibrations, lesquelles ne sont que de petits mouvements de translation ; et le psychologue lui-même admet que si tout changement cessait dans la conscience, celle-ci s'évanouirait. Mais qu'est donc le changement, sinon un mélange absurde d'être et de non-être? Changer, d'autre part, implique quelque chose qui ne change pas, et par rapport à quoi change ce qui est dit changer ; mais il faut, bien entendu, que ce qui change, change par rapport à soi, sans quoi je ne pourrais pas dire qu'une chose change, mais il faudrait dire : tandis que A reste fixe, B succède à C. Si donc je soutiens que M se transforme, je soutiens implicitement que M ne se transforme pas. Allèguera-t-on que M peut changer partiellement, et de $n+p$ qu'il était, devenir $n+r$? Mais il y a là une illusion : en devenant $n+r$, M s'est à demi annihilé plutôt qu'il ne s'est transformé ; la vérité est que, à $n+p$, a succédé $n+r$; même, $n+p$ ne formait point un tout M ; il n'y avait pas M, mais n et p. Bref, il nous faut à nouveau constater que le phénomène repousse le temps comme il repousse l'espace ; en repoussant le mouvement et même le changement, il repousse l'espace et le temps, ce dernier parce que, qualitativement, le phénomène requiert la fixité attribut incompatible avec la mutabilité. Mutabilité, temporalité, spatialité : ce sont là des conditions sans lesquelles le phénomène ne peut plus être objet de pensée ni surtout de science ; et pourtant elles sont incompatibles avec la phénoménalité.

Enfin, bien que notre étude de l'espace et du temps ait abouti de plusieurs manières à faire voir, dans l'idée de phénomène, un ensemble d'impossibilités dont il faut nier la compossibilité, il n'est pas sans intérêt de comparer d'abord l'espace total, matière abstraite de la forme d'extériorité, avec l'espace euclidien qui n'est qu'un des espaces possibles, l'espace de la perception dite réelle. — Celui-ci, homogène et à trois dimensions, passe pour le seul représentable, et, de fait, il n'y a aucun moyen de soutenir que les autres le puissent être. Cependant, les autres supposent la notion du premier, et l'on passe aisément de la considération de l'un quelconque d'entre eux tous à chacun des autres : ils s'appellent donc les uns les autres en quelque sorte, mais l'euclidien semble vouloir exclure les autres comme irreprésentables, et les autres semblent jeter sur l'euclidien un discrédit parce qu'il est concret tandis qu'ils sont abstraits. Et puis, s'il est vrai que le nom d'intuition convienne à la perception de l'extériorité, comment parler encore d'intuition d'extériorité où, par hypothèse, l'image n'a point de place ? Il y a sans doute bien des objets que l'on voudrait penser sans les rapporter à l'espace, mais on n'y réussit point ; et c'est un scandale que d'assister à l'inévitable confusion que l'on fait du concret, de l'abstrait et des réalités non concrètes. De plus, l'idée même d'une réalité quelconque est exclusive, semble-t-il, de l'idée d'image qui est une chose subjective ; et en même temps l'image, l'intuition est la condition même de la perception d'une réalité. L'espace euclidien, celui de la perception, et l'espace total, matière abstraite de la forme d'extériorité, s'appellent donc et se repoussent ; chacun d'eux semble manquer et ne point manquer de ce que l'autre possède ; et pourtant l'un est partie de l'autre. — On pourrait raisonner de même au sujet de l'espace-temps.

En particulier, on peut démontrer et que la conception de quatre, cinq, etc..., dimensions est possible, et que l'espace ne saurait avoir plus de trois dimensions. — La première de ces démonstrations est assez connue ; donnons la seconde. Un lieu ou point suppose au moins un autre point dans l'espace ; le géométrique commence avec la longueur. Mais la ligne, distinguée de ses limites, peut se réduire à un point ; un ensemble déterminé dans l'espace se réduit donc à trois points au minimum. Or, ces trois éléments sont capables et capables seulement de six combinaisons, inverses deux à deux comme les deux directions que l'on peut prendre suivant chacune des dimensions de l'espace. Désignons ces trois points par les chiffres 1, 2 et 3. Les six combinaisons possibles sont : 123, 321, 213, 312 ; 132, 231. Faudra-t-il donc croire qu'il n'y a que l'espace à trois dimensions qui soit possible et que cependant les autres le soient aussi ?

Pour terminer, mentionnons l'impossibilité d'accorder ensemble l'espace visuel et l'espace tactile entre lesquels l'expérience seule peut établir un lien, les espaces perçus et les espaces remémorés ou imaginés qui ne sont pas plus juxtaposables aux premiers ou même entre eux souvent, que ne sont l'espace-temps et l'espace proprement dit. Tout cela, c'est l'inintelligible, et les morceaux en sont faits de ce que pense la conscience empirique quand elle pense les différents phénomènes, les vérités abstraites, les différents êtres et elle-même. — Si elle s'ingénie à comprendre tout cela, qu'arrive-t-il ? Elle se représente, ou du moins tâche de se représenter la compénétration ou la juxtaposition des choses les plus hétérogènes dans un espace vaguement euclidien où tout s'embrume et se confond ; elle va jusqu'à faire, de la pensée qui contemple ce chaos, une sorte de vue en raccourci de tout ce qui lui sert d'objet, raccourci que, bon gré mal gré, elle situe dans le corps humain : et voilà que les lieux occupés par les phénomènes proprement externes sont envahis, pénétrés par l'espace conscienciel. Cependant, pour pouvoir se dire conscience de ce qu'elle situe dans l'espace et dans le temps, la conscience devrait se supposer en dehors d'eux afin de n'en être pas une simple partie, car alors elle ne saurait les embrasser. Mais, d'autre part, puisqu'elle fait spatial et temporel ce qu'elle pense, il faut bien qu'elle se pense elle-même spatiale et temporelle. Vraiment, il n'est pas possible d'imaginer quelque chose de plus absurde.

En résumé, l'étude critique de la notion de phénomène telle que l'entend la science lorsqu'elle en fait la base et l'objet de ses spéculations, est la ruine de la science elle-même, qui pourtant devrait la justifier, mais ne le peut sans se mettre en contradiction avec la logique. La science réussit, soit, mais au prix d'une violation initiale de la logique ; par la science, la conscience s'affirme, elle et aussi l'existence de phénomènes extérieurs à elle, mais de telles affirmations sont instables ; au nom de la logique, la conscience elle-même les convertit en négations ; par la science, donc, la conscience nie et sa propre existence et celle de quelque phénomène que ce soit.

S'il est vrai que la pensée en soi est affirmation, affirmation de l'être, il faut dire que l'être s'affirme comme non phénomène, comme hétérogène avec ce que pose, en elle et en dehors d'elle, la conscience. Que celle-ci considère simplement les notions de conscience et de phénomène, ou qu'elle les considère telles qu'elles sont pour cette activité supérieure de la conscience qui se nomme la science, elle doit reconnaître qu'elle contient sa propre négation et celle de tout ce qu'elle pose, c'est-à-dire de tout phénomène, et de l'être lui-même en tant du moins qu'elle le pense.

II. — LA SCIENCE ET L'ACTIVITÉ DE L'ESPRIT

La principale, disons mieux, l'unique cause de la confiance de l'homme en la science, c'est le fait même du succès de ses investigations ; et à son tour, le succès de la science renforce la croyance de l'homme à la réalité des phénomènes. Comment cela ne serait-il pas, ce sur quoi l'on pense raisonner d'une manière si cohérente, ce dont on peut prévoir la marche avec tant de sûreté ? Nous allons faire voir ce que sont, devant la logique, l'intuition, l'induction et la déduction. Ces trois formes de l'activité de l'esprit une fois critiquées, il apparaîtra que ce ne peut être leur valeur intrinsèque qui nous inspire cette confiance que nous avons communément dans la science ; on verra, une fois de plus, que la science ne peut présenter pour sa défense qu'un seul argument, qui n'est point celui qu'on souhaiterait le plus, à savoir son succès même, et que sans ce succès on ne s'expliquerait pas comment l'activité de la pensée empirique est regardée comme devant être légitime en droit. A vrai dire, la croyance en la valeur logique de l'activité de l'esprit n'est que la volonté de légitimer des procédés mentaux dont l'emploi est fécond en fait. Ici encore, nous oublierons le plus possible à quel point ce qui a été dit peut rendre superflue la critique que nous tentons.

Intuition, induction et déduction : telles sont les trois

opérations de l'intelligence auxquelles on peut ramener toutes les autres. Les intuitions se répartissent en deux classes, les unes étant empiriques et les autres *a priori*. Les premières présentent des phénomènes soit isolés, soit groupés, soit successifs ; les secondes fournissent des cadres où l'on range les phénomènes, des concepts et des principes qui servent à organiser les phénomènes. Lorsqu'on traite du phénomène, on traite par là même des premières ; néanmoins, quand on a scruté la nature de l'induction et de la déduction, il faut de nouveau considérer les intuitions empiriques, afin de voir si la théorie normale de ces intuitions comme telles confirme les théories normales de l'induction et de la déduction ainsi que la conclusion qui résulte de ces dernières théories en ce qui concerne les phénomènes. Et s'il en est ainsi, on peut affirmer, d'une manière définitive, qu'autant valent nos raisonnements sur le phénomène, autant vaut notre idée du phénomène. — D'autre part, ce sont nos inductions et nos déductions qui nous révèlent les principes qui guident l'esprit dans toutes ses recherches ; il convient donc d'étudier ceux-ci après celles-là ; et l'on doit traiter des intuitions *a priori* avant de considérer les autres, puisque l'expérience est rendue possible par ce que l'esprit tire de son propre fond. — D'autres raisons encore nous obligent à suivre un tel plan. Si la pensée empirique existe, elle est l'acte du sujet ; on doit en conséquence se demander, non pas s'il y a nécessairement de l'*a priori* dans la connaissance, mais s'il est possible qu'elle contienne quelque chose qui ne le soit pas ; il est donc tout indiqué de commencer l'étude des intuitions par la considération de celles qui sont le plus évidemment *a priori*. Et la question de l'induction et de la déduction doit venir en tout premier lieu, comme plus générale et plus essentielle que la question de l'intuition, car, penser, c'est proprement juger ou raisonner, juger tout au moins. Au reste, ainsi qu'on va le faire voir, il n'est aucune intuition qui ne suppose une induction ; toutes les inductions, dans toutes les sciences, supposent une déduction spéciale ; la déduction recouvre toujours au moins une certaine induction, sur deux qui sont cachées derrière la déduction spéciale qui est impliquée dans toutes nos inductions. Ces deux inductions se rapportent à deux intuitions dont l'une au moins commande toute l'activité intellectuelle, et qui sont précisément faites principes par le moyen d'une induction. La démonstration de ces dernières thèses ainsi que de tout ce qu'elles impliquent, et la solution de cette question : « Que valent nos inductions et nos déductions? » seront données en même temps.

A. — Soit d'abord un fait isolé et passager quelconque dont j'affirme la réalité. En l'affirmant réel, je pose qu'il l'est pour tout être doué de raison, quelles que soient les circonstances dans lesquelles un être raisonnable soit appelé à juger de ce fait, ou même indépendamment du jugement d'un être pensant quelconque. Je pose donc qu'à tout point de vue possible, il est, pour moi et pour autrui ; que toute trace de ce fait ayant disparu, il serait vrai néanmoins que ce fait fut une réalité ; que sa vérité subsisterait alors même que nul n'existerait plus pour la penser ; bref, mon affirmation contient une induction implicite ; disons « implicite », mais non pas « virtuelle », ce qui voudrait simplement dire : possible. Remarquons, d'autre part, que si l'on se refuse à voir, dans l'affirmation humaine d'un fait, une opération de ce genre, rien ne distingue cette affirmation de la croyance telle qu'elle existerait chez un animal non doué de raison. Cette induction devient explicite quand on pense clairement à l'individualité des phénomènes, car alors ce dont on affirme la réalité comme distincte de toute autre réalité, on le pense comme constituant un genre dont l'extension est égale à l'unité[1].

Soit maintenant un groupe de phénomènes, ce qu'on appelle vulgairement une chose. Je puis ne pas penser explicitement à sa durée ; mais j'y pense au moins implicitement, puisque la vérité de la réalité de cette chose, même si je n'accorde à cette chose qu'une existence d'un instant, me semble éternelle. D'ailleurs, toute perception quelque peu claire d'un groupe de phénomènes ou même d'un phénomène isolé et passager, n'implique-t-elle pas quelque succession, donc l'exercice de la mémoire ajouté à l'activité de la conscience, et aussi quelque multiplicité dans le perçu[2] ? Dans toute perception de chose, il y a une telle multiplicité, car tout ce qui est concret est composé. Cependant, nous pensons de toute chose qu'elle est une, et cela malgré sa composition ; et nous regardons la vérité de sa réalité comme éternelle : toute perception de chose est donc aussi généralisation, induction. Ceci constaté, il devient évident que l'idée d'une chose concrète est une idée abstraite : le concret fuit à l'infini la pensée qui veut le saisir, car elle rend abstrait tout ce qu'elle veut étreindre de concret. On pourrait même dire que la chose est plus abstraite que le phénomène isolé, car si celui-ci, qui commence et qui finit dans le temps, qui a des limites spatiales, diverses relations pour le définir et toujours quelque multiplicité qualitative, est déjà plus ou moins composé et n'a d'unité que grâce à une généralisation, une chose est pour l'esprit un groupe de généralités, d'autant de

---

[1]. On le voit : comme le logicien, le psychologue doit ramener le singulier à l'universel. L'unité n'est jamais donnée ; ce n'est point une notion empirique.

[2]. Cette vérité psychologique, à laquelle nous avons déjà fait allusion, est classique en Angleterre.

généralités qu'elle contient de phénomènes divers ; elle est une généralité plus vaste, plus haute, plus abstraite.

La chose une fois considérée, revenons aux phénomènes qui la composent. Leur cas, somme toute, est identique à celui de la chose elle-même. En effet, si l'on descend jusqu'aux dernières parties des phénomènes que l'on peut isoler encore sans qu'il soit cependant possible d'arriver à les isoler tout à fait, comme le contour d'une couleur par exemple, on s'aperçoit qu'on ne peut penser ses parties que grâce à l'idée générale d'un ensemble formé par les parties de ce phénomène ; or, l'idée d'un ensemble quelconque, cet ensemble ne comprît-il que deux éléments, est l'idée d'une unité qui comprend une multiplicité ; c'est l'idée d'un certain caractère qui se trouve en chacun de ces éléments dont la multiplicité n'empêche point ce caractère d'être un : c'est une idée générale. — « Mais, dira-t-on, par le fait même que, de A, on distingue B qu'on ne peut concevoir sans A, on accorde à A et à B une individualité absolue ; on les conçoit donc sans le secours d'une induction. » — Non, car on fait tout au moins, de A et de B, des réalités dont la vérité est éternelle et doit s'imposer à tout esprit possible, des réalités dont on veut que chacune soit une, bien que la perception de chacune soit divisible en plusieurs perceptions successives et vraisemblablement quelque peu différentes qualitativement : je ne puis d'ailleurs continuer à penser quoi que ce soit, sans que ma pensée varie quelque peu ; car il est une loi psychologique de la « fatigue »[1] qui est une loi d'incessant changement : si rapide est ce changement, que la pensée d'un objet quelconque, quelque simple qu'on le suppose, est d'une extrême instabilité.

Bref, l'idée de toute chose individuelle est abstraite et

---

[1]. M. Egger.

générale plus que ne l'est l'idée d'un phénomène isolé ; et de même que la considération d'un phénomène isolé conduit à regarder la chose comme une pure idée générale, on comprend mieux encore que l'idée d'un phénomène isolé n'est qu'une idée générale, quand on a scruté l'idée de chose. — Sans doute, si le phénomène a quelque réalité en lui-même, il a une individualité ; mais pourquoi voudrait-on qu'il fût saisi, et cela de prime abord, comme quelque chose d'individuel ? Qu'y-a-t-il d'étrange à regarder la généralisation comme contemporaine de l'intuition ? L'individualité n'est-elle pas, comme la généralité, un attribut, c'est-à-dire quelque chose que pose un jugement, c'est-à-dire un acte du sujet ? N'y a-t-il pas un grand nombre de cas où l'on voit immédiatement que l'individualité n'est pas donnée, mais consiste dans l'unification d'une multiplicité donnée ? — Que suit-il, en définitive, de notre thèse, si elle est juste ? C'est que l'intuition des phénomènes et des groupes qu'ils forment est un leurre, en ce sens que ce qu'elle donne n'est que le général, et non pas l'individuel, qui seul pourrait être le réel. Elle ne donne pas plus les choses qu'elle n'en donne les éléments ; même, elle donne encore moins les choses que les éléments. De là résulte aussi avec évidence que l'intuition d'une succession de deux phénomènes, fût-elle affirmée dans un cas que l'on jugerait unique et considérée comme ne devant pas se reproduire, est accompagnée d'une généralisation.

On n'hésite pas, d'ordinaire, à regarder les idées mathématiques comme des idées générales ; on hésite pourtant à parler ici de genres, ce qui s'explique assez bien. Ailleurs, les genres sont des sommes, dont les espèces sont comme les parties ; mais il n'en est pas de même en mathématiques, où genres et espèces sont, au même titre, envisagés comme formés d'une infinité d'objets. De plus, la considération des genres, c'est-à-dire de la quantité des termes est secondaire en mathématiques, où l'on ne va jamais, en fait, du contenant au contenu, mais où l'on procède par « construction de concepts ». Qu'importe cependant? L'hésitation dont il s'agit ne se justifie pas, comme nous allons le montrer.

Il y a, certes, de véritables syllogismes en mathématiques, car n'est-ce pas un syllogisme que le raisonnement suivant : « La somme des angles formés autour d'un point d'un même côté d'une droite est égale à deux droits ; or la somme des angles intérieurs d'un triangle est égale à la somme des angles formés autour d'un point d'un même côté d'une droite ; donc la somme des angles intérieurs d'un triangle est égale à deux droits » ? Si l'on dit : « Tout triangle est une figure dont la somme des angles intérieurs est égale à deux droits ; or cette figure est un triangle ; donc cette figure est une figure dont la somme des angles intérieurs est égale à deux droits », on fait un syllogisme où l'on va du général au particulier comme dans une grande partie des syllogismes non mathématiques ; mais ce n'est pas là, à proprement parler, un syllogisme mathématique, car il s'agit alors, non plus de mathématiques, mais de l'application pratique d'une vérité mathématique.

Cependant, là même où il s'agit d'établir une vérité mathématique, il y a bien syllogisme. nous l'avons montré par un exemple. Or on sait que, dans tout syllogisme, un terme au moins, à savoir le moyen, doit être, au moins une fois, pris dans toute sa généralité ; s'il est singulier, il remplit cette condition. Mais alors même qu'on ne se préoccupe pas des relations qui peuvent exister entre les quantités des divers termes, le raisonnement syllogistique n'est possible en mathématiques, il faut le reconnaître, que grâce à ce que tous les termes y sont pris chaque fois dans toute leur généralité : il faut, pour que les deux premières égalités mènent à la troisième, laquelle doit être une proposition générale et réciproque, c'est-à-dire convertible simplement, il faut que le second terme, dans les deux prémisses, soit pris, comme le premier, dans toute son extension.

Il ne faut pas dire, sous prétexte que, dans le raisonnement mathématique, on ne se préoccupe guère en fait des rapports qui existent entre l'extension des termes, qu'on ne s'y préoccupe nullement de cette extension, ni que le point de vue de cette extension y étant secondaire par rapport à celui de la compréhension, tout se passe comme si l'extension était, en fait, complètement négligée. — Il a semblé à certains philosophes, désireux de distinguer du syllogisme le raisonnement mathématique, que ce raisonnement ne contenait, mis en forme, que deux propositions. S'il en était ainsi, il serait peut-être plus aisé, croit-on, de refuser aux objets mathématiques la qualité de genres qui paraît communément attachée aux objets sur lesquels on raisonne syllogistiquement[1] : dans le raisonnement mathématique à deux propositions, la compréhension des termes pourrait être considérée à l'exclusion de leur extension. — Il y a là une illusion qu'il faut détruire et expliquer. D'abord, les termes seraient au moins singuliers, c'est-à-dire encore généraux. Ensuite, le syllogisme mathématique prend plus facilement que tout autre la forme d'un enthymème, parce que le sujet dont on veut conclure quelque chose, le terme dont on se sert pour obtenir la conclusion et l'attribut de la conclusion étant pris dans toute leur généralité, il est inutile de faire remarquer que le premier est par rapport au second comme l'espèce est au genre, et que

---

1. M. Boutroux (V. Revue des Cours et Conférences, n° du 10 mars 1898), sans nier l'existence des genres mathématiques, ne reconnaît pas cependant le caractère syllogistique du raisonnement mathématique.

le second est par rapport au troisième comme un genre à un genre plus étendu : où la généralité est absolument infinie pour tous les termes, il devient inutile de la considérer ; on peut ne faire attention qu'à la compréhension des termes, à la signification des notions ; on n'éprouve donc pas le besoin de se servir de la forme développée et complète du syllogisme, forme qui convient spécialement à la connaissance des rapports de contenant à contenu. Cependant, si l'on s'exprime ainsi : « La somme des angles intérieurs d'un triangle est égale à la somme des angles formés autour d'un point d'un même côté d'une droite ; donc leur somme est égale à deux droits », la majeure, formulée plus haut, est sous-entendue, mais nécessaire bien que sous-entendue, pour que le raisonnement soit valable ; c'est le rapport qui existe entre la notion : « somme des angles formés autour d'un point d'un même côté d'une droite » et la notion : « deux droits », qui est le principe du raisonnement.

Ainsi donc, le raisonnement mathématique est bien syllogistique. A quelle condition un syllogisme est-il un raisonnement valable ? Nous l'avons dit : dans une science où les propositions sont des énoncés d'égalités, il faut que toutes les propositions soient universelles et réciproques, d'autant plus que la majeure doit présenter ce double caractère à titre de principe d'après la règle établie par Aristote, que la mineure peut à la rigueur prendre la place de la majeure, et que la mineure et la conclusion doivent pouvoir servir de principes à d'autres raisonnements, soit telles quelles, soit en subissant une conversion simple. Le raisonnement mathématique est donc bien un syllogisme, et il est cela parce qu'étant donnée la nature des propositions mathématiques, les termes sur lesquels porte ce raisonnement sont des termes généraux, désignent des genres.

Cependant, il ne faut pas concevoir ici les genres comme représentables par des cercles concentriques, comme faisait Euler, mais plutôt comme des cercles que l'on relierait par des lignes indiquant la connexité des notions. De la liaison du terme G et du terme P avec le

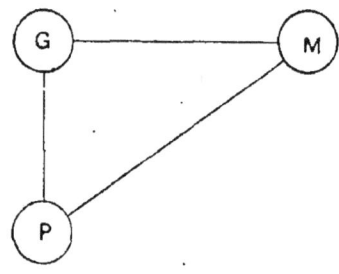

terme M, on infère la liaison des termes G et P. En définitive, l'illusion des logiciens dont nous parlions vient de ce qu'ils n'admettent point qu'on puisse concevoir de deux façons la notion de genre. Il le faut bien, pourtant, puisqu'on ne peut pas dire qu'où il y a matière à idée générale, il n'y a pas idée de genre, et puisqu'on ne peut assimiler complètement les genres mathématiques aux autres genres.

Voici d'ailleurs une observation très propre à lever les scrupules de qui hésiterait, étant donnée la différence qui subsiste entre la notion des genres mathématiques et celle des autres genres, à les appeler également des genres. « Deux droits » est comme un genre par rapport à : « somme des angles formés autour d'un point d'un même côté d'une droite », puisque « deux droits » peuvent être réalisés d'une infinité d'autres manières ; dire : « somme des angles formés autour d'un point du même côté d'une droite », c'est en quelque sorte énoncer « deux droits », le caractère générique, avec une particularité qui est comme une différence spécifique ; et quand on dit : « triangle », on désigne tous les triangles possibles. Le mathématicien néglige et peut négliger la considération de l'extension des termes qu'il emploie, envisager en quelque sorte comme des individualités les objets dont il traite; mais sa spéculation porte sur des idées générales, sur des genres; ce sont des genres qu'il relie, au moyen de syllogismes analogues à ceux qu'on fait ailleurs; et il doit pouvoir répéter un nombre infini de fois ce qu'il dit d'un certain nombre, d'une certaine figure. L'obligation de raisonner, au moins implicitement, de façon syllogistique, est la démonstration même de la nécessité d'appeler les objets mathématiques du nom de genres. Bien plus, le mathématicien peut même, s'il le veut, aller jusqu'à assimiler les genres mathématiques aux autres; s'il ne le fait pas, c'est qu'il lui faudrait, pour cela, alourdir et allonger inutilement ses raisonnements.

De toutes ces considérations, il résulte que les mathématiques opèrent, comme toutes les autres sciences, sur des idées générales, et que, par suite, les objets mathématiques sont fournis à la pensée par des intuitions qui sont aussi des inductions. — Cette vérité apparaît immédiatement, si l'on analyse une idée mathématique quelconque. Soit encore l'idée du triangle; cette idée suppose toujours la représentation d'un triangle individuel, qui est pour l'esprit comme une chose[1] pareille aux objets concrets

---

[1]. Ne pas dire, pour rendre plus sensible la différence des objets mathématiques et des autres, pour appuyer l'opinion de M. Lachelier suivant qui la copule ne marque pas une inhérence dans les propositions mathématiques, pour démontrer enfin, que jamais en mathématiques on ne va du genre à l'espèce, ne pas dire que les définitions mathématiques sont les seules qui s'obtiennent par construction. Ailleurs aussi, les bonnes définitions sont *per causam* et indiquent la genèse du défini. Bien qu'il ne soit pas utile de traiter les objets mathématiques comme des choses et des genres de choses, ni de raisonner sur eux sous la forme syllogistique développée, qui est plutôt indiquée où l'on va du contenant au contenu, bien qu'il soit inutile, dans les propositions mathématiques, de regarder l'attribut comme inhérent au sujet, cependant, les objets mathématiques n'en sont pas moins, pour l'esprit, comme des choses. Ceci établi, on s'aperçoit aussitôt que la considération de la généralité des termes, dans les propositions mathématiques, est nécessaire

que l'on nomme sans hésiter « des choses » ; or, on l'a démontré plus haut, l'intuition d'une chose et même des éléments qui la composent est accompagnée d'induction. Mais de plus, ce triangle est regardé comme le substitut d'une infinité de triangles possibles, dont nous affirmons l'existence abstraite et la ressemblance avec celui que nous nous représentons : il y a là une seconde induction qui se greffe sur la première ; et si les logiciens ne les remarquent pas d'ordinaire, c'est à cause de la rapidité, disons mieux, de l'instantanéité de telles généralisations.

Les principes les plus féconds en mathématiques, ce sont les définitions, qui expriment des intuitions *a priori* ; mais, dans ces intuitions, qui sont aussi des « constructions »[1], il y a toujours, comme dans les autres principes, à savoir les axiomes et les postulats, quelque chose d'empirique ; et il le faut bien, puisque l'induction a une part dans la genèse des idées mathématiques[2] ; l'image d'un triangle, obtenue par l'acte de faire accomplir un mouvement par un point dans un espace idéal, n'est pas quelque chose de moins empirique que la sensation qui nous vient d'un soi-disant objet extérieur quelconque. C'est pourquoi l'étude des intuitions relatives aux figures, aussi bien d'ailleurs que l'étude des intuitions relatives aux nombres, lesquels tout d'abord doivent être rapportés à des objets nombrables concrets, est la transition naturelle entre l'étude des intuitions de phénomènes isolés et des choses, et l'étude

---

au moins à l'état implicite. Nous nous écartons ici notablement des opinions exprimées par M. Lachelier dans l'opuscule intitulé : *De Natura Syllogismi*, et par M. Boutroux, *loc. cit.*, et dans son livre intitulé : *De l'Idée de Loi naturelle*.

1-2. Toute propriété, « commune ou caractéristique », servant à définir un objet mathématique, exprime du construit. M. Goblot (*Essai sur la Classification des Sciences*) n'est pas de cet avis, que rien pourtant dans sa doctrine ne l'empêche d'admettre. Tout ce qu'il dit du rôle de l'induction dans les mathématiques est d'accord avec la doctrine ici soutenue, sauf les conclusions qui, chez lui, sont absolument dogmatiques.

des intuitions des principes au sens le plus ordinaire de ce mot : les définitions des figures et des nombres sont déjà des principes ; mais on voit aisément comment on pourrait appliquer aux idées algébriques et arithmétiques ce qui a été dit des idées géométriques prises pour exemples.

Que l'on considère, à présent, un principe quelconque. Ce qui fournit l'occasion de le penser, c'est, ou bien quelque fait individuel donné dans l'expérience, et qui, bien qu'obtenu déjà par une véritable généralisation, n'en est pas moins tenu pour individuel, ou bien quelque relation spéciale observée un nombre limité de fois entre des choses ou même des relations dont la notion implique déjà quelque généralisation. Dans les deux cas, le principe est obtenu, lui aussi, par le moyen d'une généralisation. — La première fois que fut conçu le principe suivant : « Si, aux deux extrémités d'une barre rigide, on applique deux forces égales et de sens contraire, la barre reste immobile »[1], la conception de la barre rigide fut le fait individuel qui suscita la pensée dudit principe, lequel fut d'abord inévitablement regardé comme une proposition ne concernant qu'une barre rigide, celle dont on avait la représentation individuelle ; il fut aussitôt, il est vrai, regardé comme un principe, c'est-à-dire comme une vérité générale, de même que la barre dont il y avait représentation était aussitôt regardée comme le type d'une infinité de barres analogues possibles. Pareillement, la première fois que fut conçu le principe d'inertie[2], il fut appliqué tout d'abord aux corps déterminés dont il y avait perception et souvenir à la fois ; pendant un instant au moins, ce qui doit être principe n'est que résumé d'expériences : un résumé est déjà une

---

[1-2]. Nous ne pouvons entrer ici dans les questions soulevées récemment par ceux qui voient dans des propositions de ce genre des vérités démontrables.

généralisation, mais un principe est un résumé d'un ordre tout spécial; le cas de tout principe est en effet celui de l'induction incomplète, pour parler le langage de logiciens, car il dépasse infiniment l'expérience.

Nous avons employé indifféremment les mots « induction » et « généralisation », bien qu'on n'ait pas coutume d'appeler induction toute généralisation; en somme, nous avons fait implicitement rentrer toute généralisation dans l'induction : c'est là un point sur lequel il peut être utile de fournir quelques explications avant de poursuivre. — D'abord, il n'est aucune idée générale qui ne soit une hypothèse, car pas plus que la loi de l'ébullition de l'eau à 100° en présence d'un gaz sous la pression de 756 millimètres, l'idée d'un genre « cheval » n'est justifiable par la seule expérience : induction et généralisation sont donc des hypothèses. — Ensuite, poser qu'un genre existe, c'est poser une loi de coexistence[1] entre divers caractères regardés comme constitutifs d'un être, et poser qu'il existe une multiplicité d'êtres réunissant chacun ces caractères : or, n'est-ce pas là faire une induction, c'est-à-dire encore une hypothèse? — Enfin, poser qu'une multiplicité de caractères, même une seule fois donnée, compose un phénomène un, ou que plusieurs phénomènes dont l'ensemble est une seule fois donné composent une seule et même chose, n'est-ce pas aussi faire une induction, une hypothèse, puisque c'est poser une loi qui peut être ainsi formulée : « Chaque fois que ce phénomène ou cette chose ayant été une seule fois et uniques en leur genre seront à nouveau pensés, ils le seront et le devront être comme étant un phénomène un, une chose une, un phénomène ou une chose tels que ce phénomène ou cette chose ont paru être quand ils ont été perçus, un phénomène ou une chose

---

1. V. Dict. encycl. des Sc. médic. Article : *Induction*, par M. Egger.

ne faisant qu'un avec celui ou celle qui ont été antérieurement perçus ? »

Mais si l'on peut dire sans réserve que toute intuition, soit empirique, soit *a priori* est accompagnée d'induction, il faut ajouter que toutes les inductions que renferment toutes les sciences cachent une déduction. — Considérons seulement cet exemple : « Les métaux connus sont bons conducteurs de la chaleur ; donc tous les métaux ont cette propriété ». Y a-t-il là une inférence immédiate de I à A (subalternation)? Si oui, la conclusion est illégitime, ce qui devient plus évident encore pour qui reconnaît qu'il n'y a d'inférences immédiates qu'en apparence. Comme l'a démontré M. Lachelier[1], passer de A à I constitue un syllogisme : « Tout homme est mortel ; or quelque homme est homme ; donc quelque homme est mortel ». Mais on ne saurait faire le syllogisme inverse. Si pourtant on veut justifier le passage de I à A, il faut bien démontrer A en partant de I ; mais qu'obtient-on alors ? Un syllogisme illégitime de la troisième figure : « Tels corps ont telle qualité ; or ces corps sont d'un certain genre ; donc tous les corps de ce genre ont cette qualité » ; on viole la règle : « Latius hunc quam præmissæ conclusio non vult ». Ce syllogisme a d'ailleurs en réalité quatre termes.

Si donc l'induction est légitime, ce ne peut être que grâce à quelque principe extra-logique, ou même à deux principes de cette sorte ; les voici : 1° « Il y a des genres dans la nature » ; 2° « Nos moyens d'observer et d'expérimenter nous permettent de constater exactement le détail des faits qui nous entourent ». De ces deux principes, dont le premier est d'allure métaphysique, et dont le second n'est qu'un acte de foi injustifiable et philosophi-

---

[1]. *De Natura Syllogismi*, pag. 34.

quement et scientifiquement, il suit, par voie déductive, que j'ai, s'ils sont vrais, le droit de regarder tous les phénomènes et toutes les choses que je puis observer comme des exemplaires de véritables genres. La forme réelle du raisonnement inductif serait donc celle-ci, selon nous : « Tout individuel rentre dans un genre ; or voici tel phénomène ou tel groupe individuel de phénomènes que je suis sûr d'avoir bien observé ; donc il existe un genre de tels phénomènes ou de telles choses ». Dire qu'en réalité tel genre existe, c'est dire, identiquement : je puis soutenir de toute une classe d'objets ce que je crois vrai d'un seul, car il n'est aucun objet individuel qui ne fasse partie d'une classe d'objets. Bref, en toute induction, la possibilité de conclure de I à A est déduite, et par syllogisme. — C'est aussi en vertu d'une déduction partant des deux intuitions ou principes signalés, que j'induis la vérité en soi de tel phénomène, de telle chose, de telle succession que je ne regarde point (ce cas se présente) comme s'étant répété ou devant se répéter ; car je considère tout au moins l'affirmation de la réalité de ce phénomène, de cette chose, de cette succession, comme pouvant se répéter à l'infini. D'autre part, je postule aussi, dans ces cas, que j'ai bien observé ce que j'ai observé.

Mais ce n'est pas tout : lorsque je pose un genre proprement dit et que j'affirme une multiplicité d'objets identiques à tel objet, ce que je fais est aussi contraire à la science et à l'expérience, donc aussi arbitraire, que de postuler la perfection de mes observations. — De plus en plus, en effet, la science s'attache à l'idée de continuité, et par conséquent abandonne l'idée de genres absolument séparés : même en mathématiques, les genres se confondent, car en géométrie, par exemple, on passe insensiblement d'une forme à une autre, à l'indéfini[1]. Il

---

1. Les travaux de Chasles ont fait, de cette méthode, la méthode géométrique par excellence.

n'est aucune science dont les limites soient tout à fait nettes, donc aucun objet de science qui ait un genre de compréhension bien défini. Enfin, quelle nécessité y a-t-il donc à ce que les mêmes genres subsistent? Existeraient-ils afin que la nature nous soit plus aisée à connaître? L'argument serait faible. L'histoire de la terre ne nous révèle-t-elle pas qu'il y a des espèces chimiques et des espèces vivantes dont il ne se forme plus de nouveaux exemplaires? Et d'ailleurs, est-il possible qu'il y ait deux êtres tout à fait identiques qui ne se confondent point, puisqu'en tous cas ils subissent chacun, dans leur milieu qui est différent, des influences différentes? Il semble que la notion même de réalité implique celle de distinction d'avec toute autre réalité, et que tout ce qui est doive être hétérogène avec le reste de ce qui est, puisque rien n'est sans s'opposer à ce qui n'est pas à lui? Peut-il y avoir, même, quoi que ce soit de fixe? Tout ce qui est, agit, et l'action le modifie ; tout ce qui est, subit quelque action extérieure, qui sans cesse le transforme.

« Mais, dira-t-on, le principe d'identité n'exige-t-il pas indirectement qu'il y ait de la répétition dans l'activité dont ce monde nous offre le spectacle ? Si rien ne ressemble à rien, si aucun effet n'est identique à un autre effet, aucun composé identique à un autre composé, le principe d'identité, essentiel à la pensée, est donc sans aucune application possible ? » — Il n'en est rien, car de A qui fut une fois, on pourra toujours dire qu'il fut une fois; sans aller si loin, à supposer que A ait tantôt B, tantôt C, tantôt D pour effet, le principe d'identité n'est pas nié par là même, car on peut dire qu'une même chose peut être à la fois cause de B, de C et de D. Le principe en question n'exige que ceci, à savoir que ce qui est soit ce qu'il est ; et cela aurait lieu alors même que rien ne se répéterait dans l'univers ; quant à l'identité générique de phénomènes, de séquences et de coexistences, à cette identité à travers la diversité des temps et des lieux qui est affirmée par qui admet le « principe des genres », elle est une hypothèse gratuite ; il y a là une affirmation aussi injustifiée que celle de l'excellence de nos procédés d'observation. On a détourné de son sens et vicié le principe d'identité, voilà tout. Et pourquoi l'a-t-on fait ? Uniquement parce que, s'il y a des genres, la théorie de la nature est plus facile à édifier. Il ne faut pas appeler « principes de la raison » de simples vœux de l'entendement, vœux faits d'orgueil et de paresse, au fond. Idées de phénomènes et idées de choses sont des idées de genres ; et l'idée d'un genre est l'idée d'un abstrait, d'un abstrait qui ne nous fait pas communier avec le réel, d'abord parce que l'abstrait est du construit et de l'artificiel, ensuite parce que l'abstrait efface les différences dont fourmille le réel jusqu'en ses derniers éléments, enfin parce que, plus la science avance, plus elle condamne l'idée de genres véritables. Les deux principes dont part la déduction que recouvre toute induction sont deux intuitions et en même temps deux inductions, les plus générales et les plus arbitraires qui puissent être faites. Ces inductions sont d'ailleurs tout à fait immédiates.

Il est intéressant de chercher la vérification [1] de ce qui précède dans l'examen d'une théorie célèbre, celle par laquelle M. Lachelier [2] fonde l'induction en ce qui concerne les lois de succession. Sans nul doute, d'ailleurs, il peut y avoir des esprits pour qui, en fait, l'induction se fonde comme il semble à M. Lachelier qu'elle se fonde en fait et en droit. L'induction, dit-il, suppose le principe de causalité,

---

1. Une démonstration dont les résultats sont aussi obtenus par le moyen d'une autre démonstration, a dans cette autre une réelle vérification.
2. *Du Fondement de l'induction.* (Paris, F. Alcan.)

car c'est seulement si A est le principe de B et l'est nécessairement, que l'on pourra soutenir que toujours B devra suivre A; mais l'induction suppose aussi le principe de finalité, car si A ne doit point se reproduire, B ne se produira pas de nouveau : la conservation du genre A est une fin de la nature ; il faut que A se reproduise, afin que le principe de causalité ait une application réelle ; il exige d'être complété par le principe de finalité.

Cette théorie, très spécieuse, ne nous paraît pas exacte. En premier lieu, la causalité n'est pas identique à la nécessité, car, si nous creusons l'idée de causalité, nous y trouverons celle d'activité, qui s'oppose à celle de passivité, et qui, comme telle, se confond avec l'idée de liberté ; or, qui dit : « liberté », dit : diversité possible dans l'activité. L'idée de causalité libre, issue de l'idée de volonté, fut tout d'abord, dans l'humanité, plutôt synonyme d'activité capricieuse : on imaginait des génies embusqués derrière les phénomènes et les ordonnant à leur guise ; ici, le sens commun à ses débuts et la véritable critique concordent. Le Fatum lui-même, qui semble la souveraine expression de la nécessité et la première forme de la croyance à la nécessité, n'est que l'idée d'une volonté inconditionnée, libre, en somme, de décréter ce qu'elle décrète ; l'idée de liberté est au fond de l'idée de nécessité ainsi entendue. La causalité ne peut donc être synonyme de nécessité, que si elle est complétée par l'idée de l'identité de causes apparaissant plusieurs fois dans la nature ; autrement dit, la causalité n'est synonyme de nécessité, n'est la causalité de M. Lachelier, que si par avance on joint, à cette idée, celle de la permanence des genres dans la nature. — D'autre part, la finalité, considérée dans ce que cette notion a d'essentiel, ne peut signifier ce que veut M. Lachelier ; à la finalité comme à la causalité, il a joint la notion de la nécessité, qui diffère de celle-là autant que de celle-ci, car l'idée de fin évoque, en réalité, l'idée d'un but voulu, et librement voulu. L'idée de liberté est donc au fond de l'idée de cause efficiente et de celle de cause finale. — D'ailleurs, la première de ces deux dernières n'est-elle point la seconde vidée de son contenu psychologique? D'après ce que nous disions plus haut de la forme première de l'idée de cause efficiente dans l'humanité, il est évident que cette idée n'est qu'une transformation de l'idée de cause finale ou plutôt un appauvrissement de l'idée de cause finale, identique à l'idée de volonté intelligente et libre, libre jusqu'au caprice.

Au reste, les deux principes dont il s'agit, et dont il est une forme et un emploi légitimes dont nous n'avons pas à parler pour l'instant, se supposent l'un l'autre et sont une application vicieuse du principe d'identité; ils résultent, sous la forme qu'on leur donne pour en faire les fondements assurés de nos inductions, de la fusion de ce principe avec les idées de cause et de fin, auxquelles ce principe attache l'idée de la nécessité, qui leur est étrangère. La croyance à la valeur absolue de l'induction résulte, finalement, de la fusion du principe d'identité avec les idées de cause, de fin, d'espace et de temps. En effet, pour que A soit toujours cause de B, il faut que la conservation, par A, des mêmes propriétés actives soit une fin de nature; et pour que le genre A puisse durer, il faut qu'il y ait toujours, dans un certain C, cause de A chaque fois que A se produit, la possibilité d'une activité efficace. On voit par là que causalité et finalité s'impliquent; mais on voit aussi qu'elles ne suffisent pas par elles-mêmes à légitimer la croyance à la valeur absolue de l'induction; pour cela, il faudrait pouvoir dire qu'en tout fait il y a une nécessité, s'il se reproduit, de se reproduire avec les mêmes propriétés actives, et que nécessairement tout fait qui s'est produit se reproduira.

L'induction suppose donc, en plus des idées de cause et de fin, l'idée de nécessité jointe à celles-ci, et le principe d'identité. Elle suppose qu'on est en droit d'affirmer l'existence de genres, c'est-à-dire de multiplicités de choses identiques, identiques non seulement dans les caractères qui constituent l'essence de ces choses considérées en elles-mêmes, mais encore dans leurs propriétés actives ; et c'est même en vertu de cette identité regardée comme essentielle, qu'on se croit obligé d'attribuer aux choses, en ce qui concerne leurs propriétés soit proprement constitutives, soit relatives à leur action au dehors, c'est en vertu, dirons-nous, du caractère jugé essentiel de cette identité, qu'il semble naturel de regarder comme nécessaire cette identité. Enfin, ce que l'on tient pour nécessaire, on le regarde comme devant se manifester universellement dans l'espace et dans le temps. — En définitive, c'est bien le principe d'identité, mais vicié et devenu ce que nous appelions le principe des genres, qui est le fondement de l'induction. Tout en critiquant la légitimité des fondements assignés par M. Lachelier à l'induction, nous avons réduit sa théorie à la nôtre, ou plutôt à celle que nous tenons pour la plus solide de celles qui paraissent pouvoir légitimer l'induction. Malheureusement, cette théorie non plus ne justifie pas l'induction.

On a voulu aussi fonder l'induction, et même la déduction, sur le principe de la conservation de l'énergie, duquel il semble suivre qu'un changement doit toujours entraîner un autre changement, et qu'un même changement doit toujours entraîner un même changement. — Admettons cette conséquence ; impliquerait-elle nécessairement que les apparences de ces changements, c'est-à-dire les phénomènes que nous pouvons observer, doivent être telles qu'elles nous permettent une connaissance symbolique des véritables événements qui ont lieu dans l'univers réel ? Dans une monde aussi compliqué que celui-ci, ces événements peuvent-ils se composer toujours de telle sorte que leur ordre vrai puisse être entrevu derrière les apparences qui en résultent, apparences dont peut-être le concours aboutit à des combinaisons propres à égarer le plus scrupuleux des observateurs ? — Mais le principe lui-même dont on part est contestable : rien ne prouve qu'en ce monde rien ne se crée et rien ne se perde ; la permanence d'une quantité identique d'énergie n'est qu'un vœu de l'entendement. Si l'expérience semble favorable à cette opinion, c'est peut-être parce que nous opérons sur des systèmes de forces très restreints et d'une durée relativement courte. Enfin, que seraient donc les causes secondes dans un système où tout changement devrait avoir pour cause un autre changement? La somme des changements possibles étant limitée, chacun d'eux exigerait, pour être possible, que tous ceux dont il dépend soient accomplis, mais ceux-ci dépendent évidemment de tous les autres, y compris celui qu'elles rendent possible. La causalité circulaire est postulée avec l'hypothèse dont il s'agit, mais cette causalité est contradictoire, d'autant plus qu'elle est intemporelle, donc inapplicable à la réalité phénoménale qui suppose le temps. Il serait par suite illusoire de fonder l'induction sur une hypothèse solidaire d'un tel concept.

Une induction accompagne toute intuition ; sous nos inductions, il y a une déduction issue de deux intuitions arbitraires dont une induction, de toutes la plus arbitraire, fait des principes que rien ne justifie. On peut aussi montrer que toute déduction, même si elle ne part pas de conclusions obtenues inductivement, suppose toujours l'induction ; cela est évident pour qui a remarqué le caractère inductif de tous les éléments *a priori* de la connaissance ; mais ce qu'il importe surtout de remarquer, c'est que partout, même en mathématiques, la déduction, comme l'induction, suppose admis le principe des genres, l'induction de toutes la plus téméraire. — Quand je dis : « Tout homme est mortel; or Socrate est homme ; donc Socrate est mortel », je pose que la Socratéité, qui exige l'humanité en Socrate, n'empêche pas l'humanité d'être jointe en lui à la mortalité; je pose qu'il y a vraiment un genre homme, une multiplicité d'êtres méritant ce nom, et que les individus composant ce genre sont eux-mêmes des composés de qualités liées (dont la mortalité est l'une) formant des touts nécessaires. Quand je dis : « La somme des angles formés autour d'un point d'un même côté d'une droite est égale à deux droits; or la somme des angles d'un triangle est égale à celle d'angles ainsi formés ; donc la somme des angles d'un triangle est égale à deux droits », je pose que le fait d'être somme des angles d'un triangle n'empêche point, au cas où on le réduit à cet autre fait, à savoir le fait d'être la somme des angles formés autour d'un point d'un même côté d'une droite, d'être équivalent à un troisième fait, à savoir celui de valoir deux droits ; je pose donc qu'il n'y a pas, en mathématiques, que des cas singuliers, mais qu'il y a, là aussi, des genres, des genres au sens ordinaire de ce mot. Et c'est parce qu'il y a, me semble-t-il, des genres en mathématiques comme ailleurs, que je me confie à la déduction, en mathématiques et ailleurs. — Il n'est pas nécessaire, nous l'avons reconnu, que l'on considère des rapports de contenant à contenu pour qu'il y ait raisonnement et syllogisme; il peut y avoir raisonnement et syllogisme, même si l'on oublie en fait les différences d'extension des termes, mais alors il faut au moins que les termes, tous en mathématiques, un sur trois au moins une fois partout ailleurs, soient pris dans toute leur généralité. On peut oublier, et en fait on oublie que « deux droits » a plus d'extension que « somme des angles formés autour d'un point d'un même côté d'une droite », et que « somme des angles formés etc.., » a plus d'extension que « somme des angles d'un triangle »; mais il est nécessaire que l'on entende parler de n'importe quel triangle, de la somme des angles formés autour d'un point quelconque de n'importe quel côté de n'importe quelle droite, et de la somme « deux droits » réalisée n'importe où et n'importe comment.

Bref, toute déduction, même la déduction mathématique, suppose la croyance à des essences capables de se réaliser un nombre infini de fois tout en restant identiques malgré cette multiplicité, identiques dans leur constitution, dans la liaison de qualités qui forme chacune d'elles : comme l'induction, toute déduction suppose le principe des genres. Mais l'existence des genres n'est nulle part assurée ; pas plus en mathématiques qu'ailleurs, il n'est certain que les propriétés ne se déforment pas réciproquement en se composant, qu'en se composant elles ne se modifient pas de telle sorte qu'il n'y ait rien absolument de semblable à rien. S'il est vrai que rien ne prouve qu'une chose quelconque, mathématique ou non, est bien une et permanente, n'est pas une simple idée générale dont la base est une multiplicité de perceptions sans unité véritable dans le temps ni dans l'espace, à plus forte raison est-on fondé à soutenir que les choses ne forment pas des genres : les genres supposent des objets singuliers identiques, et il se trouve que les objets singuliers sont déjà des genres à leur manière, des genres factices.

Ces considérations suffisent à établir l'impossibilité de fonder, où que ce soit, la déduction aussi bien que l'induction. D'ailleurs, y eût-il en mathématiques de véritables genres, la physique mathématique n'en serait pas pour cela plus sûre ; les genres physiques, en effet, sont le réel non seulement simplifié, mais encore appauvri ; et rien ne garantit jamais, dans les choses de cet ordre, que le caractère individuel d'une chose, ou que le caractère qu'on dit spécifique ne s'oppose pas à ce qu'on puisse parler du caractère dit spécifique ou du caractère dit générique à propos de cette chose comme on ferait de ces deux derniers caractères s'il s'agissait d'une autre chose. L'affirmation de la moindre identité, de l'existence de quelque genre que ce soit et même du genre le plus restreint, c'est-à-dire de l'être individuel de quoi que ce soit, est sans aucune garantie : la plus téméraire des inductions fonde toutes nos inductions et toutes nos déductions.

S'il y avait vraiment des genres, des empiristes comme Mill et Taine expliqueraient aisément la valeur de l'induction et de la déduction ; ils la fonderaient elle-même en droit, cette déduction qu'on regarde, dans leur école, comme un « prolongement de l'induction ». — En effet, suivant ces philosophes, le simple est en fait plus général que le composé, de sorte qu'il suffit d'analyser et d'abstraire pour trouver, sans faire aucune hypothèse, l'explication, la loi du composé : le simple, une fois dégagé, les présente de lui-même. — Mais ils ne voient pas quels postulats se cachent derrière une telle opinion. En premier lieu, ils affirment gratuitement que tout composé est formé d'éléments qui se retrouvent aussi, et identiques, dans d'autres composés ; en second lieu, ils affirment qu'il y a dans la nature comme une hiérarchie de propriétés qui sont de telle sorte que chacune d'elles doit se plier à la loi d'une ou de plusieurs autres : par exemple, les propriétés chimiques doivent respecter les propriétés physiques des corps auxquels elles appartiennent, celles-ci les propriétés mécaniques de ces corps, celles-ci les propriétés mathématiques. Ces philosophes affirment donc le principe des genres réels et distincts, et une certaine hiérarchie des genres ; bien qu'empiristes, ils fondent en métaphysiciens l'induction et la déduction.

Au reste, il est évident que c'est plutôt dans la métaphysique que l'on pourrait espérer trouver de quoi fonder la valeur absolue de ces opérations, si cette valeur n'était pas illusoire ; car la garantie de l'ordre des phénomènes ne peut être que dans ce qui leur sert de principe, dans l'être, qui semble avoir, pour une de ses fonctions, de les produire. Mais le malheur est qu'on n'a pas le droit de fonder métaphysiquement l'induction et la déduction : cette suprême déception est au bout de la critique que nous avons instituée. — Concédons un instant que les concepts de cause et de fin soient, parmi les concepts métaphysiques, ceux que requiert la démonstration de la valeur de l'induction et de la déduction ; ne sont-ils pas déformés par l'emploi scientifique qu'on en veut faire ? La cause, dans la science, ce n'est que l'ensemble des conditions nécessaires et suffisantes pour qu'un phénomène se produise ; or la cause métaphysique, la cause dans son sens plein et originaire est liberté ; et de plus, où trouver la moindre trace de l'idée de cause véritable dans l'idée de condition, d'où est bannie toute idée d'efficience ? Enfin, où serait donc la cause, peut-on demander à celui qui voudrait à toute force parler de cause phénoménale, où serait-elle parmi les conditions de l'ébullition par exemple, qui sont toutes également requises pour que l'ébullition ait lieu ? Sera-ce la présence de l'eau, la température de 100°, la présence d'un gaz, la pression de 756 millimètres ? Pour l'idée de fin, on sait à quoi Claude Bernard, tant invoqué par les finalistes, réduisait son rôle scientifique ; il entendait, par la « fin », « une idée directrice » dénuée de tout pouvoir réel, douée d'un pouvoir simplement « métaphysique » ; par ce pouvoir « métaphysique », il entendait un pouvoir nul en fait ; et chez lui, l'idée de fin apparaît plutôt comme devant être une idée directrice de l'esprit du savant, qu'un principe actif dans la nature elle-même. Enfin, l'idée d'identité appliquée au temporel, au spatial, au multiple qualitatif, c'est l'idée d'une propriété essentielle de l'être, appliquée à quelque chose qui est la négation même, ainsi que nous l'avons montré, de toute possibilité d'existence réelle.

On peut mettre qui que ce soit au défi de donner un sens à ces concepts d'identité, de causalité et de finalité, si l'on fait tout à fait abstraction de leur sens métaphysique ; et cette abstraction, la science tente pourtant de la faire ; elle le doit, si elle veut ne pas se confondre avec la métaphysique ; elle le doit, et néanmoins il lui faut se servir de ces concepts auxquels on ne peut enlever complètement leur sens métaphysique. Les deux derniers semblent, à beaucoup, indispensables pour parler des phénomènes et édifier la théorie du fondement de l'induction et de la déduction ; le premier est indispensable pour édifier cette théorie ; mais tous les trois sont, dans ce rôle, des concepts tronqués ; en les utilisant, la science emploie des idées qui ne sont point siennes, qui sont extra-scientifiques par où elles sont intelligibles. Qu'est-ce donc une fois encore qu'une causalité et une identité n'appartenant point à une réalité en soi, qu'est-ce qu'une finalité qui n'est point la forme de l'activité réelle d'un être en soi?

Est-ce à dire pour cela que l'on ne pourrait pas même fonder métaphysiquement la probabilité de nos inductions et de nos déductions? On le pourrait en admettant qu'on ait le droit d'affirmer les deux points suivants : 1° Toute réalité est au fond liberté ; 2° Le phénomène est une réalité qui procède de la réalité en soi. Dans ces conditions, l'induction et la déduction auraient *a priori* une très grande probabilité. — En effet, si nous considérons les représentants les plus élevés de l'humanité, les savants, les artistes et les héros de toute sorte, nous sommes frappés de la prodigieuse diversité de leurs intelligences, de leurs caractères, de leurs aptitudes à l'action. Plus un être est intelligent et libre (ces deux choses vont de pair), plus il est original. A mesure que nous descendons, vers l'homme moyen d'abord, puis vers le paysan, le sauvage, l'animal domestique, l'animal sauvage, la plante et enfin ce qu'on nomme la matière brute, qui, dans la présente hypothèse, est un agrégat de monades où la pensée et la liberté sont presque nulles, à mesure nous sommes davantage frappés par l'uniformité des êtres que nous contemplons. C'est la très grande uniformité de l'activité des êtres les plus inférieurs, c'est la possibilité d'énoncer à leur sujet des propositions générales, qui suscite en nous la croyance à la nécessité; mais, on le voit, l'hypothèse de l'universelle liberté explique, aussi bien que fait l'hypothèse de l'universelle nécessité, l'uniformité que présente, et cela à un si haut degré, l'activité de la matière; bien que l'uniformité absolue des rapports des phénomènes matériels ne soit point un fait d'expérience, cette uniformité est si grande qu'elle nous incline à penser qu'elle s'étend à tous les êtres. Où la liberté est faible, faible parce que l'intelligence l'est, règnent l'habitude, la routine, l'éternel recommencement[1]. Mais l'hypothèse de l'universelle liberté a sur l'autre l'avantage d'expliquer aussi comment l'évolution, qui est en définitive comme une marche vers le mieux, est possible. L'imperfection de la pensée explique la lenteur de la marche en avant, les retours en arrière ; les efforts heureux de la pensée expliquent et les vrais progrès, et ces régressions qui consistent, par exemple, pour une espèce, à perdre, pour pouvoir vivre dans telles circonstances défavorables où il lui arrive d'être placée, des avantages acquis mais devenus gênants. — « Mais l'habitude et la routine, dira-t-on, ne sont-ce pas encore des traces de nécessité ? » —

---

1. L'assimilation des lois à des habitudes des choses a été faite par M. Boutroux.

S'il y a là de la nécessité, cette nécessité n'est, pour l'être qui la subit, que celle d'être ce qu'il est, et par suite d'agir conformément à ce qu'il est, tant qu'il n'a pas trouvé un mode d'action qu'il préfère ; ce n'est pas la nécessité des déterministes.

On pourrait donc, sans admettre la nécessité, fonder, métaphysiquement tout au moins, la très haute probabilité de l'induction et de la déduction dans les sciences de la matière inorganique, et leur probabilité décroissante dans les sciences qui vont de celles-ci à la sociologie. Le sens commun, d'ailleurs, et les savants eux-mêmes, croient-ils si fermement à la nécessité que les logiciens ont imaginée, et qu'affirment ceux-ci afin, disent-ils, de rendre la science possible ? — Hâtons-nous d'ajouter que nous ne faisons aucun cas nous-mêmes de cette manière de fonder l'induction et la déduction, car, n'admettant point la réalité du monde phénoménal, nous n'admettons point, à plus forte raison, que ce monde ait son principe dans un monde nouménal ; celui-ci, dont nous traiterons ultérieurement, n'a rien de commun avec le monde de l'illusion.

Jusqu'à présent, nous avons critiqué l'induction et la déduction en donnant pour fin à la science la connaissance du général, selon la formule en cours depuis Aristote ; nous avons montré combien l'idée de genre était factice, arbitraire, et réduit l'idée même de phénomène et de chose individuels à un mode de l'idée de genre, assimilant ainsi le singulier au général comme le font les logiciens. Nous avons donc fait de la science une double critique, montré les défauts des opérations par lesquelles elle construit la théorie des phénomènes et pose tout d'abord des phénomènes et des groupes de phénomènes individuels. S'il est vrai que la croyance à la possibilité d'une science des phénomènes est une des principales raisons qu'a l'homme de croire à leur réalité, nous avons démontré leur irréalité tout aussi bien par notre argumentation contre les généralisations et les déductions scientifiques, que par notre argumentation directe contre la réalité des phénomènes. — Mais, afin d'éviter le reproche d'avoir négligé quelque moyen de défense susceptible d'être invoqué par la science, cherchons maintenant ce qu'il adviendrait de l'induction et de la déduction, et de l'existence même du phénomène, si l'on adhérait à un point de vue assez nouveau, diamétralement opposé à celui d'Aristote.

Frappés de l'impossibilité d'établir des barrières infranchissables entre les genres, certains historiens [1], auxquels nombre de naturalistes pourraient se joindre, ont proclamé qu'il n'y avait que des individualités hétérogènes entre elles. La science ainsi conçue n'est plus que description et histoire, mais non une description et une histoire que l'on puisse déduire en suivant l'ordre observé par Comte dans sa classification des sciences, et cela de façon à obtenir, *a priori*, comme Renan le croyait possible [2], la connaissance de toutes les phases successives de l'évolution cosmique. — Le point de vue nouveau qu'on a tenté de substituer à celui d'Aristote est séduisant au premier abord, car n'est-il pas vrai que seul l'individuel peut être réel ; que l'existence numériquement distincte doit l'être qualitativement ; qu'existence étant synonyme de changement, le système des choses doit présenter une hétérogénéité croissante ainsi que l'a montré Spencer ? La métaphysique elle-même paraît ici conseiller d'abandonner la doctrine d'Aristote. Supposons donc que l'individuel phénoménal existe et qu'il soit donné : la science, en l'étudiant par le détail, sera la science du réel. Elle ne

---

[1]. M. Seignobos représente cette tendance à la Sorbonne.
[2]. *Certitudes, Probabilités et Rêves.*

s'étendra pas à l'avenir, mais elle sera tout au moins, dit-on, science parfaite du passé et du présent ; elle sera diminuée, mais elle sera encore, elle sera grâce à cette diminution même.

A ces nouveaux empiristes, on peut faire un premier reproche qui a son importance : ils oublient que, si le détail seul est l'objet d'une connaissance vraiment scientifique, la science est un labeur devant lequel il serait sage de reculer, le nombre des êtres et des événements, ainsi que le nombre des particularités qu'ils présentent ou ont présentées, étant en quelque sorte infini. Mais la science qu'ils rêvent et qu'ils tentent, se passe-t-elle de généralisations ? Non, cela n'est pas possible : on ne définit jamais le singulier, comme d'ailleurs le particulier, qu'au moyen de notions générales qu'on limite en quelque sorte les unes par les autres ; il n'y a de différences qu'entre des choses qui se ressemblent par quelque côté ; de même qu'il n'y a point de science qui ne se présente comme explicative, et à cause de cela même, il n'y a point de science susceptible d'être regardée comme une science si elle n'applique des principes généraux et n'établit des analogies entre des êtres ou des cas différents, des différences entre des êtres ou des cas analogues. S'agit-il simplement d'établir la vérité d'un fait individuel, on se sert encore de tels principes. Enfin, entre les choses les plus différentes, il y aurait toujours au moins ceci de commun, qu'elles seraient. — Nous-mêmes, il est vrai, nous avons proclamé dans cet ouvrage que l'être doit présenter une hétérogénéité absolue ; mais, par cette expression, nous n'entendions pas, comme le font plusieurs, qu'il n'y aurait rien d'analogue à rien ; nous soutenions seulement que rien n'est identique à rien, et de là nous avons conclu que l'induction et la déduction étaient décevantes où qu'on les emploie. Mais les empiristes dont il est question ici vont souvent plus loin que nous dans l'affirmation de l'universelle hétérogénéité ; ils voudraient, en somme, conserver à une science qui se construirait sans induction ni déduction véritables, le nom de science. Cette prétention est étrange. Diront-ils que le réel, c'est l'individuel, et que ceux qui cherchent à atteindre le premier en s'élevant de l'individuel au général se trompent de voie? Encore faudrait-il qu'ils prouvassent et que l'individuel qu'ils croient saisir n'est pas du général déjà, et que le savant peut ne point tendre à généraliser toujours davantage, qu'il peut aller de l'avant sans appliquer des vérités générales. Il vaudrait mieux avouer que l'on ne peut arriver au vrai, parce que forcément on n'atteint que le général. On ne manie que des généralités, on ne fait qu'appliquer des principes relatifs à des genres, c'est-à-dire relatifs à quelque chose de factice et d'arbitraire.

Mais imaginons un monde où, par impossible, il n'y aurait rien d'analogue à rien : l'effort scientifique, sinon la science, pourrait encore se produire dans un tel monde, car notre imagination est si féconde que, dussions-nous chercher, pour expliquer les différences des choses, autant de lois qu'il se présenterait de choses à notre observation, nous trouverions encore un moyen de formuler des lois générales, sauf à dire leur application modifiée par des lois moins générales, et même par des lois tout à fait individuelles que nous saurions inventer : générales encore seraient ces lois individuelles jusque dans les termes de leur énoncé ; arbitraire au plus haut chef serait cette science. Et ce tableau n'est point chargé ; ainsi durent faire les premiers penseurs, aux temps où l'on ne voyait guère que des différences entre les phénomènes ; ainsi faisons-nous encore, créant hypothèses sur hypothèses, pour mettre de plus en plus nos idées d'accord entre elles et avec les phénomènes. — Aristote a donc bien défini la science, mais la vérité qu'il proclame est fatale à la science : ce qu'il faut en fait qu'elle soit, c'est ce qu'il ne faudrait pas qu'elle fût pour être connaissance du réel ; c'est parce que l'individu est déjà un genre, et qu'à tout point de vue une théorie quelconque exige le concours d'idées générales, qu'il n'y a pas de science de l'individuel[1].

B. — La question de l'induction et de la déduction étant traitée, celle de l'intuition *a priori* et celle de l'intuition empirique, dont nous allons parler expressément, le sont en partie, étant donnés les rapports étroits des deux dernières avec les deux premières. Les principes dont on va traiter tout d'abord commandent les déductions directement, et indirectement toutes les inductions, car non seulement le principe des genres est l'un des deux que supposent nos inductions, mais les autres principes sont toujours plus ou moins utilisés par l'esprit pour l'interprétation des faits dont il part pour induire.

Il y a deux façons de classer les intuitions *a priori* : premièrement, en jugements-principes et idées premières ; secondement, en éléments proprement métaphysiques (ex. : l'idée de cause) et éléments se rapportant à l'expérience sans qu'on puisse leur donner un sens métaphysique (ex. : les idées d'espace, de temps et de nombre).

En ce qui concerne la première classification, il faut remarquer tout d'abord combien elle est artificielle. En effet, une idée a une définition ; penser celle-là, c'est plus ou moins penser celle-ci, ou ce n'est pas du tout penser ;

---

[1]. Nous n'avons pas considéré le cas où l'on semble aller déductivement d'une proposition générale à une autre plus générale ; dans ces cas, il y a une véritable induction suivie d'une déduction, comme dans le cas de la soi-disant induction du particulier au particulier.

or, une définition est un jugement. De plus, une idée s'applique toujours à quelque réalité dans la pensée ; elle est toujours pensée par rapport à quelque réalité ; le premier rôle que joue une idée parmi les autres est celui d'un attribut, lequel suppose un sujet que l'intelligence ou l'expérience sont toujours prêtes à fournir. Au reste, penser c'est agir ; le jugement est l'acte de la pensée : donc, non seulement toute idée tenue pour vraie l'est au moyen d'un jugement, mais encore toute idée nouvelle qui apparaît dans l'esprit apparaît dans un jugement. Les idées de l'être et de l'existence ne sont-elles pas posées, en réalité, par le principe : « L'être existe » ? Ce jugement étant désarticulé, ni le sujet ni l'attribut ne s'entendent plus. De même, le principe d'identité, qui se peut formuler ainsi : « L'être est identité avec soi-même », pose l'identité comme un attribut essentiel de l'être affirmé réel, attribut inventé par l'esprit émettant le principe dit d'identité. Le principe de causalité pose, c'est là sa vraie formule, que « l'être », posé par un autre principe, est « cause » : causalité et activité ne sont qu'une même idée, comme activité et réalité. Quant à l'idée de l'absolu, aucun jugement spécial ne semble nécessaire pour la poser, car elle ne fait qu'un avec l'idée de l'être, puisque toutes deux signifient, la première plus explicitement, la seconde moins explicitement, le fait qu'une existence suffit, dans une certaine mesure tout au moins et à un certain point de vue, à se poser elle-même. Enfin l'espace, le temps et le nombre ne signifient rien que rapportés à quelque réalité par eux contenue, spécialement à quelque réalité phénoménale, sauf à apparaître, lorsqu'on critique ces notions, comme ne pouvant être attribués à rien : mais alors, nous l'avons vu, on constate que ces notions ne sauraient même être pensées.

Quelle est donc la nature des principes ? Ce sont tous des

jugements synthétiques ; ils le sont plus ou moins, mais ils le sont tous, jusqu'au principe d'identité. Une telle opinion peut d'abord étonner ; et pourtant, que signifie ce principe, sinon ceci : « L'identité appartient à l'être » ? Quand je dis que le tout est la somme des parties, il me faut, ainsi que Kant le remarqua de la proposition : « 2 + 2 = 4 », avoir deux intuitions hétérogènes entre elles, et l'intuition, aussi, de la liaison des deux premières : 2 ajouté à 2 n'est pas 4 ; la somme des parties n'est que la représentation, ou si l'on veut la pensée confuse d'une multitude ; lorsque je pense 4, lorsque je pense le tout, quelque chose s'ajoute à la pensée que j'avais d'abord, et ce qui s'ajoute est double ; c'est, dans le premier cas, l'idée de 4 et l'idée de l'équivalence de 2 plus 2 et de 4 ; c'est, dans le second cas, l'idée du tout et l'idée de l'équivalence de la somme des parties et du tout. Dans les deux cas, une certaine expérience, intérieure il est vrai, mais peu importe, joue un rôle indispensable. L'hétérogénéité des idées d'être et d'existence, d'être et d'identité, d'être et de cause est évidente aussi, et nous expérimentons comme une sorte de contrainte intérieure quand nous affirmons, malgré une telle hétérogénéité, l'existence nécessaire de rapports entre ces idées.

D'ailleurs, l'étude de la nature de la copule, considérée en quelque jugement que ce soit, confirme ce qui vient d'être établi. Soit un jugement quelconque, choisi en dehors des mathématiques ; il exprime une identité qui peut être plus ou moins complète, dit-on. Mais n'est-il pas plus exact de dire qu'il indique la possibilité de substituer le second terme au premier ou encore, ce qui au fond revient au même, la possibilité de rattacher un caractère à un ou plusieurs autres dont il devient comme le signe. On ne voit pas qu'il soit, simplement, le premier terme analysé ; quand je dis que tous les hommes sont mortels, je veux dire que, si cela m'est utile, je puis dire : « certains mortels » au lieu de dire : « les hommes » ; j'entends aussi que des êtres, ayant déjà tels et tels caractères, ont aussi celui de la mortalité. De même, quand je dis que les angles complémentaires de deux angles égaux sont égaux, je veux dire que, si cela m'est utile, je puis remplacer la considération d'un de ces angles complémentaires par la considération de l'autre, ou encore qu'à la qualité d'être angles complémentaires de deux angles égaux, est jointe une autre qualité, celle de l'égalité. Tous les jugements, donc aussi tous les principes consistent donc en deux idées dont l'une force l'esprit à lui en accoupler une autre : tous, même en dehors des mathématiques, sont formés synthétiquement et renferment une hétérogénéité.

De là nous pourrons tirer trois conclusions : 1° Ni l'analyse d'un terme n'en donne un autre comme enfermé dans le premier, ni les deux termes d'un jugement ne peuvent être contenus, unis et comme unifiés dans un troisième terme ; ni les principes premiers, ni aucun autre jugement pris pour principe ne peuvent donc rendre intelligible ce qu'ils passent pour rendre tel. 2° Lorsque notre esprit agit, il subit en quelque sorte les nécessités mentales auxquelles il se plie en raisonnant et en jugeant comme il fait ; il subit les principes, car il y croit sans voir, à vrai dire, pourquoi il doit y croire ; 3° S'il y a des phénomènes et des choses, ils ne peuvent être connus pour cette raison encore qu'ils ne sont pas, en réalité, des substituts les uns des autres ; cela n'aurait aucun sens. Il le faudrait pourtant, d'un autre côté, puisque les principes, tous synthétiques, ne font qu'indiquer des substitutions possibles d'idées, et qu'il en est de même de tous les autres jugements qui composent la spéculation scientifique ; l'exemple : « Tous les hommes sont mor-

tels », donné plus haut, suffit à établir ce dernier point.
— On a insisté assez, précédemment, sur l'hétérogénéité du phénoménal et des attributs qu'on lui donne en le faisant spatial, temporel, mathématique.

Mais l'hétérogénéité interne des principes n'est rien en comparaison de l'hétérogénéité des principes entre eux. Pour le prouver sans anticiper sur ce qui va suivre, présentons seulement ces deux exemples : l'identité et la causalité, qui entrent dans les deux principes auxquels ils donnent leur nom, sont à tel point hétérogènes qu'au premier abord, tout au moins, on est tenté d'y voir des notions qui s'excluent. Être cause, en effet, c'est être actif, c'est changer, par conséquent, tandis que l'identité parfaite serait la parfaite immobilité ; l'espace et le temps, d'autre part, qui en un sens s'appellent, se repoussent aussi comme nous l'avons démontré. — Ajoutons que, rien ne prouvant que la liste des principes soit complètement connue, il est permis de supposer l'existence de principes aussi hétérogènes avec ceux qui sont formulés que ceux-ci le sont entre eux.

Si nous abordons la seconde des classifications que nous avons distinguées, l'hétérogénéité des principes nous apparaîtra sous une autre face encore. Que peut-il y avoir de commun entre des principes comme ceux-ci : « L'être existe » ou « L'être est identique à lui-même » ou : « L'être est cause », et des principes comme celui d'inertie, comme celui de la conservation de la force, comme le postulat de la ligne droite ? Les premiers conviennent en réalité à l'étude de l'être seulement, les seconds supposent l'espace, le temps, le nombre et se rapportent seulement au phénomène, à « l'être qui n'est point. » Les premiers constituent l'essence même de toute pensée possible ; les seconds, constitutifs de la science du non-être, qu'ils rendent possible, ne se recommandent que par les facilités qu'ils donnent au savant pour spéculer. A ces principes, on peut encore joindre celui qui est au fond de toute perception et qui se formule ainsi : « L'intensité d'une représentation, d'une idée quelconque, intensité qui est la mesure de sa nécessité psychologique, est le signe de la réalité de l'objet pensé ». Ce principe, qui n'est autre chose que cette forme d'extériorité dont nous parlions, l'esprit l'applique, sans doute, à l'édification du véritable savoir, mais en tant qu'il est appliqué aussi à l'édification du savoir dont l'objet est l'Irréel, ce principe est sans valeur. — Ajoutons que le principe d'inertie, lequel pose la nécessité de la continuation d'un mouvement ou d'un repos non troublés, et que le principe de la conservation de la force, pour ne citer que deux principes de cette sorte, douent le phénomène, c'est-à-dire l'irréel, de l'activité qui ne saurait résider qu'en ce qui est, puisque être, c'est agir et qu'agir, c'est être.

Nous devons donc dire que les principes métaphysiques, dont bon gré mal gré le savant se sert, ne conviennent pas à la science, proclamer que l'usage naturel et indiqué des « catégories de l'entendement » est l'édification, non de la science, mais de la métaphysique, et que les principes plutôt propres aux sciences sont tellement hétérogènes, dans leur sens scientifique, avec les premiers, qu'on n'a pas le droit, absolument parlant, de les composer avec eux pour édifier la science.

Il faut cependant l'avouer : par un côté, les principes métaphysiques ressemblent aux autres. Ils se présentent comme des phénomènes mentaux, ce qui suffit pour qu'on les doive déclarer, en tant que tels, non susceptibles d'être regardés comme des principes, et même pour les déclarer irréels. L'esprit doit donc nier la métaphysique qu'il fait en tant qu'il l'a faite, comme il doit déprécier la science positive, dont les principes spéciaux ne sont que des faits mentaux parmi d'autres. Cependant, le métaphysicien s'appuie, d'ordinaire, pour s'élever jusqu'à l'être, sur la science des phénomènes ; il le conçoit en raffinant et subtilisant des concepts qui lui ont servi tout d'abord à édifier la science. En ce faisant, il ajoute à la science un chapitre étrange, que méprisent d'ordinaire les vrais savants ; il ajoute, à la science proprement dite, de la science qui n'est plus de la science ; il ajoute, à la conception de l'ensemble des phénomènes, la conception d'un autre ensemble de phénomènes ayant, entre autres défauts, celui de ne pouvoir donner l'illusion d'être des perceptions, et voilà tout. Il y a de la science dans la métaphysique comme il y a de la métaphysique dans la science, mais ce qui sert à l'une avec quelque ombre de légitimité vicie évidemment l'autre. Veut-on les maintenir toutes les deux, il faut donc les déclarer tout à fait hétérogènes l'une avec l'autre. Mais alors, est-on encore en possession des moyens nécessaires en fait pour les construire ? Que devient, pour la pensée, l'être dont on voudrait soutenir, par exemple, qu'il n'est ni spatial ni temporel ? Que devient, pour la pensée, le phénomène dont on voudrait soutenir qu'il n'est ni cause ni effet, ni même identique à lui-même ? — Bref, pour construire science ou métaphysique, il faut allier et féconder, les uns par les autres, deux ordres de principes pourtant hétérogènes. La plus grande des illusions, par conséquent, est de partir de la métaphysique pour aller par déduction à la science que celle-ci suppose ; car, à part le cercle vicieux que l'on commet forcément, et l'absurdité qu'il y a à déduire le non-être de l'être, on se trouve obligé de chercher à tirer les principes de l'expérience de principes qui n'ont avec eux rien de commun. — Ne pas dire qu'une certitude égale est attachée aux deux sortes de principes : c'est une certitude instable que celle que la critique révèle comme l'accompagnement de faux principes qui paraissent être plutôt de simples vœux de l'entendement ; c'est une certitude instable aussi que celle de vrais principes dont on s'aperçoit qu'en les pensant, on les déprécie déjà par là même.

Il n'est pas inutile, peut-être, de rappeler que, si nous avons invoqué, au début de ce livre, le témoignage de la conscience empirique, c'était seulement pour nous placer d'abord sur un terrain où l'entente fût possible avec les philosophes dont nous critiquons les doctrines. Toute certitude relative à quoi que ce soit d'*a priori* est un fait, et tout fait est connu empiriquement ; mais il n'est point de fait qui ne soit justiciable de la critique, de la logique. Tout ce qui est empirique est en un sens *a priori* puisqu'il est ce qu'il est parce que l'esprit est constitué comme il est constitué ; mais la critique et la logique sont aussi les juges de l'*a priori*, qui peut être illusoire. C'est à qui aborde la philosophie, qu'il faut dire : « Sois ce que tu es en tant qu'intelligence, vois ce que tu penses, et ce sera la vérité ». A qui est plus avancé, on doit dire : « Il n'y a de vrai que ce qu'affirme la pensée en soi ».

C. — Enfin, dans la mesure où il est possible de disjoindre, de tous les éléments *a priori* qui s'y mêlent, des données immédiates du sens dit externe et du sens dit intime, on aperçoit, entre tous les éléments que l'esprit met en œuvre, une hétérogénéité pareille à celle que présentent les intuitions *a priori*. Il nous suffira, pour le démontrer, de considérer quelques-unes de nos intuitions empiriques et de les comparer entre elles.

Et d'abord, la thèse de l'hétérogénéité des éléments empiriques de la connaissance n'implique pas la négation de certaines ressemblances entre tels et tels de ces éléments : pour qu'il y ait hétérogénéité, et même, en un sens, hétérogénéité absolue, il faut et il suffit que ce dont il s'agit ne présente jamais de complètes identités. Or, s'il est certain, par exemple, que les sons qui se distinguent par l'intensité, la hauteur et le timbre, et les couleurs qui se distinguent par l'intensité, la tonalité et la saturation se ressemblent plus que les sons et les températures, il ne l'est pas moins que les sons et les couleurs sont irréductibles les uns aux autres. Allons plus loin : deux teintes très voisines d'une même couleur ont chacune quelque chose d'irréductible à ce qui constitue l'originalité de l'autre et à ce qui constitue la couleur accessoire dont elle évoque l'idée : un vert bleu est, en un sens, tout à fait différent d'un vert jaune, du bleu et du vert qu'il rappelle ; le vert bleu est plus près du bleu, du vert pur, s'il en est un, de tous les verts possibles, et du vert jaune en particulier, qu'il n'est près du jaune ; mais il ne leur est pas plus réductible qu'il ne l'est au jaune ou au rouge. Supposons toute la nature bleue ; on serait évidemment arrivé à distinguer une gamme de bleus dont les teintes apparaîtraient comme extrêmement différentes. En un sens, l'hétérogénéité des diverses sensations est peut-être un peu moindre que certains ne le supposent ; car si l'on fait abstraction de toutes les sensations et de toutes les idées associées à chacune de nos sensations, de ces idées en particulier qui ont trait aux diverses classes de renseignements que nous fournissent nos sens et aux diverses parties de notre organisme, les différences les plus considérables de nos sensations s'effacent en partie ; mais chacune, néanmoins, reste en elle-même différente qualitativement de toute autre, cette autre fût-elle donnée par le même sens. La différence qui existe entre nos sensations s'accuse dans l'effort même que nous faisons pour les comparer : on dira, par exemple, qu'une couleur est plus fraîche qu'une autre ; on parlera de la couleur d'une harmonie, on qualifiera de terne une mélodie, etc. ; les sensations dites d'un même genre sont donc bien hétérogènes, puisque, pour les définir, on les compare à des sensations de genres si différents. — Et comment introduit-on quelque homogénéité dans tout ce divers pour en édifier une connaissance scientifique? Conçoit-on les diverses sensations comme des mélanges, ou même comme des combinaisons d'un très petit nombre de sensations très différentes, ou encore comme des sommes inégales d'une sensation unique ajoutée à elle-même? De telles conceptions ne sont ni nécessaires, ni intelligibles ; on rapporte plutôt toutes les sensations à des mouvements dont on veut oublier qu'ils sont encore des événements du genre sensation : la science devient possible grâce à ce subterfuge. Mais ces mouvements, même conçus de la sorte, n'ont rien de commun avec les sensations dont ils sont la cause et qu'elles traduisent en événements psychologiques. Sont-ils mêmes choses homogènes? Non certes, car il y a hétérogénéité entre un mouvement de translation ou tels mouvements moléculaires auxquels correspond une sensation déterminée et les mouvements moléculaires auxquels correspond une autre sensation. Sans doute, ces mouvements sont encore, jusque dans les nerfs et le cerveau, de petits mouvements de translation ; mais, en toute transformation, il y a de l'inexplicable, et c'est justement ce qui est nouveau, qu'il faudrait expliquer. En somme, il faut toujours en revenir à cette triste constatation : la science voudrait être explicative, mais elle ne fait que l'histoire des événements qu'elle veut expliquer ; leur qualité est diverse infiniment.

Ces considérations sommaires sur les intuitions empiriques font voir à nouveau combien illusoire est la classification par genres des éléments qui sont la matière de la science : le donné est aussi hétérogène que le sont les éléments au moyen desquels on spécule sur le donné ; que l'on étudie l'induction et la déduction en elles-mêmes, ou les inductions qui accompagnent toutes les intuitions, ou les intuitions elles-mêmes soit empiriques, soit *a priori*, on aboutit au même résultat : principes et éléments, principes, éléments sont hétérogènes entre eux. L'activité de l'esprit qui les organise est donc essentiellement discontinue, et par suite, au fond, comme arbitraire. L'esprit qui spécule n'est pas comparable à un animal qui marcherait, mais plutôt à un animal qui procéderait par sauts. Il va nécessairement comme il va, mais son mouvement semble comme un caprice de sa nature, caprice durable, cohérent dans son incohérence, et d'effets heureux ; mais qu'importe ? Logiquement, il y a, au fond de tout savoir, un leurre irrémédiable : la conscience, en s'étudiant comme instrument de science, s'aperçoit elle-même qu'elle n'entend pas ce par quoi il lui semblait qu'elle rendait tout intelligible. Alors, son activité lui apparaît comme inutile, comme absurde ; la critique qu'elle institue lui découvre son inanité, ébranle sa confiance dans les faits eux-mêmes ; la pensée en soi lui fait une obligation de se nier elle-même avec tout ce qu'elle opère et ce qu'elle se donne ; elle lui crie de ne point affirmer ce dont elle ne peut rien affirmer sans affirmer arbitrairement et contradictoirement. Ainsi que nous le disions, la meilleure preuve en faveur de l'existence des phénomènes serait d'en pouvoir construire une science méritant ce nom ; mais cette science est illusoire, l'activité qui la crée est illogique, impossible à justifier : nions donc sans hésiter ce dont nous ne pouvons rien dire sans devenir des sophistes à nos propres yeux ; nions ce monde qui n'est rien puisque celui qui veut rester fidèle à la logique n'en peut rien dire, et que ce qui n'est rien n'est pas. L'indéterminé ne saurait être, comme Aristote déjà le proclamait.

III. — LA SCIENCE ET LES SCIENCES

Il reste, pour achever la critique de la science, à la prendre dans son ensemble pour comparer ce qu'elle est avec ce qu'elle devrait être mais n'est pas, et à comparer, avec ce qu'elle devrait être, les différents savoirs qui se sont constitués. Ni l'une quelconque de ces deux comparaisons ne fera double emploi avec l'autre, ni ces deux comparaisons ne seront la pure répétition de ce qui a été dit jusqu'ici.

A. — Plusieurs considérations, différentes, au moins en la forme, de celles qui précèdent, sont propres à mettre en lumière les vices internes du savoir humain. D'abord, il y a contradiction entre le but de la science et les moyens dont elle dispose pour l'atteindre ; et cela pour diverses raisons. — Pour que la science fût vraiment science de ce dont elle se prétend connaissance, il faudrait, avant tout, que rien en elle ne fût phénomène, il faudrait qu'elle pût se placer en dehors et au-dessus de ce qu'elle prétend expliquer. Mais cela n'est pas possible. Et si c'était possible, comme la science serait hétérogène avec son objet, elle ne pourrait en être dite la connaissance. — Ensuite, la certitude qui peut accompagner telles ou telles opinions n'est qu'un fait dont, nous l'avons vu, la logique fait une critique négatrice. — Enfin, l'idéal du savoir est irréalisable. Les scolastiques avaient coutume de dire que la science parfaite, telle qu'elle existe en Dieu, consiste à apercevoir toutes les idées en une seule ; l'identité totale, dirons-nous, tirant ainsi de leur opinion une conséquence rigoureuse bien qu'elle les eût scandalisés, est donc la forme de la science parfaite ; tant qu'elle n'est pas atteinte, il est certain que l'esprit ne peut trouver le repos définitif ; tant qu'il y a de l'hétérogène devant l'esprit, des questions se posent à l'esprit. Mais l'hétérogénéité ne peut nulle part être complètement éliminée. En mathématiques, on s'en aperçoit d'ordinaire, car on regarde le signe = comme signifiant autre chose que le mot « est ». Néanmoins, oserait-on dire que, dans cette science même, l'arrière-pensée du savant n'est pas de formuler des identités ? Il veut que les termes équivalents soient identiques au moins dans un sens et par un côté malgré leur différence algorithmique ; de sorte que ceux qui insistent sur le mot « est » dans la copule développée : « est équivalent à », n'ont pas tout à fait tort. Au fond, le mathématicien ne peut pas ne pas regretter que = ne signifie pas tout à fait : est ; il ne peut pas ne pas vouloir qu'en un sens tout au moins, égalité ne signifie pas identité. Dans les sciences non mathématiques, nous avons concédé que l'on posait des identités au moins partielles ; mais nous avons ajouté que pas plus là qu'ailleurs il n'y a de véritables genres, d'où il suit qu'il n'y a que des ressemblances, qu'il n'y a aucune véritable identité dans les choses et dans les phénomènes : A seul ou uni à B n'est pas identique à A uni à C. En définitive, hors des mathématiques aussi bien qu'en mathématiques, on ne fait qu'établir des liaisons de qualités[1] substituables les unes aux autres.

Une objection spécieuse nous a été faite : « Si l'attribut, en tout syllogisme, doit être envisagé comme un substitut possible du sujet, il vous faut dire : « Les rats sont certains mortels ; or les hommes sont certains mortels ; donc les rats sont les hommes », comme vous dites : « $2 + 2 = 4$; $3 + 1 = 4$, donc $2 + 2 = 3 + 1$. »

[1]. Tout ce qui peut être dit de quoi que ce soit peut être dit : qualité. V., d'ailleurs, notre assimilation des choses mathématiques aux autres choses.

Il n'en est rien, car on n'a aucune raison d'écrire : « rats = mortels » et « hommes = mortels » ; le mot : « certains » est indispensable ; et rien n'oblige à déclarer que les substitutions en mathématiques sont le type de toutes les substitutions possibles.

Nous pouvons donc passer outre à l'objection, et conclure fermement que le but, avoué ou non, de toute la science est de réduire des notions à d'autres notions, tandis que, en fait, toute science n'a d'autre moyen à sa disposition que celui-ci : établir des systèmes de substitutions possibles, ce qui est tout le contraire de la réduction idéale qui est le but de la science. On ne peut assimiler « 2 + 2 » et « 4 », sous prétexte qu'ils ont une fonction identique dans les expressions mathématiques où ils entrent comme composants, ni « l'homme » et « mortel » sous un prétexte analogue. Cependant, il faut bien qu'en unissant « 2 + 2 » à « 4 », et « l'homme » à « mortel », on songe à quelque rapport d'identité entre les deux premiers et entre les deux seconds de ces quatre termes : autrement, le savant serait autorisé à unir n'importe quels concepts, à substituer n'importe quoi à n'importe quoi.

Et le but de la science, à y regarder de près, est aussi contradictoire en lui-même, car, si la science doit tendre à exprimer des identités, c'est donc que tout est identique à tout, que le vrai savoir n'est qu'une vaste tautologie, et qu'il n'y a rien à dire de rien.

D'autre part, comment expliquer quoi que ce soit ? Soit B que l'on explique par A. En tant que B est A, B n'a pas besoin d'être expliqué ; en tant qu'il est autre que A, B ne peut être expliqué par A[1]. Et puis, lorsque je cherche à rendre compte d'une proposition, ou bien la proposition

---

1. Formule de M. Egger.

dont je pars pour expliquer celle-ci est analytique, ou bien elle est synthétique. Dans le premier cas, en admettant qu'il se présente, mon principe n'est qu'une vaine tautologie ; dans le second cas, il est une connaissance, mais que je subis sans la comprendre. Toujours quelque différence subsiste entre la proposition dont je cherche la démonstration et celle dont j'entends tirer ma démonstration[1]. Donc, pour démontrer quelque chose, il faut que je néglige à l'avance l'irréductibilité de ma conclusion au principe dont je la tirerai, irréductibilité qui est nécessaire cependant. — Ainsi, l'idée même d'explication et d'intellection est illusoire. Dans la déduction, je ne puis ramener au principe ce que je veux expliquer par lui, sans postuler qu'un certain caractère générique subsiste dans l'individualité ou dans la soi-disant espèce que je considère, malgré la présence du caractère individuel ou du caractère spécifique ; quant à l'induction, il est trop évident qu'elle n'explique rien ; elle ne fait autre chose que de classer l'inexplicable par genres, que de le ranger en des classes arbitraires.

Avant de comparer les sciences à la science idéale, qui n'est qu'idéale, il faut encore mettre, en présence de l'idée de la science telle qu'elle devrait être, la théorie que l'esprit est obligé de faire des facultés que la science requiert, et la théorie qu'une psychologie attentive édifie au sujet du jugement en général.

Qu'il s'agisse du phénoménal ou du réel, trois facultés entrent en jeu pour produire la moindre de nos affirmations ; ce sont la conscience, la mémoire, et le raisonnement. Mais la mémoire et le raisonnement apparaissent

---

1. C'est la théorie de M. Boutroux. V. *De la Contingence des lois de la Nature.*

comme deux modes de l'activité de la conscience ; la conscience et la mémoire, comme les deux conditions essentielles du raisonnement ; la conscience, comme la base même de la mémoire, qui requiert aussi le raisonnement toutes les fois qu'on sait pourquoi on rejette quelque chose dans le passé. Les trois facultés requises par toute démarche scientifique se supposent donc réciproquement : leur réalité ne peut donc être établie que par un raisonnement circulaire. — Parménide avait raison de craindre, pour le dogmatisme, une étude psychologique préalable de l'esprit. La science ne peut vivre qu'à condition d'opposer à la critique une fin de non-recevoir ; pour sauver les principes qui peuvent être sauvés, il n'y a qu'un moyen : poser que l'être est en soi inconnaissable, et construire, non certes la théorie du phénomène, mais la théorie de l'être en oubliant qu'on la construit.

Examinons à présent le jugement tel que l'observation psychologique le présente à la conscience empirique. Le jugement, qui est l'acte intellectuel essentiel, se décompose en trois phases dont deux ne sont pourtant point intellectuelles : la caractéristique de la seconde est le rôle qu'y joue la sensibilité, et celle de la troisième, le rôle qu'y joue la volonté.

Soit un jugement quelconque : il suppose des éléments intellectuels qui peuvent être de toutes sortes, et dans la représentation desquels l'association des idées joue, le plus souvent, un rôle prépondérant. La présentation des idées, c'est-à-dire des éléments qui seront liés et de ceux qui serviront à lier les premiers, est le premier moment de la première phase du jugement, phase qui est surtout intellectuelle ; le second moment de cette première phase peut porter le nom de synopsis ; il consiste dans la fusion des éléments présentés. — Qu'il y ait lieu de distinguer une première phase plutôt intellectuelle dans le jugement, c'est là une vérité évidente ; et l'on voit tout de suite qu'il y a lieu de distinguer dans cette phase deux moments, si l'on veut bien remarquer que souvent la conscience a contenu simultanément toutes les idées qui étaient nécessaires pour qu'un jugement se formât, sans que pourtant un jugement se fût formé, sans que, même, les idées en présence se fussent fondues en un tout d'une certaine homogénéité. Lorsque ce tout se forme, il y a, dans la pensée, un groupement d'idées qui ne constitue pas encore un jugement. Quel est le penseur qui n'a pas observé en lui la présence de tels groupements d'idées en des touts distincts flottant dans son esprit comme des masses compactes, si l'on ose s'exprimer ainsi, tandis que ses autres idées restaient à l'état sporadique et formaient, autour de ces masses, comme un milieu fluide ? On dirait alors que l'esprit est sollicité à juger ; il renferme tout ce qu'il faut pour cela ; et cependant, le jugement ne s'opère pas. C'est que, pour qu'il y ait jugement, d'autres facultés de l'âme doivent intervenir, la sensibilité tout d'abord.

Le jugement, en effet, est croyance, et la croyance est sentiment. Ce qui le prouve, c'est d'abord la dépendance très étroite de la croyance par rapport à toutes les émotions, et ensuite ce fait, très remarquable, que tout ce qui concourt, psychologiquement ou physiologiquement, à modifier le sentiment, modifie aussi l'aptitude à croire. D'ailleurs, la croyance n'est-elle pas, essentiellement, une sorte d'inclination de l'âme vers une idée, vers une affirmation intellectuellement possible ? Ce que l'on dit vrai, c'est ce à quoi l'on croit ; la croyance est assentiment, elle est affection. La première idée de la vérité est comme l'effet, dans l'intelligence, du sentiment de la croyance. — Cette idée n'est pas identique à celle dont il était question au début de ce livre ; elle est la première ébauche de l'idée de vérité réelle, extérieure à la pensée qui la conçoit. Mais le mot de vérité a déjà un sens, appliqué à qualifier les idées qui entraînent la croyance. Il faut bien donner un nom à la qualité des idées qui entraîne notre assentiment ; or, le mot de vérité convient si bien à cet office, que Descartes, Spinoza et Leibnitz l'ont employé dans ce sens ; et pourtant, furent-ils assez soucieux de la vérité objective, absolue ! Le sens commun lui-même aperçoit le rôle joué par la sensibilité dans le jugement, puisqu'il emploie le mot de sentiment et d'autres analogues comme synonymes du mot de croyance. — Il y a donc bien, dans le jugement, une phase essentiellement émotive. Cette phase peut laisser après elle une trace en nous, quand l'oubli s'est produit des raisons qui avaient entraîné la croyance, ou même des idées auxquelles la croyance s'appliquait ; que d'idées ne subsistent plus en nous que par les sentiments auxquels elles ont donné naissance !

Mais la croyance n'est pas encore l'affirmation intérieure, par laquelle seule le jugement est définitivement constitué. Croire est si peu affirmer, qu'il y a des idées auxquelles on ne croit plus mais qui semblent encore s'affirmer en nous avec une absolue nécessité, et que souvent nous adhérons de sentiment à des propositions dont nous sommes impuissants à affirmer intérieurement la vérité. L'affirmation, c'est l'affirmation de la vérité réelle, extérieure à la pensée qui la pense, et non plus d'une vérité toute intérieure, toute subjective et qui flotterait encore dans le vide en quelque sorte. A quelle faculté la rapporter, si ce n'est à la volonté, non pas, certes, à la volonté libre et réfléchie, mais à cette volonté profonde qui est plutôt celle de notre nature que la nôtre à proprement parler, qui est comme la source de décrets qui se promulguent en nous, décrets bien étranges puisqu'ils consistent à décider que ce que nous pensons est en réalité hors de notre pensée, puisqu'ils sont un sacrifice, une amputation consentie par nous de notre être pensant. Cette volonté agit souvent au rebours de ce que notre sentiment nous conduirait à admettre, de même que notre sentiment, bien souvent, nous fait tendre à la fois vers plusieurs opinions inconciliables. On peut avoir à la fois plusieurs croyances contradictoires, mais on n'affirme, intérieurement du moins, la vérité que de l'une d'elles ; ou bien on se décide, si l'on est également tenté par des affirmations contradictoires, à nier absolument la réalité de ce qui porte un tel trouble dans la faculté de juger. Enfin, tout ce qui tend à diminuer en l'homme la faculté de vouloir, diminue sa faculté d'affirmer. — Une fois une vérité affirmée, la croyance qui avait précédé l'affirmation se transforme et se fortifie, elle devient croyance à la réalité en soi de ce qui est affirmé ; il en est de même, parallèlement, de l'idée primitive de la vérité, née de la croyance à la seconde phase du jugement : cette idée devient l'idée ferme de la vérité réelle, extérieure à la pensée qui la pense.

C'est de la sorte, à travers les trois phases du jugement, que se forme peu à peu le sens complet de la copule ; d'abord pur schème d'un vague rapport entre des idées, elle devient la pensée confuse d'un rapport qui enfin s'affirme en même temps que s'affirme la réalité au moins idéale des choses entre lesquelles on pose qu'il y a un rapport. — Mais si notre analyse du jugement est exacte, quel triomphe pour le sceptique ! Le passage de la première phase à la seconde, c'est-à-dire de l'idée à la croyance, s'opère sous l'action du principe déjà énoncé, qui relie l'intensité d'une idée à sa vérité, principe en somme inintelligible, et qui peut sembler un pur caprice de notre nature mentale. L'indépendance relative des trois phases, de la seconde par rapport à la première et de la troisième par rapport à la seconde, est éminemment propre, aussi, à nous faire mettre en suspicion notre faculté de juger. Toute l'âme collabore au moindre de nos jugements, mais y a-t-il là une garantie? Non, puisque, dans l'intelligence, il n'y a même rien de purement intellectuel : le sentiment et la volonté, bref, des impulsions aveugles, concourent à la position de ce que nous tenons pour des vérités intelligibles et nécessaires. Enfin, l'association des idées, qui s'explique par la liaison s'opérant mécaniquement dans la conscience entre des états contigus, joue un rôle capital dans la première partie de la première phase du jugement, la présentation ; dans la seconde partie, que nous appelons synopsis, il s'opère, entre les idées présentes à la conscience, une liaison du même genre : c'est là, sans nul doute, pour les liaisons logiquement nécessaires en lesquelles devraient consister nos jugements, une bien étrange et bien mesquine préparation.

De quelque façon que l'on considère la science en général, elle apparaît comme sa propre ruine ; si elle s'élève jusqu'à la critique de ce qu'elle est, c'est pour assister à sa propre destruction. Il en est de même, on va le voir, si l'on passe en revue les diverses sciences.

B. — Mais l'examen détaillé de toutes les sciences supposerait une compétence universelle et un labeur infini. Par bonheur, il n'est requis, pour la fin qu'on se propose ici, qu'une notion nette des différentes branches du savoir humain.

En premier lieu, on peut poser qu'aucune science n'est jamais abordée, maintenant, sans qu'à son objet l'on ne substitue l'objet d'une autre science ; et pourtant, malgré cela, on ne veut point nier l'originalité des objets des diverses sciences ; par exemple, pas plus que le matérialiste ne nie la vie, celui qui entreprend d'expliquer géométriquement le mouvement ne nie le mouvement. Mais que l'on soutienne ou non l'originalité des lois relatives à chacun des objets du savoir, on tâche de réduire au minimum cette originalité ; le but du savant est toujours de simplifier et de réduire. Or, pour cela, que fait-il ? Le sociologue s'efforce d'expliquer les propriétés sociologiques de l'individu humain par les propriétés que la psychologie découvre en étudiant l'homme individuel dans son activité individuelle ; le psychologue étudie la vie physiologique pour s'expliquer l'activité psychologique ; ou bien il déduit le psychologique du métaphysique, transformant ainsi des événements psychologiques en des effets métaphysiques de causes métaphysiques ; ou bien encore, s'il veut expliquer psychologiquement le psychologique, il étudie, sans s'en douter, il est vrai, l'idée qu'il a, quand il réfléchit, de l'activité psychologique, et non pas directement cette activité même ; aucun fait, d'ailleurs, n'est directement saisi : ce serait plutôt l'idée de ce fait, ou plutôt l'idée de cette idée, et ainsi de suite à l'infini. L'office du chimiste est d'expliquer les phénomènes chimiques par des causes physiques, chaleur, électricité, cohésion, etc. ; le physicien recourt à la mécanique ; la mécanique tend à n'être qu'une géométrie ; la géométrie qu'une algèbre, et l'algèbre paraît à plusieurs n'être qu'une logique[1], celle de la quantité : et cette logique, quand on veut en rendre compte et la justifier, il faut en somme la réduire à la logique de la qualité, ce qui s'opère en traitant les notions quantitatives comme les notions purement qualitatives. Ajoutons que le savant est tenté d'expliquer métaphysiquement aussi bien les principes des autres sciences que ceux de la psychologie, de sorte que l'on peut répéter, au sujet de toutes les sciences, ce qui a été dit plus haut de cette dernière. Quant à la métaphysique, elle n'est, en

---

[1]. C'est la conception leibnitzienne, qui a toujours des partisans. Qu'il suffise de citer, parmi les contemporains, MM. Peano et Whitehead.

un sens, qu'un chapitre de la psychologie, la description de ce que l'homme pense de l'être : l'étudier, c'est donc faire de la psychologie. De même, la logique n'est qu'une partie de la psychologie de l'intelligence, mise à l'impératif ; après avoir constaté qu'on était satisfait pour avoir pensé de telle ou telle façon, on dit : « Il faut penser ainsi pour bien penser ». La morale, elle aussi, n'est qu'une partie de la psychologie, mise à l'impératif ; elle est la psychologie de l'obligation ; et l'esthétique est la psychologie de l'admiration. Si toute science se ramène d'abord à une autre science plus simple, toutes ensuite se ramènent donc à la psychologie, qui à son tour se ramène soit à la métaphysique, soit à la physiologie, soit à l'étude du fait psychologique de la constituer, lequel devient l'objet d'une nouvelle psychologie qui devient elle-même l'objet d'une troisième psychologie, ou s'offre à une réduction toujours possible de son objet à l'objet soit de la métaphysique, soit de la physiologie, et ainsi de suite à l'infini. C'est pourquoi l'on peut dire, en toute vérité, que chaque science est, au fond, en dépit qu'on en ait, la négation même de l'originalité de ses lois et de son objet ; si toute science spéciale s'échappe ainsi à elle-même, la science dans son ensemble est circulaire, et son objet, quel qu'il soit, la fuit à l'infini.

Cependant, en un sens, chaque science a bien l'objet qu'elle fait profession d'étudier ; bien qu'elle se fasse illusion en croyant l'étudier puisqu'elle lui en substitue fatalement un autre, elle s'attache du moins, on ne peut le nier, à son illusion. Or, dans la mesure même où l'on peut encore dire que chaque science s'attache à son objet propre, on doit reconnaître qu'elle va au rebours de la direction qu'il lui faudrait suivre, car elle commence par altérer son objet en le spécifiant. — En effet, un même fait a toujours plusieurs caractères ; un morceau de soufre a des propriétés physiques, chimiques, mécaniques, mathématiques, et tout d'abord il est un fait psychologique. Nous avons soutenu ailleurs que l'unité d'un fait était illusoire, de quelque façon qu'on la conçoive ; mais la science, elle, postule à chaque instant l'unité sous mille formes dans la nature. Ce qu'elle veut connaître, c'est un univers un, dont tous les éléments et tous les aspects soient relatifs les uns aux autres, et toute relation suppose quelque unité : sans choses ou groupes uns de phénomènes, sans phénomènes uns, la science ne sait plus à quoi se prendre. Mais malheureusement, on ne peut rien étudier sans l'isoler, sans l'isoler de ce qui peut-être l'expliquerait ; la première condition de la chimie, par exemple, c'est d'oublier que les corps ne sont, pour le psychologue, que des états de conscience.

D'autre part, il n'est aucune science qui ne proteste, d'abord contre la prétention de pouvoir la négliger dans l'explication d'un fait quelconque, ensuite et surtout contre la prétention de l'une quelconque des autres à l'absorber elle-même pour la réduire à elle ; car, disons-le hardiment : chacune des sciences, et la psychologie surtout, a nécessairement la prétention d'être seule et universellement explicative. — En effet, si toute perception est un fait de conscience, la psychologie doit tout expliquer ; si la physique moderne est légitime, il faut qu'elle explique jusqu'aux faits sociologiques d'une part, jusqu'à la logique et aux mathématiques d'autre part, toutes les autres sciences ne devant être, pour elle, que des sécrétions du cerveau, des produits raffinés d'une certaine sorte de matière en mouvement ; si les mathématiques ont la valeur que l'on pense, elles doivent pareillement tout expliquer, et les progrès de la physique mathématique ne peuvent qu'autoriser cette opinion. Il en est de même de la métaphysique, car les causes dont elle parle sont les seules vraies causes, ou ne sont rien. Et si la métaphysique, une fois admise, exige qu'on ne parle plus de causes phénoménales, la science dans son ensemble repousse aussi la métaphysique ; elle ne permet pas qu'on superpose, à l'explication du phénomène B par le phénomène A, l'explication du phénomène B par une cause métaphysique C, qui d'ailleurs rendrait le phénomène pareil à un être métaphysique quelconque, ce qui serait contradictoire.

Bref, chaque science morcelle l'objet de la science contrairement au vœu de la science prise dans son ensemble ; chaque science est l'adversaire de toutes les autres, aspire à les absorber et à les supplanter ; enfin la science et la métaphysique s'excluent l'une l'autre. En ce qui concerne ce dernier point, l'effort de la science pour expulser toute entité non phénoménale, pour oublier même, en faisant la théorie de ce qui se meut, ce qui se meut, cet effort n'est-il pas bien significatif ? — De son côté, la métaphysique, dans sa crainte toujours croissante de se mettre en contradiction avec la science, n'essaie-t-elle pas, de plus en plus, de se constituer indépendamment de tout le savoir positif ? Elle ne peut abdiquer, car l'esprit ne peut renoncer à croire que l'être est, et à en faire la théorie ; mais le métaphysicien s'aperçoit de mieux en mieux que le devenir scientifique ne lui offre aucune base fixe et solide : il concède que, pour bien faire la métaphysique, il faut avoir traversé la science, mais afin d'éviter plus sûrement de construire une métaphysique qui ne serait qu'un double, une déviation, peut-être une caricature de la science.

Voyons, afin de pousser aussi loin que possible notre critique, ce qui arriverait si l'on tentait de fondre tous les points de vue scientifiques dans le point de vue psychologique, qui paraît, de tous, celui qui se prête encore le mieux à une telle fusion. Il faudrait dire alors, pour expliquer la formation de l'eau, que dans certaines circonstances, une perception d'oxygène et une perception double d'hydrogène sont suivies d'une perception d'eau. Mais que ce langage est bizarre, et comme l'introduction de considérations arithmétiques est visiblement impossible ici ! Pour expliquer un visum quelconque, il faudrait dire que la possibilité de ce visum est subordonnée à la perception possible, par la vue ou le toucher, de vibrations d'un cerveau qui n'est lui-même qu'un ensemble de visa et de tacta ; mais, toute autre considération écartée, la possibilité de cette perception ne constitue pas une source réelle d'explication. A supposer réelle cette perception, que gagnerait-on ? Irai-je expliquer, chez un animal, la perception d'une couleur ou d'un son par la sensation que j'aurais en voyant vibrer son cerveau ? Il suffit de ces exemples pour montrer que la science chercherait en vain son salut dans la réduction de tout savoir à la psychologie.

Des conclusions analogues ressortent de l'examen de chacune des sciences prises en elles-mêmes. Nous avons relevé précédemment nombre de contradictions internes dans les principes des mathématiques ; considérons maintenant une science de faits, la psychologie par exemple, telle qu'elle est construite : nous y verrons régner la plus complète anarchie par-dessous cette cohérence qu'elle présente à sa surface, cohérence qui est véritable jusqu'à un certain point, mais qui est obtenue grâce à des concessions étranges, logiquement injustifiables. Il est des faits psychologiques qu'on explique fort bien sans faire appel à la physiologie ; une mauvaise nouvelle explique la douleur qui en suit l'annonce. Et pourtant, ceux qui connaissent la structure du cerveau affirment qu'entre l'activité cérébrale qui correspond aux idées et celle qui correspond aux sentiments, il y a des rapports organiques ; et qu'entre les divers organes cérébraux qui correspondent aux diverses activités mentales, il y a des transmissions de mouvements : que fera donc le psychologue ? Déniera-t-il, à la douleur dont il s'agit, une cause physiologique, ou bien concevra-t-il l'existence de deux causes dont chacune semble bien faire double emploi avec l'autre ? Mais passons. Dans certains cas, les sentiments excités par les idées sont hors de proportion avec ce que représentent ces idées : faudrait-il, dans ces cas, admettre que les idées agissent d'abord sur le cerveau, qui ensuite agit sur la sensibilité d'une manière tout à fait indépendante ? D'autres fois, dans les cas de suggestion par exemple, l'idée paraît toute-puissante sur le cerveau d'une part et sur la sensibilité d'autre part, sans que son pouvoir, pour agir sur celle-ci, ait eu besoin d'affecter la partie du cerveau qui correspond à la sensibilité, car, dans ces cas, l'émotion paraît être rigoureusement en proportion de ce que, logiquement, la nature de l'idée doit en produire. L'association des idées, elle, s'explique aussi bien par une propriété essentielle à la conscience, celle d'« intégrer les états contigus », et par la physiologie. Dira-t-on que l'âme s'est formé un organisme qui l'aide, conformément à ce qu'elle a voulu, dans la direction du mécanisme psychologique ? Mais il semble bien que, pour vouloir quoi que ce soit, elle ait eu besoin de l'organisme. Cependant, la théorie même du matérialisme suppose, en tant que théorie construite et admise en toute indépendance par un esprit, la croyance à la supériorité et à l'indépendance de la pensée ; mais, d'un autre côté, cette idée même de la royauté de la pensée ne peut être dite indépendante de toute activité physiologique.

— Si donc, dans les mathématiques, il nous a été donné de contempler une science qui se contredit elle-même sans renfermer autre chose que des éléments d'un même genre, dans la psychologie il nous est donné de contempler une science qui tantôt semble indépendante et tantôt appelle une science rivale pour achever de se constituer, se plaisant à mêler le psychologique au physiologique dans une même explication ; qui tantôt admet que cette autre science explique aussi bien ce qu'elle explique elle-même, et tantôt prétend expliquer ce qui se passe dans le domaine propre de cette autre science ; qui, enfin, pouvons-nous ajouter, semble demander à cette science de progresser le plus possible afin d'avoir en elle la matière la plus riche possible à exploiter elle-même, à réduire à du psychologique, à expliquer psychologiquement. Voilà ce que fait cette psychologie qui nous semblait d'abord, quand nous la considérions dans son ensemble, tendre à s'abîmer toute entière dans d'autres sciences, puis tendre à les absorber toutes, qui tendait à s'y abîmer pour se constituer et à les absorber pour s'y perdre à nouveau ou pour se perdre dans l'inintelligibilité. Elle ne nous apparaît donc pas tout à fait de même façon si nous la considérons dans son ensemble et dans son détail.

De toutes les sciences de faits, d'ailleurs, on pourrait dire qu'elles veulent le développement le plus complet possible des autres, afin d'avoir en elles une proie plus considérable à dévorer. Cette contradiction se retrouverait aisément en toutes. — Il n'est pas jusqu'à la biologie qui ne souhaite, si l'on ose parler ainsi, les progrès de la physique et de la chimie, progrès qui ne peuvent être accomplis que par ces sciences elles-mêmes, afin de les absorber ensuite. Le biologiste ne peut admettre, en effet, que la spontanéité qu'il observe chez les vivants, qui paraît nécessaire pour que l'évolution, qui est progrès, soit explicable, il ne peut admettre qu'elle n'existe pas au sein de cette nature soi-disant inanimée où s'est produite la vie. A plus forte raison, le rêve du pur chimiste est-il et doit-il être de retrouver, dans les phénomènes de chaleur ou d'électricité, une première trace de ces changements d'état qui sont jusqu'aujourd'hui exclusivement de son ressort : pour lui, il n'y a point de changements moléculaires qui ne soient des changements chimiques et non seulement physiques ; où il ne les constate pas, il les suppose. Et le chimiste veut que le physicien, le physicien veut que le théoricien du mouvement achèvent chacun leur œuvre propre en toute indépendance, car les sciences que chacun d'eux veulent réduire à celle dont ils s'occupent ne peuvent se constituer qu'ainsi. — Ces considérations suffisent à montrer que toute science renferme en elle-même, en même temps que la prétention d'absorber d'autres sciences, le souhait, contradictoire avec le premier, de voir celles-ci se développer d'abord conformément à leur propre nature et par l'emploi de leurs procédés propres.

Enfin, que l'on examine la logique et la morale, qui sont les deux sciences pratiques les plus importantes, on y découvrira une contradiction entre leur aspect propre et cet aspect psychologique que, dans ces sciences moins que dans toutes les autres, il est permis de négliger. — Psychologiquement, les jugements, ainsi que nous l'avons établi, précèdent les concepts, car ils les posent ; logiquement, au contraire, les concepts précèdent les jugements. — Considérons maintenant le groupe des trois principes formels de l'entendement. Au point de vue logique, le principe d'identité vient le premier, puis celui de contradiction, enfin celui du tiers exclu. Au point de vue psychologique, au contraire, c'est ce dernier qui est le premier ; en effet, ce principe est celui qui contient l'idée de nécessité, car sa formule est : « m est nécessairement A ou non — A. » ; mais l'idée de la nécessité ne peut naître en nous que dans un cas où nous constatons qu'il y a opposition absolue entre les deux parties d'une alternative ; à son tour, la

remarque de la nécessité, pour *m*, d'être A ou non — A, est la cause d'une autre remarque, à savoir que A n'est pas non — A, et que nécessairement A n'est pas non — A. Le principe de contradiction et sa nécessité se découvrent immédiatement, en fait, dans le principe du tiers exclu ; et c'est parce que A n'est pas non — A, que A est, et est nécessairement A, formule du principe d'identité[1].
— D'ailleurs, ces idées d'être, de non-être, d'alternative et de nécessité sont en somme hétérogènes entre elles au point de vue psychologique, tandis que, logiquement, les deux premières tout au moins sont homogènes, en ce sens tout au moins que la logique les envisage comme formant un couple indissoluble. Et puis, ainsi que nous l'avons implicitement établi en assimilant l'être et l'absolu, l'idée de nécessité qui, à un point de vue, est en soi, c'est-à-dire logiquement, une forme de cette dernière, cette idée, par suite, est indissolublement liée à la première ; au contraire, le psychologue conçoit très bien que la pensée de l'être ne soit pas accompagnée de la pensée de la nécessité, sauf à s'apercevoir bientôt de ce que la pensée contient alors d'illogique, et à la déprécier pour cette raison, comme nous l'avons fait si souvent dans ce livre ; il peut aussi penser que A est A et que A n'est pas non — A, sans penser que ces propositions sont nécessaires ; ou même que A est A sans penser que A n'est pas non — A ; ou encore penser que A n'est pas non — A sans penser qu'il est A. Psychologiquement, tous les oublis sont possibles ; on peut toujours avoir des idées incomplètes que le fait d'être telles rend absurdes ; et c'est pourquoi la pensée doit se juger elle-même absurde et déclarer que si elle était, elle qui pourrait être absurde, c'est que l'absurde serait en soi

---

1. Cette formule, qui est la formule courante et qui doit être interprétée, peut être employée ici sans inconvénient.

possible ; d'où cette conclusion logique : ma pensée n'est point. — Il vaut la peine d'ajouter que, même si elle se sépare, pour se purifier, de la psychologie, la logique que la pensée construit n'en est pas plus satisfaisante pour cela. Car, si d'un côté elle pose en principe l'homogénéité des éléments qu'elle étudie, il lui faut reconnaître, d'un autre côté, que ces éléments sont, pris en eux-mêmes, tout à fait hétérogènes : c'est ainsi qu'aucun effort logique ne saurait faire sortir l'idée du non-être de l'idée de l'être, pas plus que le principe de contradiction du principe d'identité, malgré ce que ces idées d'une part et ces principes d'autre part peuvent renfermer de commun ; de toute pensée à celle qui lui est le plus intimement liée, l'esprit procède par sauts, d'un mouvement discontinu ; nos pensées se juxtaposent, mais comme autant d'éléments discontinus ; et la logique, qui a pour fonction de relier, est elle-même formée d'éléments qui ne se relient pas complètement les uns aux autres : à tout degré, bien que plus ou moins, la pensée humaine procède par bonds ; il lui arrive de refaire les mêmes, mais jamais sa marche n'est continue.

Quant à la morale, il est certain que, psychologiquement, la première des idées de son ressort est celle du devoir. C'est le devoir qui nous révèle le droit de l'idéal à être réalisé, et ce qui a un tel droit, nous l'appelons le bien. Pourtant, M. Egger[1] a raison contre Kant, lorsqu'abordant la morale en logicien, il part de l'idée du bien, que l'approbation de l'esprit institue comme tel, pour passer ensuite à l'idée du droit, ou titre que le bien en général possède à être réalisé, et de là à l'idée du devoir, c'est-à-dire à l'idée du droit du bien sur notre activité libre. — La morale, en second lieu, suppose elle aussi, à plusieurs

---

1. Cours inédit de morale.

points de vue, les autres sciences, bien que cependant celles-ci semblent de nature à lui donner autant de démentis que d'appuis. La morale, pour être vraiment et tout à fait pratique, supposerait la connaissance de toutes les lois sociologiques, psychologiques, biologiques, physiques, et même mathématiques, les lois physiques supposant la connaissance de ces dernières. Car je ne saurai bien ce que je puis, ce qui est utile aux autres et à moi, que si je connais la nature de tout ce que contient cet univers. D'autre part, pour être théoriquement satisfaisante, la morale doit être rattachée à l'Absolu, fondée et couronnée par des affirmations métaphysiques. Mais, sans insister sur l'insuffisance des données les plus certaines des sciences dites cosmologiques, la psychologie ne donne-t-elle pas, sur l'existence de la liberté, par exemple, de simples probabilités, lesquelles sont contrebalancées par des probabilités contraires et très fortes. Et que dire de la métaphysique telle qu'on la fait, avec l'observation des phénomènes pour base ? Les cause-finaliers, qui prouvent Dieu par le bel ordre de la nature, sont les premiers à chercher la preuve d'une autre vie dans le désordre qui règne au sommet de la hiérarchie des êtres créés. Mais pourquoi en dirions-nous davantage? Tout ce qui détruit la psychologie, les autres sciences, la métaphysique enfin, atteint la morale, cette partie de la psychologie où rentrent, pour s'y abîmer, science positive et métaphysique.

Nous n'examinerons pas les autres parties de la psychologie, ni les autres sciences : nous avons assez prouvé contre toutes. Mais, avant de conclure, il nous reste à présenter, au sujet de la métaphysique, quelques considérations de la plus haute importance. — Dans cette science, comme d'ailleurs dans les autres, on peut distinguer plusieurs tendances incompatibles, incompatibles non seulement dans leurs principes comme c'est le cas en mathématiques, mais encore dans tout le développement de leurs principes comme c'est le cas des différentes sciences de faits envisagées chacune soit par rapport aux autres, soit aux différents points de vue auxquels on peut se placer pour les construire. — Penser, en effet, c'est avoir conscience, et c'est aussi appliquer des principes à des faits : avoir conscience, penser des faits, penser des principes, tout cela est aussi primitif, aussi nécessaire, s'il est vrai que la pensée existe. Il est donc tout aussi naturel et normal de vouloir rendre compte de tout par des principes, c'est-à-dire d'être dogmatique au sens restreint de ce terme, de vouloir tout expliquer par les faits, c'est-à-dire de professer ce positivisme au fond si rationaliste qui mérite, chez A. Comte et tous ses disciples, le nom de métaphysique, de vouloir, enfin, tout rapporter à l'activité du « je pense », c'est-à-dire d'adhérer au criticisme lequel, on l'a remarqué depuis longtemps, est aussi une métaphysique. — Ivre du désir de l'unité, l'esprit ne peut pas ne pas vouloir réduire, à l'une quelconque des trois choses essentielles qu'il trouve en lui, conscience comme pure conscience du « je pense », faits et principes, les deux autres. Ivre de l'être, inclinât-il au phénoménisme, il finira par se reposer dans la foi à un absolu : qui est proprement dogmatique ira vers Leibnitz ; qui est plutôt positiviste deviendra un empiriste dogmatique, au rebours des Scolastiques qui, dans leur fureur dogmatique, aboutissaient à un dogmatisme empirique[1] ; qui est plutôt criticiste ira vers Fichte, Schelling, Hégel ou leurs continuateurs. — Et ce n'est pas tout : la science préférée de chaque métaphysicien le poussera vers une forme spéciale de la métaphysique, celle vers laquelle il est à son insu porté ; par exemple :

---

1. Voir notre opuscule intitulé : *De facultate verum assequendi secundum Balmesium.*

qui est plutôt psychologue ira vers le spiritualisme concret ; qui est plutôt biologiste deviendra hylozoïste ; qui est plutôt physicien versera dans le matérialisme. De même que l'esprit scientifique aboutit à des conceptions scientifiques également nécessaires bien qu'incompatibles, l'esprit métaphysique, et cela avec la complicité même du premier, tend à produire la même anarchie d'affirmations ; comme la science dans son domaine, la métaphysique dans le sien veut que toutes les formes de la pensée auxquelles elle sert de dénomination générale, se développent sans entrave, afin que chacune puisse avoir, dans chacune des autres, une plus belle proie : ainsi le criticisme est-il favorable à tous les dogmatismes, afin d'avoir la faculté d'expliquer plus complètement la tendance congénitale de l'esprit humain à l'illusion dogmatique. — Enfin, la plus dogmatique des métaphysiques et la plus exclusive, celle qui nierait la science, doit vouloir elle-même que celle-ci soit, afin de la démontrer illusoire, et jusqu'au spiritualisme le plus abstrait est un objet digne de l'attention du savant qui s'intitule psychologue ou de tout autre nom. On pourrait poursuivre indéfiniment dans cet ordre de considérations, mais une formule les résume toutes : l'esprit veut avec autant de force le développement de toutes les tendances intellectuelles les plus contradictoires.

Ainsi donc, il est bien établi que le monde « livré aux disputes des hommes » est le monde du savoir contradictoire. La science ne réalise point son idéal ; elle se morcelle avec une absolue nécessité en parties ou en points de vue qui, plus ou moins, mais en tous cas nécessairement, s'entre-détruisent, s'appellent pour s'entre-détruire et se détruisent eux-mêmes. — Cette troisième étude confirme les deux premières, dont le résultat était que l'idée scientifique du phénomène, base de la science, et que l'activité de l'esprit auteur de la science, sont également dépréciées par une critique exhaustive. Cette critique conclut, au nom de la logique, à un parfait nihilisme où jusqu'à la véritable métaphysique elle-même, en un sens, s'évanouit dans le non-être avec son objet, avec la science et son objet. — Il reste à voir si, en un sens tout au moins, la science peut être défendue, et si l'objet de la métaphysique, une fois dégagé de tout rapport avec la conscience empirique, peut être affirmé et donner lieu à une théorie absolument vraie, d'une vérité en soi qu'il faut reconnaître tout en nous reconnaissant obligés de soutenir que nous ne la pensons point en fait. Ce qui précède contient au moins l'ébauche de ce qui va suivre.

IV. — A QUELLES CONDITIONS EST POSSIBLE UNE SCIENCE NORMALE DU NON-ÊTRE

Si l'esprit consent à s'élever jusqu'à une logique supérieure à la logique vulgaire, et à faire, de tout ce que renferme la conscience empirique, y compris les sciences et les métaphysiques qu'elle édifie, une critique exhaustive où tout soit jugé d'après cette « pensée en soi » que cette même conscience doit reconnaître comme la norme de toute vérité, l'esprit est amené à nier toute science positive et, sinon l'être ou objet métaphysique, du moins le fait que cet objet et la science de cet objet seraient pensés par lui. Mais en quoi consiste essentiellement cette critique ? Est-elle encore de la science, ou bien est-elle déjà de la métaphysique, ou bien enfin est-elle, en un sens au moins, quelque chose de tout à fait étranger à l'une et à l'autre ? La question est délicate, mais il est possible de la résoudre au mieux des intérêts de la science elle-même, ce qui est peut-être assez inattendu, aussi bien que des intérêts de toutes les formes de la métaphysique, et de la véritable métaphysique.

La science semble aspirer, croit-on, à se compléter par une critique qui la justifie ; il n'en est rien cependant, en ce sens du moins qu'aucune science n'existe en fait qu'à condition de ne pas examiner ses propres principes ; l'expérience a fait voir la vanité de toute préface critique à la science ; celle-ci n'a jamais fait de si grands progrès que depuis qu'elle s'est appliquée à éliminer de son sein les considérations transcendantes de toute sorte et surtout les éléments proprement métaphysiques dont elle était encombrée jadis. Admettre ce qui est strictement nécessaire pour aller de l'avant en restant d'accord avec lui-même et avec les faits de plus en plus, voilà la seule préoccupation du savant lorsqu'il établit ses principes ; mais il y a plus : nous l'avons montré, la critique normale de la science est hostile à la science. Enfin, une critique de la science devrait être un savoir comme les autres, avoir son rang parmi les autres ; singulier savoir, qui serait la ruine des autres et qui, s'il était vraiment un savoir, exigerait à son tour une critique nouvelle, celle-ci une autre, et ainsi de suite à l'infini. Donc, la critique de la science, appelée à certains points de vue par la science, est cependant et en définitive repoussée par elle : on s'aperçoit, par un nouvel effort de réflexion, que la science ne peut qu'être indifférente à la critique qu'il est possible d'en faire.

Pareillement, la métaphysique véritable ne contient point en réalité cette même critique, bien que la première suppose la seconde faite. La vraie métaphysique, en effet, nie absolument la réalité du phénomène ou non-être, et par suite la critique, qui est encore un fait de la conscience empirique : elle la nie parce que cette critique, en tant que phénomène, c'est du non-être, de l'absurde, de l'impensable.

Si donc la métaphysique est exclusive de la science, ce n'est pas qu'elle le soit en elle-même ; la logique, comme nous l'avons dit, ne peut avoir affaire à l'idée du phénomène ; elle ne l'atteint qu'indirectement, à travers l'idée du non-être, dont l'idée de phénomène est la traduction pour et par la conscience empirique. Ne pouvant contenir la critique de la science, la métaphysique ne nie pas la science, elle l'ignore. De même, la science, rejetant de son sein sa propre critique, n'est point en un sens atteinte par elle.

Et la science ignore et par conséquent laisse exister la métaphysique comme celle-ci l'ignore et la laisse exister, parce qu'il y a entre la science et la métaphysique fondée sur la critique de la science, un intermédiaire, à savoir cette critique que la science exclut de son domaine, comme la métaphysique, à la fois fondée sur la critique et en un sens détruite par elle, l'exclut de son domaine propre.

S'il n'en était pas ainsi, rien absolument ne resterait debout, puisque la science renferme de quoi détruire la métaphysique et celle-ci de quoi détruire la science. La science, en effet, a pour point de départ l'affirmation du phénomène et du phénomène mental tout d'abord, c'est-à-dire qu'elle commence par substituer une autre idée à celle de la réalité métaphysique, par absorber l'idée de l'être dans l'idée du phénomène qui rend la première superflue et inintelligible. Et la métaphysique, posant l'être comme non phénoménal, nie implicitement tout phénomène, le déclare inutile et absurde.

Ainsi, la vraie métaphysique est et doit être souverainement indépendante de tout autre savoir et inversement. Devant la pensée en soi, source de toute affirmation et de toute négation légitimes, la science a le droit de subsister avec tous les illogismes qu'elle peut contenir, parce que la vraie métaphysique ignore la critique qui renverse la science ; et la science n'a pas le droit de nier cette métaphysique dont pourtant, en définitive, la science ne veut pas, car la science ignore cette métaphysique qui suppose une critique regardée par la science comme non avenue. Devant la pensée en soi, une science, il est vrai, est légitime, une seule, à savoir une certaine métaphysique, mais à condition qu'on entende par là que l'objet de ce savoir existe, que ce qu'on en dit est vrai, sans que pourtant il soit vrai qu'on pense cette réalité et ce qu'on en affirme : la vraie métaphysique satisfait aux exigences de la critique, en tant du moins que celle-ci renverse la science et nie radicalement tout le phénoménal. — Mais il ne faut pas oublier que la légitimité de la science n'est encore établie jusqu'ici que d'une façon négative, en tant qu'elle n'est pas niée par la métaphysique elle-même. Dès maintenant, cependant, nous pouvons faire cette remarque : la critique qui nie la science est, comme elle, une spéculation participant ainsi que toute autre du néant ; elle ne nie donc point la science comme ferait, si elle s'occupait de celle-ci, la véritable métaphysique, la science de l'être réel, illusoire sans doute comme science, mais réelle en son objet, d'autant plus réelle en son objet qu'elle est niée comme fait inhérent à un sujet empirique.

Mais n'est-il pas possible de reconnaître à la science mieux qu'une légitimité négative devant la critique et devant la métaphysique ? Nous le pensons. Une fois oubliée l'irréalité, devant la critique, de la conscience empirique et du phénomène par elle posé, une fois oubliée la négation implicite de la science par la véritable métaphysique, il est logique d'aller jusqu'au bout, d'achever la science dont la base est posée. Sans doute, ce qu'on dira du monde phénoménal sera toujours, au fond, contradictoire et absurde. Et il ne faut point s'en étonner, puisque dans son ensemble ce monde est tel. Ce qui devrait scandaliser l'esprit, c'est que l'on pût construire, si on le pouvait, une science absolument cohérente d'un monde absurde. Mais si on a une fois admis que l'absurde peut être, on peut en faire la théorie. — Au reste, cette théorie a jusqu'à un critère qui est, mais qui est uniquement le succès de la recherche scientifique. Certes, de moins en moins le succès manque aux efforts des savants. Ce n'est pas qu'ils croient possible d'arriver à la vérité en soi : seule, la métaphysique, disons mieux, une seule métaphysique a le droit de prétendre à la vérité en soi ; mais ailleurs qu'en métaphysique il est permis de parler de vérité absolue si l'on entend, par là, la vérité de toutes la plus relative, celle qui satisfait pleinement l'esprit et ne le laisse point sollicité par des affirmations qui s'excluent. En un sens, la vérité en soi, objet de la seule véritable métaphysique, la vérité en soi, qui mérite, *a fortiori*, de porter le titre d'absolue, n'est qu'un cas particulier et privilégié de la vérité relative. Et en mathématiques aussi, il y a de la vérité absolue, car, une fois qu'on y a pris son parti des contradictions que l'on rencontre au seuil de ces sciences, on peut aller de l'avant dans toutes les directions, traduire, par exemple toute géométrie en toute autre géométrie : dans leur ensemble, ces sciences satisfont donc l'esprit tout entier en tant qu'il s'applique à l'étude de la quantité, et ici tous les savoirs sont égaux[1]. Il n'en est pas de même dans les sciences de faits ; dans ces sciences, il n'y a plus, cette fois,

---

1. Sans doute, l'induction, dont nous avons constaté l'insuffisance, à un rôle considérable dans la spéculation mathématique, mais entre l'induction mathématique et l'induction dans les autres sciences dites positives, il y a cette différence, qu'ici il y a des raisons proprement expérimentales de s'en défier, et là non ; le doute, au sujet de l'induction métaphysique, reste tout théorique.

rien d'absolu, car, ainsi que nous l'avons montré, il n'y a pas de conciliation possible, sinon celle que nous indiquerons bientôt et qui ne s'accorde qu'avec notre doctrine, entre les différentes sciences de faits, et entre les diverses façons dont chacune peut être conçue et construite[1]; ces sciences ou formes de sciences sont donc inégales en valeur : leur valeur est proportionnelle à la quantité d'accord qu'elles introduisent dans un ordre déterminé d'idées : plus l'une quelconque tend à être relative à toutes les tendances de l'esprit dans un ordre déterminé d'idées, plus elle a de valeur ; mais il ne paraît pas que la conception d'une science absolue, au sens où nous avons défini ces termes, doive jamais être autre chose qu'un idéal inaccessible pour les sciences dites de faits, puisqu'on ne voit point le moyen de les unifier comme les mathématiques. Cependant, l'inégalité de valeur des différents savoirs n'autorise pas, ici, à déprécier ceux qui sont inférieurs aux autres, car tout savoir qui « réussit » quelque peu, possède en petit la qualité qui fait qu'on estime ceux qui réussissent en grand, le succès d'une théorie n'étant jamais, d'ailleurs, que provisoire, étant toujours sujet à une révision soit expérimentale, soit rationnelle, soit à la fois expérimentale et rationnelle. Et puis, d'une manière générale, il ne saurait y avoir désormais d'autre définition de la vérité que celle-ci, étant données les transformations qui se sont accomplies dans l'esprit humain : la vérité est partout où les idées s'harmonisent. — C'est ainsi que nous retrouvons par un détour, et appuyés sur les progrès même de l'intelligence

---

[1]. V. sur ce point : *op. cit.*, et nos articles des Annales de Philosophie chrétienne, nos de décembre 1897, décembre 1898, octobre 1900 ; de la Revue de métaphysique et de morale, mars 1900 ; et notre Mémoire présenté au Congrès international de l'Enseignement supérieur de 1900 sur le *maintien de la Philosophie dans les programmes de l'enseignement secondaire*.

humaine, la définition que nous donnions au début de ce livre : si la vérité est la pensée normale, nécessaire, cette pensée n'est-elle pas celle qui peut durer, celle qui réussit, celle qui ne rencontre ni dans les perceptions, ni dans d'autres pensées, rien qui la renverse ? — On voit aisément, surtout si l'on songe aux relations, indiquées plus haut, entre les sciences et les métaphysiques, que l'on pourrait redire mot pour mot de celles-ci ce qui vient d'être dit de celles-là.

Au point de vue pratique, qu'il s'agisse de la pratique intellectuelle ou raisonnement en tant que pur fait de raisonner, ou qu'il s'agisse de la pratique au sens ordinaire de ce mot, le succès, dans la mesure où il existe, justifie tout savoir. Au point de vue théorique, il n'y a pas non plus d'autre définition générale de la vérité que celle formulée plus haut; le succès d'un savoir, et, ce qui revient au même, la possibilité, dont nous parlions plus haut, de suivre les règles de la logique dans le développement des principes, quels qu'ils soient, de tout savoir, ce succès suffit aussi à justifier, devant la pensée en soi, la science considérée comme spéculation. — Faut-il, en faveur de notre définition de la vérité, appeler en témoignage des philosophes ? Nous pouvons citer les noms de Leibnitz et de Kant ; le premier juxtaposa une science symbolique, le calcul infinitésimal qu'il créa, à une science réelle, spécifiquement différente de celle-ci, à savoir le calcul infinitésimal tel qu'il existe dans l'entendement divin, et auquel ne peut s'élever l'esprit de l'homme ; il juxtaposa, à la monadologie qui est la vérité métaphysique absolue selon lui, la vérité scientifique, et à celle-ci la connaissance sensible qu'il ne condamna pas plus que l'autre : il admit des degrés dans la vérité, des vérités hétérogènes, ce que jamais n'auraient admis les Scolastiques, qui entendaient entasser vérités absolues sur vérités absolues. Kant, lui, juxtapose, à la vérité absolue atteinte par la raison pratique, la vérité illusoire de la métaphysique naturelle à la raison pure, et la vérité scientifique relativement absolue de l'entendement appliqué à l'étude des phénomènes. Ces exemples peuvent suffire.

Que le succès convient bien, comme critère, à la science d'un monde qui n'est point, à une science qui repose sur la contradiction et vit de l'étrange pouvoir, de l'étrange devoir de se développer en des sens contradictoires, d'accorder tant bien que mal des contradictions, et cela par le moyen de principes pour le moins hétérogènes, plutôt subis que compris, non intelligibles tout au moins quand ils ne semblent pas contradictoires soit entre eux, soit en eux-mêmes !

Ce n'est pas la simple non intelligibilité des principes du savoir que l'on peut reprocher aux savoirs condamnés par la critique : en effet, si le réel est essentiellement divers, si nulle science, même la véritable, ne peut être analytique, savoir vraiment est plutôt contempler que comprendre, et l'intelligibilité absolue que rêvent les logiciens est un mythe. Jusqu'en Dieu lui-même, la connaissance doit être synthétique, et si l'on dit qu'il comprend tout, c'est pour avoir voulu les vérités éternelles ; il les connaît seulement, les premières vérités, par l'acte de les poser, ou bien il ne les comprend pas plus que, selon saint Thomas, il ne comprend « la matière première », et dès lors il n'est pas l'intelligence souveraine, il n'est pas. Mais, on le verra plus loin, cette conséquence est inacceptable : il faut donc rejeter le principe qui l'entraîne.

A quelle condition la pensée en soi, la norme de toute pensée peut-elle donc autoriser positivement, comme elle fait, la science à exister ? — Pour répondre à cette question, formulons d'abord, en nous résumant, les conditions auxquelles est possible la science en fait. Elle doit, avons-nous dit, 1° oublier la possibilité d'être critiquée ; 2° affirmer la réalité de la conscience empirique et du phénomène en général ; 3° oublier qu'il existe des métaphysiques et surtout une certaine métaphysique ; 4°, car son critère est aussi en un sens une condition, elle doit réussir.

La pensée en soi, qui approuve la critique et une certaine métaphysique, puisqu'elle les engendre, ne saurait approuver dans la science que son succès, ainsi qu'il a été démontré ; et si elle l'approuve pour son succès, peu lui importe dès lors que la science se moque de toute critique, de toute métaphysique ; elle ne peut plus lui demander que de poser son objet de façon à ne pas le nier absolument en même temps, si du moins cela est possible. On entrevoit déjà, par cette remarque même, à quelle condition dernière est suspendue l'approbation positive de la pensée en soi à la science, à la science qui la dédaigne et la doit dédaigner, mais que le philosophe a le devoir de considérer au point de vue de la pensée en soi. La voici : il faut que l'objet de la science soit absolument nié, qu'il soit conçu, par un nouvel effort d'abstraction, dirons-nous comme quelque chose de purement idéal ? nous l'osons à peine, car ce mot prête encore à équivoque ; mais nous n'en trouvons pas d'autre. Il faut, dirons-nous, qu'il soit conçu à peu près comme nous avons voulu que l'on conçût cette abstraction suprême : « la pensée en soi », point de départ tout dialectique de la doctrine exposée dans ce livre. Mais, ici, quelque développement est nécessaire, d'autant plus qu'un double préjugé, fort d'une longue tradition, est contraire à notre thèse.

On veut, pour que la science soit bien défendue, qu'il soit possible de construire une science tout à fait une, qui serait, tout d'abord, la science d'un objet, d'un monde réel unique et cohérent. Réalité du monde, d'un monde numériquement un et dont les lois sont unes, c'est-à-dire uniques pour chaque cas et cohérentes entre elles, voilà les conditions auxquelles la science est possible, dit-on, et l'on cite une fois de plus l'axiome : « Ens et unum convertuntur ». — Pourquoi donc veut-on qu'il en soit ainsi ? Je vois bien que la science est unification, mais je vois aussi que l'unité foncière de la réalité préoccupe peu les savants : le vrai esprit scientifique est dans la soumission aux faits, dans l'attente de l'impossible en matière de faits, si l'on ose ainsi s'exprimer, dans l'acceptation finale de la diversité irréductible des lois du monde, si le raisonnement et l'expérience aboutissent un jour à cette affirmation. Y aurait-il juste autant d'objets, de genres d'objets, juste autant d'unité qu'il en faut pour que l'esprit soit satisfait ? La nature aurait-elle songé au désir que nous devions avoir de la résumer et même de l'unifier parfaitement ? — Mais entrons dans le vif du débat. On veut que l'être soit un. Mais qu'on prouve d'abord que le monde apparent est réel. Le réel, c'est le divers ; si l'axiome allégué est vrai, il ne l'est donc pas sans réserves. Il faut que tout élément du réel soit un, mais rien de plus. Si l'on déclare irréel le monde phénoménal ainsi qu'il le faut, on s'est enlevé jusqu'au dernier prétexte à fonder l'unité et l'unicité du monde sur cet axiome. — On insiste cependant : « Si vous faites le monde irréel, ne parlez plus de science ! » A cette question, nous avons déjà répondu : il n'y a point de science d'un irréel réel, mais il y a une science d'un irréel abstrait, analogue à ce qu'est la pensée en soi, analogue, ajoutons-le, à ce que l'on entend quand on parle de « l'esprit », de « la science », en pensant seulement au sens de ces mots et sans avoir égard aux esprits qui sont des êtres, à la science qui est dans les livres ou dans les paroles des savants. Nous avons abouti logiquement à l'idée de l'irréalité du monde, à l'idée de sa non objectivité ; tout aussi logiquement, nous sommes arrivés à l'idée d'une science normale de cet irréel ; logiquement, ensuite, nous avons relâché le lien qui unit sans réserves, dans les préjugés courants, l'idée d'unité à l'idée de réalité, et conclu que l'irréel, n'étant point, pouvait n'avoir pas du tout d'unité ; enfin, nous avons constaté que l'irréalité absolue était encore une entité, s'il est permis de parler ainsi, que l'on peut concevoir, puisqu'on conçoit l'idée d'une pensée en soi, et que le sens commun s'entend lui-même lorsqu'il parle d'entités pareilles : rien ne s'oppose donc à ce que nous préconisions une science, et normale, de l'irréel ; tout, au contraire, nous y invite. La pensée en soi, notre point de départ, justifie la science, une science conforme à la définition moderne de la vérité, comme elle justifie, autrement, la critique et une certaine métaphysique. Nions la réalité de ce monde ; cessant d'être un objet, il n'est plus un objet unique, rien en lui n'est plus unique ; il n'y a plus de genres, car les différentes perceptions ou même les souvenirs successifs d'un même objet seraient tout aussi bien des genres que ce qu'on nomme ainsi d'ordinaire ; il n'y a plus que des gestes de l'esprit, autant de gestes de l'esprit phénoménal, qui n'est lui-même que le geste de se penser, qu'il y a de perceptions, de souvenirs, de théories soit scientifiques, soit même métaphysiques arrivant à durer, c'est-à-dire à présenter quelque cohérence, cette cohérence fût-elle aussi précaire que possible. Plus d'erreur, toute pensée est vraiment vérité, bien que plus ou moins : l'irréalité du monde a sauvé la science. Que si l'on veut encore parler d'objet, on le peut, à condition d'identifier le connaître et le connu : l'erreur est donc bien supprimée, car l'antique définition de la vérité : « Adæquatio rei et intellectus » n'a plus de sens, ou du moins n'a plus son sens traditionnel tout entier. La critique ne peut plus rien contre une science qui ne postule plus la réalité du phénomène. Il suffit de dégager la science de quelques préjugés vulgaires pour la rendre inattaquable, et finalement on s'aperçoit que, s'il est possible de faire la critique de la science, c'est qu'on la prend comme en fait elle se présente. Qu'on change de point de vue et le dogmatisme scientifique triomphe ; mais ce triomphe suppose la critique faite ; et ce dogmatisme scientifique ainsi que celui de toutes les métaphysiques moins une, y compris celles qui ne veulent point être des métaphysiques, sont, en même temps que forcés de s'annihiler en quelque sorte devant la majesté d'une seule métaphysique seule science du réel, autorisés à poursuivre leur voie avec une liberté comme infinie.

Des idées peuvent être dites contradictoires, mais non des faits ; car si deux idées peuvent être relatives à une même chose, qui ne saurait être ceci et cela à la fois sous le même point de vue, des faits sont choses concevables par elles-mêmes, n'ayant besoin d'être rapportés à rien : ils peuvent donc être contradictoires dans leur idée sans l'être en réalité ; donc, une fois réduites à des faits, toutes nos idées peuvent, sans contradiction, être contradictoires : nos théories ont le droit d'être la négation les unes des autres comme le blanc et le noir, le doux et l'amer, etc., ont le droit d'exister ensemble ; l'objet réel et un étant exorcisé, ce sont nos idées qui deviennent, toutes tant qu'elles sont, les objets ; ces objets ne sont plus que des faits et ont le droit de présenter une diversité égale à celle dont les genres d'objets auxquels croit le sens commun offrent le spectacle. Il y a, dès lors, autant d'univers qu'il y a de pensées de l'univers et sur l'univers, et ces univers et ces pensées ne font qu'un, chaque fois que la pensée pense tout ou partie de l'univers auquel croit le vulgaire. Telle est la doctrine qui seule est conforme à la doctrine moderne de la vérité, qui seule est conforme à la logique. Tout geste de l'esprit qui est possible, est légitime dès lors ; pour être digne d'être appelé vérité, il n'a qu'à satisfaire la pensée ; si, lorsqu'il s'agit de la métaphysique véritable au sens où ces mots désignent la science de l'objet en soi, la définition de la vérité est encore : « adæquatio rei et intellectus », partout ailleurs elle est : « adæquatio intellectus et intellectus », et le degré de cette adéquation est la mesure de la vérité d'un savoir : plus n'est besoin, ici, de comparer le pensé à un objet extérieur à lui. Tous les savoirs, à part un seul, doivent, dans cette conception spéciale, être considérés, non pas même comme des variations exécutées sur un même thème, mais comme des airs différents n'ayant entre eux aucun rapport réel.

Que l'esprit fasse donc sans regret ce qu'un invincible instinct le porte à faire : les savants discutent et opposent théories à théories ; qu'ils cessent leur discorde, et que chacun poursuive en paix son œuvre, achève le geste intellectuel qui le tente ! Toutes les virtualités de la pensée ont le droit de passer à l'acte, à part celles qui ne peuvent point passer à l'acte. Soyons des exemplaires complets d'humanité intellectuelle : ne répudions aucune science, aucune métaphysique ; développons tous les points de vue, séparons-les, mêlons-les, exprimons toute théorie qui peut se tenir debout : puisque l'esprit, c'est sa pensée, nous serons plus si notre spéculation est plus riche. Reprocher à l'esprit la richesse de ses points de vue, ce serait lui reprocher d'exister, vouloir qu'il se suicidât partiellement.

La science sent qu'elle n'est qu'un fait ; c'est pourquoi elle ne veut pas de la critique ; elle ne veut même pas que celle-ci cherche à la justifier. Que la science fasse son office sans se préoccuper de cette critique et de la métaphysique, qu'elle se contente de réussir, qu'elle continue à être cette négation inconsciente de tout objet qu'elle est au fond. Le philosophe l'approuve toute entière ; il en fait une critique victorieuse de toute critique négative et la dresse, en face de la véritable métaphysique, avec toutes les métaphysiques traditionnelles, dès le moment où il a reconnu sa vraie nature, dès qu'il l'a aperçue comme une entité d'ordre purement idéal au sens le plus abstrait de ce mot, et qu'il a constaté l'absolue identité, dans cette entité, de l'esprit, de son savoir et de l'objet de ce savoir. — Après tout, proposer cela, est-ce plus étrange que d'imiter Hégel, lequel fit un monde réel avec une idée qui n'était point, et pour se réaliser commençait par devenir une entité dont la moitié était le non-être?

CHAPITRE V

L'ÊTRE

Devant la pensée en soi, l'être se pose comme réel, comme étant en soi, par soi et pour soi, pour soi seul ; il est pleinement défini par la personnalité. Dieu existe et il est parfait ; une pluralité d'êtres imparfaits est possible, ainsi qu'une action réciproque et directe entre le parfait et l'imparfait, et qu'une action réciproque et indirecte entre l'imparfait et l'imparfait. C'est seulement en partant de l'idée du devoir, intimement une avec l'idée de l'être, que l'on peut prouver l'existence de l'univers et du moi de chacun de nous. Cette métaphysique fonde une morale qui lui est essentielle, et qui joint, à une certitude plus grande que toute morale autrement fondée, une efficacité pratique supérieure à celle de toute autre morale.

Il est temps maintenant de construire, après avoir tant détruit. Il ne faut pas s'étonner si la partie vraiment constructive de ce livre est courte, comparée à sa partie destructive : ne serait-il pas étrange que l'homme pût édifier une métaphysique considérable ? Sans même se placer à notre point de vue propre, on peut soutenir, que, si l'homme est capable de métaphysique, il est sage, pourtant, de se défier de tout traité de métaphysique d'une certaine étendue. Depuis longtemps, nous avons expliqué comment et pourquoi nous devions exposer toute la doctrine contenue dans ce livre comme si elle avait une existence psychologique dans une véritable conscience empirique, bien qu'il n'en fût pas ainsi ; que les nécessités inhérentes à l'exposition de toute doctrine n'induisent pas en erreur sur la nôtre ! Dès notre premier chapitre, nous avons posé le principe de la véritable métaphysique, à savoir qu'il y a quelque réalité ; mais ne retenons de ce premier chapitre que la méthode dont il préconise l'usage, et tentons d'exposer, dans celui-ci, tout le corps des propositions métaphysiques possibles, de la première à la dernière, en oubliant le monde de l'illusion, la science de l'illusoire, l'artifice par lequel le dogmatisme scientifique et même le dogmatisme des métaphysiciens en général peut se justifier, en oubliant, enfin, que les procédés de pensée dont nous allons sembler nous servir ont été critiqués quant à leur emploi scientifique d'abord, et ensuite quant à leur valeur métaphysique si l'on en fait encore des procédés de la pensée concrète, de la conscience empirique ; voyons quelle est, et de quelle nature est, devant la pensée en soi, l'être qui est, en soi, affirmation de soi, affirmation d'un soi incommunicable à la conscience, à la source illusoire de toute illusion.

I. — S'il est vrai que j'affirme, j'affirme toujours quelque être, j'affirme l'être qui, pour moi, existe réellement, de quelque manière qu'il existe ; je l'affirme nécessairement comme indépendant du fait qu'il est affirmé par moi, car, psychologiquement, affirmer, c'est affirmer de la sorte. Et si je m'élève, ainsi que la notion de l'être m'y invite elle-même, à l'idée de l'être en tant qu'indépendant de son affirmation par moi, je constate qu'elle est, en réalité, non un simple concept, mais un jugement qui peut être ainsi formulé : « Quelque essence existe ». Ce jugement est synthétique, nécessaire et réciproque, car l'idée de l'être se dépouille de tout sens si l'on essaye de concevoir une essence qui n'existe en aucune manière, ou l'existence sans quelque essence. Au reste, celui qui n'admettrait de réel que le phénomène, le transformerait nécessairement en une sorte de réalité. Mais tandis que le phénomène, c'est l'être qui pourtant n'est point, c'est-à-dire quelque chose de contradictoire, l'être est la négation même du non-être son contradictoire.

Il se pose lui-même ; et si l'on veut dire qu'il se pose pour nous, il faut dire qu'il se pose pour nous comme se posant sans nous, indépendamment de nous.

Ne confondons pas ce principe : « L'être est », avec le principe d'identité. Non que ce dernier soit proprement analytique alors que l'autre est synthétique, car le principe d'identité exactement entendu signifie : « L'identité appartient à l'être ». Mais les deux principes sont distincts comme ayant chacun leur signification propre. L'un pose qu'il y a de l'être, l'autre que l'être est identique à lui-même. Sans doute, celui-ci est intimement lié à celui-là, car, si l'on nie le principe d'identité, l'autre est détruit ; mais le principe d'identité, bien que supposant le principe qui pose l'existence de l'être, est d'une application plus étendue que ce dernier ; en effet, le principe d'identité peut être appliqué à une essence toute abstraite et toute idéale, tandis que l'autre principe n'a trait qu'à l'être positivement réel ; cependant, qu'on ne l'oublie pas, non seulement l'existence idéale[1] est encore une sorte d'existence, mais elle suppose quelque existence réelle qui la soutient ; de sorte que l'on peut dire que le principe d'identité, relatif à tout être fût-il aussi précaire que possible, suppose le principe qui pose la réalité positive de quelque être. La valeur absolue du principe d'identité dérive de celle du principe de l'être, car c'est parce que l'être se pose absolument, qu'il se pose comme il est, c'est-à-dire comme être tout d'abord. D'autre part, malgré son indépendance, en un sens, du principe d'identité que l'on peut oublier un instant en le pensant alors que le contraire n'est pas possible, le principe : « L'être est » ou : « Quelque essence existe » est, en un autre sens, dépendant du principe d'identité par cela même que le premier n'est complètement entendu

---

1. Il s'agit ici, uniquement des possibles et des vérités principes.

que si, en le pensant, on y joint la pensée du second. A vrai dire, l'être a pour première loi d'être conforme au principe d'identité ; le premier principe métaphysique est indissolublement lié au premier principe logique, malgré les différences qui les caractérisent. Au reste, dans l'ordre réel, comme on le voit immédiatement, le principe logique, qui a aussi une valeur métaphysique puisqu'il est si intimement lié à l'autre, est le second, et l'autre est le premier ; c'est l'inverse dans l'ordre proprement logique, qui n'est que l'ordre de l'abstrait. L'abstrait ne s'entend que par le réel, et la loi du réel se confond avec le réel : on sera donc sûr, si l'on spécule sur l'être en se servant avant tout et sans cesse des principes d'identité, de contradiction et du tiers exclu, de spéculer comme il convient sur l'être.

Il importe d'avertir ici que nous n'entendons pas déclarer que tout ce qui peut être dit de non contradictoire sur l'être doit être dit de l'être, mais seulement que l'on doit dire de l'être ce qui semble entraîné par l'idée même de l'être, et nier de l'être tout ce qu'on n'en peut dire sans contradiction. De plus, par identité, ainsi que nous l'avons fait remarquer plusieurs fois, il ne faut pas entendre l'identité absolue : quand nous dirons, par exemple, que l'être est cause, cela voudra dire que penser l'être, c'est aussi penser qu'il est cause, de telle sorte que la pensée de l'être comme cause soit identiquement ce que la pensée pense de l'être, quand elle laisse se développer en elle la série des idées qu'entraîne l'idée de l'être. Nous irons constamment de la notion de l'être, qui est contenue dans la notion de l'affirmation en soi, notre principe dialectique, à la détermination de tout le contenu de l'idée de l'être, qui est d'abord affirmation en soi de soi, puis affirmation de toutes les propositions qui sont la suite normale de ces deux premières affirmations : « L'être est » et « L'identité est la loi essentielle de l'être ».

II. — Si l'être est, il est en soi, car ce qui serait dans autre chose que soi n'aurait pas d'en soi, et ne pourrait donc être sujet d'une proposition affirmant son existence ; d'autre part, si une chose est dans une autre, c'est cette autre, et non pas elle, qui existe ; tout être est donc en soi, est donc substance.

Il suit de là qu'il ne saurait exister, à proprement parler, des attributs, si l'on entend par là quelque chose qui serait dans une substance et ainsi ne pourrait pas être véritablement. Mais on ne peut supprimer l'idée d'attribut ; en quel sens donc peut-on dire qu'il y a des attributs réels bien que les seules réalités soient des substances ?

On parle d'attributs essentiels ; mais il est évident que l'on désigne par ces mots la substance elle-même, qui ne peut être distinguée de ses attributs essentiels sans être annihilée : ce qui est, est tel ou tel ; sans cela, ce qui est dit « être » serait indéterminé, donc inexistant. Quand on dit que l'être est un, on constate simplement qu'il est, car le mot « unité » signifie : individualité ; et l'individualité, c'est l'être même, puisque l'être est atteint quand l'indivisible est atteint. Quand on dit que tel être est composé, on ne qualifie pas par ce mot un certain être : on déclare seulement que l'on est en présence de plusieurs êtres ; mais l'expression « être plusieurs » n'a aucun sens réel, car le multiple n'existe que pour qui le compte ; ce n'est pas là une qualité objective. Quand on dit qu'un être est identique à lui-même, on veut dire qu'il déploie une activité telle que, partout où elle se déploie, elle se manifeste par un acte ou par des ensembles d'actes ayant quelque caractère interdisant de les grouper avec d'autres actes. Si l'on dit qu'un être est parfait ou imparfait, ce sont ses actes que l'on qualifie. Si l'on dit que l'être, ainsi que nous le montrerons plus loin, est chose pensante, amour et liberté, on exprime par là les diverses qualités de ses actes. C'est donc la substance que l'on désigne lorsqu'on parle de ses attributs, ce sont ses actes que l'on désigne lorsqu'on la nomme, ce sont ses actes que l'on qualifie lorsqu'on parle des attributs d'une substance. Parle-t-on de son ou de ses attributs essentiels, c'est d'elle en tant qu'elle se pose et qu'elle s'oppose à toute autre, que l'on parle ; or, se poser et s'opposer, c'est agir. Parle-t-on de ses attributs non essentiels, c'est encore son activité que l'on détermine et qualifie. Et pourrait-il en être autrement ? Que serait donc un être purement passif ? Un être qu'on nomme ainsi, réagit tout au moins, et suivant sa nature propre ; mais réagir, c'est faire obstacle, tendre à modifier l'activité de quelque autre chose ; et réagir d'une façon propre n'est possible que si ce qui réagit possède un principe déterminé d'action en lui-même. Tout être, toute substance est donc activité. On ne peut pas ne pas parler d'attributs : autrement on ne pourrait rien dire de rien ; mais les attributs n'appartiennent à une substance qu'en tant qu'elle est activité, puisque être, c'est agir. Par activité, il ne faut pas entendre, certes, quelque mystérieux pouvoir dont en somme l'idée serait bien impropre à éclaircir l'idée de substance ; ce mot d'activité n'a qu'un sens intelligible : les actions dont une substance est, à la lettre, l'ensemble. Leur liaison suffit à assurer l'unité de la substance : par exemple, si Dieu est, l'acte intérieur et les actes extérieurs qui le constituent suffisent à faire de lui un être et un être distinct des âmes créées, lesquelles, si elles sont, sont constituées chacune par des actes distincts des siens et formant des groupes distincts d'autres groupes similaires.

Rien, d'ailleurs, ne s'oppose, si un groupe d'actes, tel qu'il puisse faire croire à un être unique, renferme pourtant des sous-groupes ayant entre eux des différences irréductibles, rien ne s'oppose à ce que l'on regarde l'être constitué par ce groupe comme un faisceau d'êtres : on le peut sans morceler l'être, sans le faire divisible. Si, par exemple, notre âme est à la fois pensée, amour et liberté, pourquoi hésiterions-nous à concevoir notre être comme une synthèse de trois êtres ou groupes d'actes ? La psychologie elle-même nous y invite, car l'irréductibilité de ces trois aspects de notre être porte à admettre une telle opinion. — « Mais, dira-t-on, vous vous êtes interdit d'appliquer le nombre à l'être. » — Oui, aussi est-ce à regret, et parce qu'il n'était pas possible de faire autrement, que nous venons d'employer le mot « trois ». Ajoutons que notre conception d'êtres faisceaux d'êtres implique l'affirmation de l'unité de l'être, de l'être élément d'abord, que nous ne regardons plus comme un faisceau, et aussi de l'être faisceau : cette dernière unité est de liaison, non à proprement parler de composition, et lier c'est unir en respectant l'unité des éléments liés, tandis que composer c'est faire un tout qui n'est qu'artificiel, avec des parties dont on nie l'individualité en les disant des parties ; ce qui a été dit du caractère tout phénoménal et subjectif des sommes ne s'applique pas ici. Enfin, l'unité véritable est essentiellement un concept pré-mathématique et métaphysique ; on peut donc se servir ici de ce concept, et s'il y a une nécessité de parler de multiplicité quand il s'agit du métaphysique, il faut entendre, par ce mot, une multiplicité simplement qualitative : c'est ce que nous faisons, puisque les éléments dont nous composons les êtres faisceaux sont hétérogènes entre eux. Il n'est pas possible d'appliquer le nombre au réel sans altérer l'idée du réel, sans déclarer implicitement qu'en traitant ainsi de l'être, on n'en traite pas, mais il est nécessaire de parler de multiplicité en métaphysique et l'on ne peut arriver à éliminer tout à fait de l'idée de multiplicité celle de quantité ; si donc il faut parler de multiplicité quand il s'agit de l'être, on doit avouer que, dans la mesure où l'on peut encore dire que notre pensée pense l'être, elle le pense comme étant en soi l'impensable. Ces dernières considérations seront complétées plus loin par d'autres qui seraient peut-être prématurées ici.

En résumé, l'être, ou la substance, est action ; les attributs des substances sont, de leur vrai nom, des modes de l'action. Autant ils seraient absurdes, rapportés à des substances qui seraient les mystérieux substrata, les principes occultes des actions de ces substances, autant ils sont intelligibles si on les rapporte aux actions de substances que l'on regarde comme entièrement et uniquement définies par ces actions. De plus, on peut concevoir certaines substances toutes peut-être, comme des êtres faisceaux, et par suite très facilement se dispenser de concevoir une substance, supportant plusieurs attributs différents : cette dernière idée est peut-être la plus obscure que l'on pourrait se faire de la substance. On peut et on doit regarder les attributs comme appartenant aux actions et aux groupes irréductibles d'actions qu'il est possible de considérer comme déterminant une substance unique, de quelque substance qu'il s'agisse. — Bref, tout ce qui est, est en soi, et il n'y a de réel que les substances ; leurs attributs, ce sont les attributs de leurs actions, et leurs actions, ce sont elles-mêmes. On les classe par genres et par espèces, on peut en traiter syllogistiquement et comme s'ils étaient les attributs de substances distinctes de leurs attributs et existant à part des actions qui, suivant nous, constituent les substances ; mais il n'importe : ce que nous avons établi demeure, et la possibilité de bien parler des substances en concevant inexactement la notion d'attribut ne doit ni nous faire illusion, ni nous troubler[1].

---

1. La conscience empirique étant oubliée, peu nous importe ici si l'on nous

III. — On peut démontrer aussi que tout être est pour soi, en partant de la propriété de l'être consistant à être en soi. En effet, être en soi, c'est avoir son existence intérieure à son essence, c'est-à-dire être posé pour soi ou se poser pour soi ; or, être pour soi, c'est être pensée, pensée de soi.

Il y a plus : ce qui est en soi ne peut être que pour soi ; en d'autres termes, l'être d'un être n'est donné qu'à lui-même. Tout être peut être pensé par tout autre être, puisque d'une part tout être ressemble à tout autre, tout être étant chose pensante, puisque d'autre part il y a d'autres moyens encore de connaître que la connaissance directe et intuitive ; mais aucun être n'existe, n'est proprement pour un autre ; il ne peut être pensé par un autre à moins de ne faire qu'un avec cet autre par quelque partie de lui-même, ce qui en un sens est possible, nous le verrons, sans que l'axiome « Ens et unum convertuntur », et que cet autre axiome connexe avec le premier : « Tout être s'oppose à tout autre être » soient violés.

On peut encore démontrer comme il suit la proposition dont il s'agit. Soit un être A que connaîtrait en lui-même, c'est-à-dire en tant qu'être, dans l'être de cet être, un autre être B. L'idée par laquelle B connaîtrait A ferait ou ne ferait pas partie de A ; elle en ferait partie dans le cas où, conformément à telle théorie scolastique, la connaissance serait la communication, au sujet connaissant, de la forme même du connu ; elle n'en ferait pas partie au cas où l'idée serait conçue soit comme le produit de l'action de B en présence de A, soit comme l'acte commun de A et de B. Mais, dans le premier cas, il n'est pas vrai, toute autre question écartée, que B pourrait avoir la cer-

objecte ce que nous avons nous-même objecté à la conception de genres réels, aux démarches de la pensée supposant l'existence de genres, titude de connaître A, car rien ne prouverait à B, lorsqu'il croirait s'identifier à A par la connaissance qu'il en prendrait, qu'il n'est pas simplement A conscient de lui-même, A se faisant l'illusion d'être pensé par un certain B ; ou bien au contraire que A ne fait pas, lui-même, partie de B. Dans le second cas, qui peut assurer B qu'il traduit, par une idée exacte de A, l'action de A sur lui ? Il faudrait que B connût déjà A, pour pouvoir distinguer ce qui vient de sa propre nature et ce qui vient de celle de A dans la connaissance qu'il prend de A, ou qu'il fût sûr que le résultat de l'action combinée de A et B n'est pas tel que le composé soit hétérogène avec les composants. Bref, en admettant que A fût bien connu de B, B n'en pourrait rien savoir.

Un dernier argument confirme notre thèse. S'il est vrai que tout être est chose pensante, il faudrait, pour qu'un être pût saisir un autre être dans l'être même de cet être, qu'il le saisît en tant que cet être est de la pensée : mais il est trop évident que la pensée du sujet qui veut saisir la pensée dont l'essence constitue l'objet et fait de cet objet un sujet, tente l'impossible. Pour penser un autre être, il faudrait en pénétrer la pensée constitutive par la sienne propre ; il faudrait que B devînt A qui est pensée de soi. Mais alors, ou bien le sujet B se substituerait au sujet A, ou bien il méconnaîtrait dans son objet la qualité d'être un sujet et de se poser comme tel, ou bien encore il méconnaîtrait dans son objet la qualité d'être un objet, celui dont la connaissance est tentée et qui en soi est un sujet. De quelque façon, donc, que l'on interprète l'hypothèse de la pensée directe et intuitive de l'être d'un être par un autre être, on s'aperçoit que cette hypothèse est à rejeter : pour l'admettre, il faudrait altérer l'idée de l'objet et l'idée du rôle que devrait jouer par rapport à lui le sujet qui voudrait le connaître. Donc, enfin, l'être est pour soi seul, et ne pense immédiatement que soi.

Comment le contraire serait-il possible, puisque l'être ne peut être qu'en soi ? Cet être, qui n'est qu'en soi, est pensée, mais il ne peut être que pensée de soi, parce que ce qui est vrai de son être est vrai de la pensée qui le constitue : l'être, qui est en soi et qui est pensée, ne peut être pensée que de soi, donc ne peut être que pour soi seul.

IV. — Ce qui est en soi et pour soi, pour soi seul, est aussi par soi. En effet, nous l'avons remarqué déjà, être, c'est, pour une essence, renfermer l'existence : l'existence de ce qui est, est intérieure à son essence ; être, c'est donc non seulement n'être que pour soi, mais encore se poser, être par soi : tout cela dérive, au fond, de ce que l'être possède la qualité d'être en soi. — D'ailleurs, puisque la pensée et l'être sont choses identiques, les conditions de l'être et celles du penser sont les mêmes. Or, qu'est-ce que penser ? C'est poser l'être de ce qu'on pense ; donc, quand la pensée se pense, elle pose sa propre réalité ; et cette réalité est posée d'une manière tout à fait satisfaisante, puisque son être est suffisamment défini par l'expression : « pensée de soi ». L'être se pose lui-même, il est cause de soi parce qu'il est pensée, et que la pensée pose l'être qu'elle pense, et qu'elle a pour loi nécessaire de se penser elle-même, de se penser elle seule directement. — Mais supposons qu'il en soit de la pensée constitutive des véritables êtres comme il en est parfois de cette pensée illusoire qui est la pensée concrète, la conscience empirique ; supposons que, dans certaines circonstances, la pensée se déploie sans se penser elle-même. Elle n'en serait pas moins, alors, position de soi, car ce qu'elle pense est une pensée, est en elle à titre de pensée, et n'est pour elle que parce qu'il en est ainsi. — L'être étant pensée, et la pensée ayant pour fonction de poser explicitement ou implicitement sa réalité, on doit donc dire, l'être étant considéré soit en tant qu'être, soit en tant que pensée, qu'il se pose lui-même, dans les deux cas ; en d'autres termes, il faut dire absolument qu'il est cause et cause de soi. Comment, au reste, ce qui n'est que pour soi aurait-il une cause étrangère à lui-même ? Pour qu'il en fût ainsi, il faudrait que ce qui n'est que pour soi n'eût pas son existence intérieure à son essence, ce qui serait contradictoire.

V. — *L'être est aussi liberté.* — En effet, où il y a de l'être, il y a absence totale de non-être, c'est-à-dire, en particulier, de multiplicité, car ce qui est multiple n'existe pas, mais ce sont seulement ses parties qui existent, et ces parties, ce ne sont point des parties, ce sont des êtres, des êtres distincts les uns des autres par nature, puisque l'être suppose la simplicité, l'individualité. Or, ce qui est simple ne saurait être soumis à une nécessité intérieure, car une telle nécessité supposerait tout au moins une dualité interne, celle d'un élément qui subit l'action d'un autre élément sauf à lui faire subir aussi la sienne. — Quant à être soumis à une nécessité extérieure, on ne peut admettre que telle soit la condition d'un être quelconque, car, dans cette supposition, chaque être ne serait pas vraiment cause de soi, et son mode d'existence ne serait pas celui d'un être dont l'existence est intérieure à l'essence. — Ajoutons que tout être, pour mériter ce nom, doit s'opposer à tout ce qui n'est pas lui comme un moi à un autre moi, comme un moi à un non-moi ; et l'activité devant toujours être conforme à la nature de l'être qui agit, l'action de tout être ne doit relever que de lui seul, puisque, par nature, il est une individualité distincte, une réalité qui s'oppose à toute autre dans la notion même de son essence. L'être est donc, par essence, liberté.

VI. — Mais, entre la pensée et la liberté, quelque intermédiaire est nécessaire, car la pensée est contemplation, et la liberté se rapporte proprement à l'action. La première a pour fonction de présenter à la seconde des possibilités d'action, mais puisque nulle action n'est nécessitée et que d'autre part l'idée de liberté n'est point celle de hasard, il faut qu'il existe, entre la pensée et l'acte libre, quelque chose qui soit suscité par la première, et qui néanmoins apparaisse spontanément, quelque chose qui sollicite le second à se produire, sans toutefois le nécessiter. Or, l'amour n'est-il pas précisément cet intermédiaire? La pensée le suscite, et il la suppose; mais la nécessité ne le fait pas dériver de la pensée. D'autre part, agir librement, n'est-ce pas faire ce que l'on aime sous l'impulsion, non subie, mais acceptée, d'un amour dont les raisons d'être sont explicables et cela sans qu'elles puissent être regardées comme la cause fatale de cet amour? L'être est donc amour, comme il est pensée et liberté.

Toutefois, ces trois formes de l'être, également requises pour que l'être soit, doivent se pénétrer, s'identifier en tous sens tout en restant distinctes, afin que leur liaison soit complète et que l'unité de l'être faisceau soit parfaite. C'est ce qui a lieu : la pensée, en effet, est action et amour. Qu'elle soit amour, comment en douter, puisque l'acte par lequel s'achève la pensée est le jugement, et que le jugement est croyance, c'est-à-dire sentiment, inclination de l'âme vers une idée, puisque, sans l'amour du vrai, la pensée ne se soucierait pas d'affirmer? Qu'elle soit liberté, comment en douter, puisque le jugement se clôt par une affirmation, laquelle est un acte de volonté, un décret inconditionné de cette volonté profonde qui a sa source dans la nature intime de l'être pensant? — En second lieu, l'amour est pensée et liberté. L'amour, en effet, est un mode d'activité qui se déploie sous l'attrait d'une fin, mais une fin est un mobile, un être d'ordre intellectuel, une pensée ; détaché de toute idée, l'amour ne se distinguerait plus d'une activité aveugle et fatale ; en faisant voir que l'amour doit être aussi pensée, nous avons déjà montré, en même temps, qu'il devait être liberté, puisqu'il nous est apparu comme se produisant sous l'attrait d'une fin qui n'est efficace que parce qu'elle est choisie. — Enfin, il n'est pas moins certain que la liberté soit pensée et amour car, se déterminer, c'est juger qu'il y a lieu de poursuivre une fin : vouloir, c'est préférer, et cela alors même que l'on préférerait volontiers ce que pourtant l'on se décide à ne point préférer ; si l'on consulte sur ce point la conscience empirique, on verra qu'en fait, pour vouloir ce qu'on souhaiterait au fond ne point faire, on tâche de juger digne d'être voulu, et d'aimer malgré l'aversion que l'on peut ressentir, ce que l'on juge obligatoire de vouloir, mais pénible à accomplir. — Que l'on ne s'étonne point si nous paraissons parfois prendre un point d'appui dans la conscience empirique : lorsque nous analysons l'être et que nous y retrouvons ce que le psychologue trouve en analysant cette conscience dont nous avons nié la réalité, peu nous importe s'il y a des ressemblances entre le monde de l'illusion et le monde réel. Cependant, nous voyons une utilité, au point de vue dialectique, à faire quelquefois remarquer ces ressemblances ; l'opportunité des comparaisons, qui ne sont certes point des raisons, n'est pas niable soit en philosophie, soit ailleurs.

Avant de poursuivre, il nous faut répondre à une question qui peut ne point paraître suffisamment résolue : l'action par attrait n'est-elle point, au fond, identique à l'action par contrainte ? Si l'on soulève un doute de ce genre, ce peut être, semble-t-il, au nom de la physique newtonienne, qui semble exiger la réduction de toute activité à l'activité mécaniquement déterminée de tous les éléments de l'univers. L'objection est celle-ci : l'action par attrait, c'est-à-dire l'action de nature morale, n'est pas possible. En effet, on a dit que l'idée de force morale était incluse dans l'idée de l'attraction physique elle-même ; mais, comme on le sait, Newton ne tenait pas outre mesure à cette expression d' « attraction » ; cette hypothèse lui semblait commode pour expliquer le mouvement dans l'univers ; mais, au fond, son opinion était que le mouvement s'explique par le mouvement, qu'il conçoit plutôt comme l'effet d'une contrainte ; ce qui le prouve, c'est qu'il rapporte l'origine première du mouvement à une action divine semblable, en somme, à un choc. —. Oui, la science n'a que faire, pour expliquer le mouvement, d'un concept autre que le mouvement ; elle ne souffre pas de l'élimination de l'idée de la force elle-même, qu'elle remplace sans inconvénient par les idées de masse et d'accélération ; elle arrive, en s'aidant uniquement des lois mathématiques, à rendre compte de toutes les formes, de toutes les vitesses du mouvement, et l'on peut considérer l'introduction de l'idée de l'action divine, dans la physique newtonienne, simplement comme un moyen de couper court aux questions métaphysiques que l'esprit humain pose indiscrètement à la science. Kant devait reconnaître plus tard à l'idée de Dieu, l'une des « idées de la raison », un rôle analogue dans l'œuvre de la raison spéculative. — Mais si la science a pour nécessité d'éliminer le plus possible de ses raisonnements toute idée métaphysique, la métaphysique se pose les questions qui ne sont plus du ressort de la science, et que la science n'arrive point à faire tenir pour vaines : toute métaphysique autre que la nôtre se doit à elle-même de creuser le concept du mouvement. Le fait-on, il semble impossible de ne point l'expliquer, avec Leibnitz, par une force intellectuelle et morale. Dès lors, il n'y a plus à parler de contrainte ; toute cause devient sollicitation, tout effet devient persuasion selon le mot de Ravaisson, et par Leibnitz, c'est Aristote que l'on rejoint. Il semble donc que le type d'action le plus satisfaisant pour l'intelligence, c'est l'action par pur attrait. — Pour terminer, remarquons que l'attrait dont il est ici parlé est nécessairement celui d'une idée sur une sensibilité et sur une volonté, et qu'il n'y a pas, dans ce genre d'attrait, d'action transitive, puisqu'il s'agit d'une action intérieure à l'être agissant, lequel est à la fois l'intelligence concevant l'idée qui détermine la direction de l'action, la sensibilité qui, approuvant cette idée, la rendra efficace, et la volonté qui réalisera l'idée devenue principe d'action.

VII. — Pensée, amour et liberté, voilà donc la définition de l'être ; d'un mot, il est personnalité. Cette vérité n'est point nouvelle : le philosophe qui regardait la sensation comme de la pensée confuse et niait par là le *quid proprium* de la sensation à cause de son inintelligibilité, qui regardait tout élément de l'univers, toute monade comme une âme à l'état enveloppé, assimilait à la personnalité toute forme de l'existence, faisait des animaux des personnes incomplètes, et des dernières parties du monde dit physique des personnalités en puissance : qu'est-ce que l'atome, dans ce système, sinon une âme embryonnaire ? Qu'est-ce que notre âme, sinon un atome qui a réussi ? Niant absolument la réalité du phénoménal, nous n'entendons point parler ici de cette personnalité dont nous croyons avoir conscience ; mais partis de la conscience empirique pour arriver d'abord à la pensée en soi, point de vue tout abstrait qui nous a permis d'affirmer l'être, nous poursuivons l'analyse de l'idée de l'être ; et voici que nous voyons déjà cette idée se résoudre en celle d'un être ou de plusieurs êtres ayant pour définition la pensée, l'amour et la liberté.

Mais on peut nous faire, au nom des principes mêmes que nous avons établis, une double objection : « Ou bien, dira-t-on, vous morcelez tout être substance en trois êtres, et alors que devient l'axiome : « Ens et unum convertuntur » ; ou bien il vous faut faire, de ces trois êtres, trois attributs d'un seul et même être : alors que devient votre négation de la possibilité d'attributs inhérents à des substances? » — Pour répondre à ces objections, il faut montrer la légitimité du concept de l'être faisceau d'êtres, ainsi que les avantages de ce concept sur celui de la substance sans aucune multiplicité et sur celui de la substance douée d'attributs. — L'être suppose l'unité ; mais, en premier lieu, l'unité absolue n'est pas la condition de la réalité d'un être. Il est possible que, pour qu'un être existe, il doive être associé à d'autres êtres, lesquels, restant isolés, demeureraient, ainsi que lui, de purs possibles ; on n'a aucune objection irréfutable à formuler *a priori* contre le concept de l'être faisceau d'êtres plus élémentaires. — En second lieu, si l'idée d'un être quelconque suppose en lui une variété d'actions telle que ces actions forment des groupes irréductibles, il devient nécessaire de concevoir l'être réel comme devant être un faisceau d'autant d'êtres qu'il y a, dans chaque être réel, de groupes irréductibles d'actions ; d'autant plus que la notion d'attributs d'une substance est vicieuse, et que par suite on ne peut remplacer le concept des actions d'une substance par celui d'attributs de cette substance. On ne peut regarder la pensée, l'amour et la liberté comme des attributs de l'être : ce sont des groupes de pensées, de sentiments, de déterminations, en un mot d'actions.

Mais une multiplicité d'êtres peut-elle former un être?

Non, s'il s'agit d'une multiplicité quantitative, d'une somme; oui, s'il s'agit d'une multiplicité qualitative, d'une unité de liaison. Au reste, comment y aurait-il là une multiplicité quantitative, puisqu'une telle multiplicité suppose l'identité de ses parties, et que ce que contiennent d'irréductible les actions de chacun de ces trois groupes empêche ceux-ci d'être proprement trois? — D'autre part, une unité peut-elle renfermer une multiplicité? Il semble que cela soit nécessaire, car, sans la seconde de ces idées, la première n'a plus de sens : soit mathématiquement, soit même métaphysiquement, elle ne s'entend que par opposition avec la seconde, bien que celle-ci la suppose : ces notions sont solidaires. Mais l'unité d'un être ne saurait résider dans une multiplicité d'attributs de cet être, car, si l'on parle d'attributs, il faut les fonder dans la substance; et pour rendre compte des qualités opposées, contradictoires, que peut manifester une substance, on serait obligé de concevoir l'opposition, la contradiction au sein de l'être lui-même; tout au contraire, si l'on définit la substance par ses actions, il devient possible de concevoir sans contradiction la diversité ou même la contradiction dans l'activité de l'être : elle n'a pas plus lieu d'étonner que la diversité ou même la contradiction des actions, puisqu'elle n'est rien en dehors des actions. Et que serait donc l'unité absolue que certains exigent en chaque être, sinon la pauvreté absolue? L'unité absolue, mais c'est le néant réalisé; c'est, réalisé, le genre généralissime des logiciens, l'être qui n'est qu'être, et dont il n'y a rien de plus à dire. Enfin, l'être est action, donc changement intérieur et diversité; et de plus, qui dit action, dit action effective, donc aussi réaction, c'est-à-dire encore action.

Soutiendra-t-on que s'il n'y a nulle part d'unité absolue, que s'il y a de l'irréductible partout, rien ne peut être absolument compris, même de Dieu ? Nous acceptons la conséquence ; si on laisse au mot « compréhension » son sens courant, celui de « réduire », Dieu ne comprend point ce qu'il connaît : s'il réduisait tout à l'unité dans chaque être et dans le tout que forment les êtres, il cesserait de voir la diversité constitutive de chacun des êtres et la variété de leur ensemble, ainsi que nous l'avons déjà fait observer. Par le fait même que l'être est diversité, irréductibilité, il est toujours, en un sens, quelque peu inintelligible en soi : le comprendre tout à fait ne serait possible qu'en l'altérant ; pour le connaître vraiment, il faut donc le connaître comme étant, dans une certaine mesure, inconnaissable. En un sens, Dieu ne le comprend pas, mais il le contemple dans son entière variété. — Verra-t-on une contradiction dans notre conception de l'être faisceau, sous prétexte que nous serions obligés de proclamer au moins la simplicité absolue des éléments derniers de chaque être faisceau ? Mais qu'est-ce donc qui nous obligerait à nous contredire ainsi ? Les éléments de chaque être faisceau, étant nécessairement reliés chacun aux deux autres et les impliquant, enveloppent par cela même une certaine multiplicité ; ils ont donc, à un certain point de vue, cette multiplicité qui est requise pour qu'ils soient des unités et par suite des êtres ; et cette unité est assez assurée par la prédominance, en chacun, de ce qui constitue son caractère propre, de même que, d'autre part, l'unité du faisceau est assez assurée par la liaison des trois éléments de ce faisceau. Pour exprimer ce qu'est l'être réel, dont les éléments composants ne seraient que des possibles à l'état isolé, il faut dire : l'être est pensée, mais il se pose en même temps comme amour et comme liberté ; il est position de soi comme étant ces trois choses dont chacune a un en soi, mais n'est réelle que parce qu'elle est reliée aux deux autres qui la pénètrent et qu'elle pénètre.

Mais il faut bien marquer par un mot l'unité des trois éléments qui composent l'être élémentaire réel; le mot « Pensée » convient à ce rôle : il a servi à tous les cartésiens pour désigner tout le mental. Nous dirons donc que l'être est pensée, mais en entendant par ce mot tout ce qui constitue la personnalité. — Qu'on ne nous reproche point d'enrichir jusqu'au moindre des êtres, de tout ce que la conscience empirique croit remarquer chez les êtres les plus perfectionnés : les ontologistes s'efforceraient en vain de tirer, de l'idée abstraite de l'être, tout ce qui revêt les formes compliquées dont l'expérience offre le spectacle. Moins on appauvrira l'être élémentaire, mieux on expliquera les développements merveilleux qu'il peut prendre. La vraie science doit mettre, dans le principe, tout ce qui est nécessaire pour rendre compte de tout ce qui se dégage du principe : autrement, la science consisterait à expliquer l'être par le néant, elle serait l'amplification, le développement du plus contradictoire des axiomes.

VIII. — L'être étant tel que nous l'avons défini, il peut y avoir une pluralité d'êtres. En effet, il y a une unité qui est nécessaire, l'unité interne de ce qui est, une unité de liaison, rappelons-le. Mais il ne suit pas de là qu'il n'y ait qu'un seul être. D'autre part, il y a, à l'indéfini, des degrés divers de pensée, d'amour et de liberté; autant on peut concevoir de degrés en ces trois manières d'être, autant il y a d'êtres possibles. Enfin, la nécessité des déterministes étant une illusion, comme nous l'avons établi en mettant la liberté dans la définition même de l'être, une spontanéité indéfinie est possible au sein de l'être.

IX. — Mais y a-t-il en réalité plusieurs êtres ? S'il en est plusieurs, comment leur existence peut-elle être prouvée, et quels rapports peuvent exister entre eux ? Telles sont les questions qui se présentent maintenant. Jusqu'ici, nous avons prouvé que l'être, qu'il n'y en ait qu'un ou qu'il y en ait plusieurs, doit être défini d'une certaine manière, mais rien de plus.

La doctrine ici soutenue étant la négation absolue de toute réalité phénoménale, nous ne pouvons partir de cette réalité pour prouver l'existence de l'âme, de la matière, de Dieu, ni d'aucune autre chose. Mais il n'importe. En ce qui concerne Dieu, la notion de l'être où nous sommes parvenus nous fournit le moyen de démontrer son existence et sa perfection, avant même de démontrer aucune autre existence. — En effet, l'être se pose lui-même, il est position de soi ; donc, s'il n'y a qu'un seul être, il possède pleinement l'aséité, il est Dieu. Mais s'il y a plusieurs êtres, ne sont-ce point autant de Dieux ? — Il est nécessaire de nous arrêter ici pour démontrer que le caractère qui consiste à pouvoir se poser soi-même, n'empêche pas de concevoir qu'un être ait reçu la faculté de se poser lui-même, et que recevoir cette faculté d'un autre être est possible.

Se poser, ou se créer, est impossible si le temps est la condition de toute réalité, car, dans l'hypothèse de la réalité du temps, il faudrait, pour pouvoir se créer, qu'un être fût déjà. Mais, le temps éliminé, l'auto-création devient possible. Cependant, ce qui se pose peut-il tenir d'un autre être la faculté de se poser ? C'est là un cas, dira-t-on, d'action transitive, et nul être ne peut ni agir, ni connaître en dehors de lui-même. — Ces négations sont excessives. Pour le démontrer, considérons la pensée, l'amour et la liberté qui constituent l'essence de l'être : par nature, la pensée est commune à tous les esprits qui peuvent exister, car, si nous existons, de quelque façon que nous existions, votre raison et la mienne ne se distinguent point; l'amour est identiquement la tendance à s'unir à autre chose que soi ; la liberté n'a pas d'emploi où elle se manifeste mieux qu'en se soumettant à la raison, qu'en obéissant à la loi d'amour, qu'en se limitant en faveur d'une autre liberté ou même, si l'être libre dispose de la puissance requise, qu'en créant des libertés qui pourront devenir antagonistes de celle de l'être qui les a créées. Par essence, tout être est donc, d'une part un avec d'autres, et d'autre part tendance à ne faire qu'un avec ces autres, si toutefois il existe une pluralité d'êtres ; et comme l'existence de tout être est intérieure à son essence, toutes les existences, bien que distinctes, doivent donc être unies par quelque point, unies, en particulier, avec Dieu s'il existe : la nature de tout être le relie à tous les êtres qui coexistent avec lui : de la communauté de toutes les essences et de la tendance qui porte chacune d'elles vers les autres, on peut conclure à la liaison réelle, intime de leurs existences ; et cette liaison n'étant point une confusion, une identification, on peut dire que l'unité de tous les êtres ne compromet pas plus leur multiplicité, que la multiplicité interne de chacun n'en compromet la simplicité.

Mais si tous les êtres y compris Dieu, au cas où il y aurait plusieurs êtres, sont unis tout en ne se confondant point, ils peuvent agir les uns sur les autres sans que leur action réciproque soit proprement transitive, sans qu'elle soit pareille à ce genre d'action transitive qu'il est légitime de rejeter comme contradictoire. De plus, comme tout être est libre par nature et possède en lui le principe de son activité, l'action subie doit plutôt porter le nom d'action suscitée : soit en tant qu'il se pose comme une réalité, soit en tant qu'au cours de son existence il se pose de telle ou telle manière, tout être est position de soi par soi sans que pourtant il soit nécessaire qu'il tienne de lui-même la faculté de se poser et de se poser comme il se pose ; tout être est en soi et par soi, mais il peut n'être pas par soi en un sens et être par soi en un autre sens : il en est ainsi, s'il a reçu la faculté de se poser, ce qui n'est pas impossible ; de la sorte sont également sauvegardées et la liberté d'être, qui enveloppe la liberté d'être tout ce que l'on est, et l'action transitive qui semblait s'opposer à la liberté ; sans que l'être total soit aucunement soumis à la nécessité, l'être d'un être individuel peut être créé ou modifié par un autre être en ce sens du moins que cet autre être est ce qui suscita soit la position par soi du premier, soit tel événement au sein du premier. Car il peut se faire que la position par soi d'un être et que tel événement se produisant au sein d'un être n'aient pas en cet être leur complète explication.

X. — Il peut y avoir une pluralité d'êtres, et un être peut avoir reçu la faculté de se poser ; mais un être au moins doit se poser lui-même en toute indépendance, c'est Dieu qui, seul ou non, existe. Ou bien il existe seul, ou bien il y a autre chose et lui. Mais est-il nécessaire d'admettre qu'il y ait des êtres de telle nature qu'ils doivent avoir reçu la faculté de se poser ? Ne peut-on pas admettre qu'il n'existe qu'un seul être, celui qui se pose absolument ?

Pour répondre affirmativement à la première question, il faut prouver d'abord, d'une manière abstraite, que s'il existe des êtres d'une nature imparfaite, ils doivent avoir reçu la faculté dont il s'agit. Qu'il existe en réalité de tels êtres, nous ne sommes point encore en mesure de le démontrer. — Pour préparer cette démonstration, pour faire voir que l'imparfait, s'il existe, doit avoir reçu la faculté de se poser, il faut admettre deux principes : le principe de causalité, qu'on ne peut nier sans nier la raison à qui l'idée de l'être, identique à celle d'activité, identique elle-même à celle de causalité, est essentielle ; et le principe de contradiction, qui exige qu'on tienne pour vraie cette proposition : « L'imparfait, s'il existe, ne saurait avoir l'existence par soi, l'existence nécessaire ». — Logiquement, dirons-nous, l'existence est une qualité, un attribut, car c'est, comme la possibilité et la nécessité, une manière d'être de l'essence ; réellement, c'est aussi, toutes réserves faites sur la portée de ces mots, une qualité, un attribut ; et l'existence nécessaire, c'est-à-dire inconditionnée, est une perfection. Mais on peut démontrer que l'imparfait ne saurait posséder cette perfection, car celle-ci exige d'être accompagnée de toutes les autres : l'existence nécessaire, ou aséité, est en effet synonyme de puissance ou liberté infinie, perfection qui n'est possible que grâce à une science ou sagesse infinie, à laquelle doit être jointe une bonté infinie : comment concevoir une liberté sans bornes non accompagnée d'une connaissance sans limites, et une connaissance sans limites comme ne contenant pas, en particulier, la science du préférable? Elle doit la contenir sans les obscurités ou les erreurs qui seules expliquent quelque peu la possibilité de l'action indifférente et de l'action mauvaise. Il ne faut pas, comme font les partisans de l'argument ontologique, aller de la perfection à l'existence, mais bien de l'existence nécessaire, reconnue comme une perfection, aux autres perfections. Quant à la première perfection, qui est l'existence nécessaire, on la prouve par un raisonnement fondé sur le principe de causalité, comme ce qui précède est établi par l'emploi du principe de contradiction appliqué à l'idée même de l'existence nécessaire. Ce raisonnement, le voici : s'il y a de l'imparfait, l'imparfait ne possède pas l'existence nécessaire ; son existence requiert donc un être au moins qui existe nécessairement et possède, avec l'aséité, toutes les autres perfections, lesquelles se réduisent à celles que nous avons énumérées, comme l'a montré Leibnitz. On doit donc affirmer qu'il y a, à côté d'un Dieu réel, des êtres au moins possibles, distincts de lui et qui ne peuvent exister que s'il le permet.

XI. — Ce Dieu réel est unique, car la liberté d'une divinité limiterait celle des autres. On ne peut supposer, pour échapper à cette conséquence de la pluralité des êtres divins, que chacun d'eux pourrait avoir une sphère infinie d'action si toutes les sphères d'action étaient regardées comme se pénétrant ; car, dans cette hypothèse, un même être pourrait recevoir à la fois des modifications contradictoires, être à la fois créé ou conservé et détruit. Il n'y a donc qu'un seul Dieu.

XII. — On distingue d'ordinaire en Dieu des attributs métaphysiques et des attributs moraux ; les premiers, immensité, éternité, immutabilité sont conçus par analogie avec ceux du monde phénoménal ; nous devons donc les négliger. Ils le sont aussi, on l'oublie trop, par contraste ; mais il n'y a contraste qu'entre analogues, et faire Dieu à quelque degré analogue à ce monde dont nous avons fait une critique radicalement négative, c'est diviniser l'absurde. On commet donc une erreur lorsque, rangeant l'aséité parmi les attributs dits métaphysiques, on oppose, en Dieu, le métaphysique au moral. La solidarité de l'attribut de l'aséité avec les attributs de la puissance, de la sagesse et de la bonté, allons plus loin, l'identité de l'aséité avec la liberté et la puissance souveraine prouvent assez qu'on doit ranger l'aséité parmi les attributs moraux. Cependant, en tant que l'aséité convient à Dieu tout entier, ce mot peut désigner un attribut commun des trois groupes d'actions qui le constituent : pensées, sentiments, déterminations. — Au reste, les attributs moraux ne sont-ils pas les véritables attributs métaphysiques, puisqu'ils qualifient les manières d'être de la substance divine ou plutôt de l'activité qui constitue cette substance? On peut consentir, à la rigueur, à ce que les termes d'aséité, d'immensité, d'éternité, d'immutabilité, etc..., soient appliqués à Dieu, mais à condition qu'on ne signifie pas autre chose, par là, que la perfection souveraine de l'intellection, de l'affection et de l'action proprement dite en Dieu.

XIII. — Puisque nous avons dû traiter de Dieu avant de tenter de démontrer l'existence d'autres êtres, puisque de ceux-ci nous avons pu démontrer au moins la possibilité, puisqu'enfin l'analyse de l'idée de l'être, de l'idée de Dieu et de l'idée du parfait nous a permis de traiter des êtres non divins possibles comme si nous avions prouvé leur existence, nous pouvons terminer maintenant l'étude du principe divin ; nous pouvons déjà, en effet, préciser les rapports qu'il peut soutenir avec ce qui n'est pas lui. — En procédant comme nous faisons, nous avons l'avantage d'établir, ainsi qu'on va le voir, l'irrationnalité du panthéisme avant même de savoir s'il y a, dans l'être, une pluralité réelle : nous montrons de la sorte, par avance, que les réalités autres que Dieu, s'il en est, sont vraiment distinctes de lui, contre ceux qui, sans nier ces autres réalités (tout panthéisme est toujours, on l'a dit, plus ou moins dualiste), les réduisent à une seule, à celle qui est proprement Dieu. — L'étude des rapports de Dieu avec ce qui n'est pas proprement lui, servira aussi à marquer jusqu'à quel point les panthéistes peuvent avoir raison ; il sera dit en quel sens le monde, entendons le monde nouménal, s'il est, peut être en Dieu sans cesser d'être en soi, par Dieu sans cesser d'être par soi, pour Dieu et, en chacun de ses éléments, pour d'autres éléments de ce monde, sans cesser d'être pour soi en chacun de ses éléments.

Des êtres imparfaits requièrent une cause parfaite, car leur existence en soi et par soi, existence qu'ils possèdent néanmoins en eux-mêmes et par eux-mêmes nécessairement et par définition, est relative : ils ont eu en quelque sorte par délégation la faculté de se créer. Ils plongent donc dans l'Absolu qui se pose lui-même, ils y plongent en tant qu'ils sont se posant, bien que, en tant qu'ils sont posés, ils le soient par eux-mêmes, existent en eux-mêmes et se distinguent de l'Absolu. L'Absolu qui les pose, mais les pose seulement en tant qu'ils sont se posant, reste donc distinct d'eux en tant qu'ils sont et aussi en tant que l'Absolu se pose et qu'il est lui-même se posant. — Développons ces principes établis par ce qui précède ; les propositions suivantes s'en dégagent immédiatement. Le monde, s'il est, est en soi en tant qu'il est posé, en Dieu en tant qu'il se pose, et Dieu en est tout à fait distinct comme posé et comme se posant ; de telle sorte qu'en toute vérité, le monde est en soi et en Dieu à la fois, mais à deux points de vue différents, et que le monde est par soi et par Dieu à la fois, mais à deux points de vue différents.
— Il n'y a contradiction dans la supposition de quelque chose qui serait dans autre chose, que s'il s'agit d'un attribut qui serait dans une substance, car alors ce qu'on nomme attribut ne serait pas, mais ce serait la substance en laquelle on dit qu'il est, qui serait ; et l'action transitive, dont la création proprement dite est un mode, n'est absurde que si l'on ne concilie pas transitivité et immanence. Mais ici, il n'y a pas de contradiction, car les êtres que nous supposons sont bien présentés comme des êtres, et non comme des attributs. — D'un autre côté, nous concilions transitivité et immanence ;

pour que la transitivité soit possible, il faut que ce sur quoi un être agit soit en lui, car où les limites d'un être se trouvent, comment ne se terminerait pas la sphère de son activité, puisque être et activité sont synonymes ; mais si deux êtres se confondent par un point, l'un peut agir sur l'autre. Ce point existe, par où Dieu et les autres êtres se confondent ; c'est précisément le soi-poser de ces êtres, qui est un poser divin, s'il est permis de s'exprimer ainsi. Dieu peut créer et l'imparfait peut être créé par lui, parce que créer l'être, qui doit toujours être posé par soi, mais ne peut se poser sans un secours étranger s'il est imparfait, c'est, pour Dieu, créer un soi-poser qui reste un acte divin, et qui pourtant est indissolublement attaché au soi imparfait posé : l'acte même de la création est par essence un acte possible, car il n'est pas un acte absolument transitif ; il est la production de quelque chose qui est en Dieu et y reste par un côté : cet acte est action de Dieu en Dieu. Et le créé peut être du créé, bien que la création soit en un sens une action transitive, puisque, bien que créé, il reste en un sens immanent à l'être qui le crée. Une fois l'être créé, Créateur et créature peuvent agir encore l'un sur l'autre, en vertu du lien qui les unit. — Par ces considérations, qui concilient le monisme et le transcendantalisme en les tempérant l'un par l'autre, les rapports de Dieu et de ce qui n'est pas lui sont précisés sans que nous ayons eu à corriger notre doctrine de l'être.

Mais si la création du non divin par Dieu, si, d'une manière générale, l'action divine en dehors de Dieu et l'action du non divin sur Dieu sont possibles : nul être non divin ne peut agir sur un autre être non divin de la même manière que Dieu et le non divin agissent l'un sur l'autre : l'imparfait ne peut pas créer de l'imparfait en dehors de lui, pas plus qu'il n'a pu se créer lui-même absolument ; de là il suit que l'imparfait ne peut directement modifier en aucune façon un autre être imparfait, car modifier c'est, en un sens, créer. Tout être autre que Dieu, s'il en existe de tels, est en un sens par soi, dans son existence en général, et par conséquent il est aussi par soi dans toutes les modifications dont son être peut être le théâtre. Mais en un autre sens il est par Dieu ; il se pose donc en Dieu et en lui-même à la fois ; agissant en lui-même, il agit aussi sur Dieu, qui, de son côté, peut toujours agir sur lui. Mais avons-nous quelque raison qui prouve qu'un tel être peut être en un autre être imparfait, et, d'une manière indirecte tout au moins, par un autre être imparfait, soit en ce qui concerne son existence pure et simple, soit en ce qui concerne telle ou telle de ses manières d'être ? On peut se demander cela, car non seulement il semble y avoir entre tous les êtres non divins possibles une liaison qui ressemble fort à celle qui les unit tous à Dieu, mais une telle liaison peut paraître suffire pour qu'il y ait action réciproque et directe de ces êtres les uns sur les autres. Enfin, pourquoi Dieu ne déléguerait-il pas, si ce genre d'action ne peut avoir lieu autrement, ou du moins s'il y a quelque raison qui milite en faveur d'un genre d'action tel, pourquoi ne déléguerait-il pas à tel ou tel être imparfait ou même à tous un pouvoir direct sur les autres êtres imparfaits, comme il leur a donné le pouvoir de se créer et de se modifier eux-mêmes ?

La réponse à ces questions est, en grande partie, dans les remarques faites plus haut sur les rapports de ressemblance des êtres imparfaits. — Par l'amour et par la liberté, dirons-nous, ils tendent à ne faire qu'un, ils ont la fraternité, qui est une loi morale, pour loi naturelle ; mais c'est proprement par la pensée, par la raison, qu'ils ne font qu'un en réalité. Cependant, la pensée par où A et B s'unissent, ce n'est point la pensée qui est en elle-même constitutive de la nature de A et de B ; c'est la pensée absolue dont les lois s'imposent à l'intelligence des individus A et B, et qui n'appartient ni à A ni à B, dont les intelligences individuelles sont, prises en elles-mêmes, des créatures tout à fait distinctes. Le lien des êtres, c'est donc la raison en soi, c'est Dieu ; donc, si les êtres sont liés, c'est par l'intermédiaire de Dieu, en tant que Dieu est le lien, l'unité des êtres, qui sont esprit. Le point par lequel ils se touchent, par lequel leurs substances communiquent, est Dieu même ; leur action réciproque est donc indirecte, et s'exerce par l'intermédiaire de Dieu. S'ils pouvaient se pénétrer, quand ce ne serait que de la façon partielle dont Dieu et eux se pénètrent, l'action réciproque et directe serait possible dans le domaine de l'imparfait, mais il n'en est rien. — D'ailleurs, il est possible de démontrer que si le pouvoir de créer soit un autre être imparfait, soit quelque modification dans un autre être imparfait était déléguée à un être imparfait, ce ne pourrait être que d'une façon tout à fait illusoire : en effet, puisque la définition de l'être comprend la position de soi par soi : si la faculté de poser B était donnée à A, ce serait, au fond, à B qu'elle serait donnée ; et ce serait par Dieu, non par A, qu'elle serait donnée, puisque A, ne possédant même pas un tel pouvoir par lui-même en ce qui le concerne, ne peut *a fortiori* le posséder en ce qui concerne un autre être que lui. — Enfin, pour que l'action réciproque directe dont il s'agit fût possible, il faudrait que les êtres imparfaits se confondissent dans leur existence en tant qu'elle est posée, car, en tant qu'elle se pose, elle est action divine : le soi-poser des diverses existences de ce genre, est un acte divin, et on doit compter autant d'actes divins qu'il y a d'existences réelles ; ce n'est donc qu'en tant qu'elles sont posées, que les existences imparfaites pourraient avoir cette unité nécessaire pour que l'action directe des unes sur les autres soit possible ; mais les unir ainsi, c'est les confondre, c'est nier l'individualité inséparable de l'être de chacune, c'est renverser la définition de l'être établie plus haut. Bien qu'indirecte, l'action de A sur B et de B sur A est cependant réelle comme celle de A et de B sur Dieu, de Dieu sur A et sur B qui sont directes.

Une telle doctrine est-elle la négation de la liberté? Si un être subit l'action d'un autre être, il est nécessité, semble-t-il, par l'autre qui conditionne son activité. — Il nous faut maintenir, puisque nous l'avons prouvée, la doctrine de l'action des êtres les uns sur les autres, mais il nous faut de même maintenir l'affirmation de la liberté. Comment résoudre cette difficulté, qui, on le voit, doit pouvoir se résoudre? — L'hypothèse suivante suffit à cette fin. Supposons, ce qui d'ailleurs est possible sans contradiction, que Dieu n'ait créé que les êtres qui pourront consentir à être volontairement ce qu'ils seront stimulés à être par d'autres, qui pourront, d'autre part, consentir à céder à l'action divine ou modifier par leur action propre l'être divin de telle ou telle manière dont il consent à être modifié, qui ne feront rien à quoi Dieu ne les autorise tout au moins : dans un tel univers, l'activité de tous les êtres, y compris Dieu, soit à l'intérieur d'eux-mêmes, soit en dehors d'eux-mêmes, restera libre et en même temps solidaire de l'action universelle : tout sera en harmonie bien que tout soit libre; toute action aura son efficacité, sans que l'efficacité des actions détruise la liberté de ce en quoi les actions auront leur efficacité. — Cette hypothèse étant la seule qui nous permette de ne point douter de deux points que nous avons établis conformément à nos principes, il nous faut l'admettre.

Qu'on ne dise point que l'obligation de créer tel monde

et non tel autre est contraire à la liberté divine ; car Dieu, qui est parfait, veut l'harmonie. L'hypothèse que nous venons de formuler ressemble à la théorie des causes occasionnelles et à celle de l'harmonie préétablie ; elle les concilie, car elle respecte l'activité de la monade, et elle introduit Dieu dans le jeu des causes secondes ; mais elle y ajoute, car elle admet la réalité d'une action extrinsèque dans la monade, d'un genre d'action que niaient et Malebranche et Leibnitz. — Remarquons, en passant, pour prévenir toute équivoque, que si nous parlons ici comme si nous croyions à la réalité du temps, c'est uniquement parce que les habitudes du langage nous y forcent : il est aisé de découvrir, ici, sous le symbolisme des mots, notre véritable doctrine.

Dans cette doctrine, la loi de la création apparaît, en définitive, comme une loi de finalité. La finalité, on est facilement conduit à la nier quand on part de la contemplation du monde phénoménal, où il semble y avoir tant de hasard et d'absurdité. La nature semblait immorale à Renan comme à Kant ; et si l'évolution semble toujours se faire dans le sens d'un progrès au moins partiel, combien de fois tel progrès partiel qui se réalise est nuisible à l'ensemble ? Dans les êtres qui s'accommodent à leur milieu, quelle part d'activité aveugle paraît mêlée, parfois, à la somme des forces qui président à leurs transformations ? Que d'organes inutiles ou gênants ! Que de doubles emplois ! Que de fonctions qui pourraient, avec d'autres organes dont on peut imaginer la structure, s'accomplir mieux qu'elles ne s'accomplissent ! L'argument des causes finales ne démontre pas mieux l'existence de Dieu que ne font, pour démontrer la liberté, les arguments psychologiques invoqués dans les manuels courants de philosophie. Au contraire, Dieu étant prouvé, on est certain, avant même d'avoir démontré l'existence du monde, que si ce monde existe, il doit être bon ; que si nous le trouvons mauvais, c'est parce que nous en jugeons avec inintelligence. De deux choses l'une : si le monde est réellement mauvais, il n'existe pas ; s'il existe, il faut le croire bon malgré tout, et nous résigner avec confiance et amour à ce qu'il nous apparaisse tel qu'il nous apparaît, puisque nous avons la ressource de nier l'apparence.

XIV. — En partant de l'être, on trouve Dieu presque aussitôt et tout d'abord ; puis on déduit sans peine ses rapports au monde, et les rapports réciproques des éléments de ce monde, si ce monde existe. Mais le monde existe-t-il ? — Sans doute, on aperçoit une certaine convenance entre l'idée d'une liberté absolue et la création de libertés relatives ; il semble aussi qu'un être qui est tout amour a dû créer des êtres dignes de sa pitié, capables de le connaître, de l'aimer et de se rapprocher de lui. Et puisque, à tout point de vue, une pluralité d'êtres imparfaits est possible, il paraît naturel que la puissance divine ait du moins créé, pour se déployer au dehors, pour être par là même, en un sens, pleinement divine, des êtres imparfaits. Mais de tels arguments sont encore insuffisants.

La seule idée dont on puisse partir pour démontrer ici avec certitude, c'est, comme Fichte l'a vu le premier, l'idée du devoir. — Avant de présenter une démonstration de la réalité de ce monde (non du monde que l'on croit percevoir, bien entendu, mais du monde réel qu'il faut lui substituer et où il faut renoncer à voir une réalité principe du premier, qui n'est point), deux choses sont requises ; premièrement, il convient d'établir que l'on ne peut faire cette démonstration en partant de la simple idée de l'être ; secondement, il faut rattacher, à l'idée de l'être, qui est l'idée métaphysique fondamentale, l'idée du devoir.

L'être est liberté, et Dieu est la liberté souveraine ; or,

on ne tire pas déductivement, de ce qui en soi est liberté, l'existence de telle ou telle forme de la contingence. Cette réflexion suffit pour établir le premier point. — Pour établir le second point, des explications plus longues sont indispensables. Loin de nous la pensée de soutenir que l'idée de l'être renferme proprement l'idée du devoir : nous avons présenté les idées d'identité, de cause et de fin simplement comme liées à l'idée de l'être ainsi que les principes auxquels ces idées donnent leur nom ; ces principes forment avec le principe : « Quelque essence existe » et celui qui établit un rapport entre l'intensité d'une idée et sa portée réelle, le fond même de la raison ; et nul d'entre eux ne joue, par rapport à l'un quelconque des autres, le rôle de contenant. Nous ne pourrions donc, sans renier notre théorie de la raison, soutenir maintenant que l'idée du devoir n'est au fond que l'idée de l'être. Ce qu'il nous est permis de tenter, c'est seulement de prouver que l'idée du devoir est intimement liée à l'idée de l'être, que le devoir est aussi nécessairement affirmé que l'être lui-même par qui affirme l'être, lorsqu'il laisse sa pensée achever d'engendrer les idées qu'elle engendre spontanément à la suite de l'idée de l'être. — Si nous démontrons cela, autant du moins qu'il est possible de démontrer lorsqu'il s'agit de ce qui en nous est tout à fait primitif, si, en d'autres termes, nous faisons voir qu'on ne peut rejeter l'idée du devoir sans renoncer à affirmer, à penser l'être que pourtant on affirme et on pense invinciblement, nous aurons établi la légitimité, la nécessité logique de la croyance au devoir, dont l'idée pourra nous servir ensuite à étendre notre connaissance. — On le voit, notre méthode est toujours la même : poursuivre l'analyse de l'affirmation qui tout d'abord nous a fourni la réalité de l'être, et cela sous la direction constante du même principe, le plus fondamental logiquement, à savoir le principe d'identité.

Il est aisé de se rendre compte de la force, en nous, de l'idée du devoir; mais laissons, quant à présent, la conscience empirique dans le néant où nous l'avons rejetée; la marche de notre pensée n'en souffrira pas, car on peut passer à l'idée du devoir en partant de l'idée de l'être telle qu'elle est présentée et posée par la pensée en soi, par cette pensée abstraite à laquelle nous nous sommes élevés en partant de la conscience empirique. — En effet, cette pensée n'est pas l'être, elle le pose, le décrète, elle est volonté qu'il soit; devant elle, il doit être, mais non encore comme étant cette pensée par laquelle l'être se définit après qu'il est posé; cette pensée en soi, forme pure et toute abstraite, n'est point, et par suite n'a rien en elle d'efficient, *a fortiori*. En somme, elle ne pose donc pas, en un sens, l'être qu'en un autre sens elle pose; elle le pose seulement, dirons-nous, d'une façon toute morale, ce qui est tout le contraire de ce qu'on entend par le mot de nécessité employé sans cette épithète. — « Cette nécessité est purement logique, dira-t-on. » — Non, car une nécessité logique implique au moins la supposition de la réalité de ce qui est le principe de cette nécessité; par exemple on dira : « Si l'être est, il est identique à lui-même »; mais la pensée dont il s'agit ici n'a aucune réalité, elle n'a pas même celle qu'aurait encore la pensée réelle des êtres pensants envisagée dans sa possibilité, elle n'a rien de la réalité des possibles de Leibnitz; ni logique, ni physique, ni métaphysique, la nécessité de l'existence de l'être est donc une nécessité toute morale, d'autant plus qu'elle est la nécessité de l'existence de l'être libre, tout être étant liberté. Il n'est pas plus étrange de dire que l'être doit être, qu'il ne l'est de dire : « Dieu doit être ». N'est-on pas habitué à entendre des phrases comme celles-ci : « La conscience exige que Dieu soit. » « Il faut que toute justice soit faite. » etc...? L'idée du devoir est donc contemporaine, en définitive, de l'idée de l'être, elle lui est essentielle; on la découvre quand on scrute l'idée de l'être; elle est l'idée du devoir-être de l'être, de l'être qui ne peut pas ne pas être, identiquement, l'idée du devoir-être de l'être qui est.

Considérons, maintenant, notre idée de l'être en tant qu'il est une pensée vivante et personnelle; l'être de cette pensée est position de soi, il est la pensée se décrétant existante; mais si l'être est pensée, que devient le concept d'une nécessité non morale? Le propre de la pensée n'est-il pas de se déployer pour des fins? L'être substance pensante se pose donc comme ayant pour fonction de tendre à des fins qu'il approuve et qu'il poursuit parce qu'il les approuve; son existence, s'il plaît de la considérer à part, apparaît comme un moyen de réaliser des fins, dont l'excellence fera de l'être qui les poursuivra une chose excellente en elle-même, chose dont l'apparition, dans le réel, était en elle-même une première fin digne d'être réalisée.

Soit donc que l'on considère la pensée abstraite qui fournit la réalité de l'être, soit que l'on considère la pensée réelle qui définit l'être réel, on arrive à la même conclusion : les idées d'être et de devoir sont inséparables, l'être est à titre de devoir-être. — Si l'on se refuse à considérer ainsi le devoir, qu'on se tourne vers la conscience empirique. On y verra qu'en fait, nul n'a jamais douté du devoir; on peut le nier de bouche, on peut le remplacer par le devoir de se soustraire, sous prétexte de se grandir, à ce que le vulgaire entend par devoir; mais l'idée du devoir, dans sa forme pure tout au moins, existe aussi bien dans l'esprit de ce génie malfaisant qui écrivit : « Par delà le bien et le mal », que dans l'esprit du plus inintelligent de ceux que Nietzsche scandalise.

XV. — Le devoir est commandement ; sa forme est :

« Tu dois ». Si nous consentons à nous placer au point de vue de la conscience empirique, rien n'est plus facile que de prouver, chacun, notre propre existence : je dois, donc je suis. Et l'on peut continuer ainsi : « Je dois, je suis un être distinct parce que seul un être distinct peut avoir des devoirs ; en tant que je puis me prendre pour objet de ma propre activité, je puis dire que je suis obligé tout au moins envers moi-même. Mais moi-même, c'est déjà autrui et c'est Dieu, puisque sans autrui et sans Dieu, sans ces êtres avec lesquels je ne fais qu'un en un sens, je ne suis pas un être complet, je suis même un être inintelligible à lui-même. Mon idée de moi-même, quand je me considère dans ma nature intime, dans la faiblesse et l'insuffisance de mon individualité qui ne serait rien sans l'aide d'autrui, dans la dépendance, enfin, de mon existence que je ne possède point nécessairement, mon idée de moi-même implique, semble-t-il, l'idée d'autres êtres que moi, spécialement de Dieu ; je puis être obligé envers eux, car eux étant moi par quelque côté, ces êtres, qui me sont indispensables pour m'expliquer ce que je suis, peuvent recevoir et subir mon action ; s'il est vrai que l'on ne peut être obligé qu'envers soi-même, je suis obligé envers eux, qui doivent exister, car ils sont encore moi. Et même si je doute de ces obligations extérieures sous prétexte que je n'ai point de preuve proprement métaphysique de l'existence de ces êtres extérieurs, des hommes et de la nature tout au moins, je retrouve encore ces obligations en creusant l'idée de mes obligations personnelles qui impliquent toujours, plus ou moins, d'abord l'existence d'un Dieu parfait, auteur de la loi morale qui me commande, ensuite l'existence des hommes et de la nature, car mon devoir envers moi implique lui-même un certain usage des choses de ce monde, une certaine façon de traiter des êtres plus ou moins semblables à moi. Je dois me garder de nier toute existence que je suis incliné à affirmer, car l'idée de toute existence telle est l'occasion, pour moi, d'un devoir à remplir. Certes, il n'est peut-être aucun devoir spécial dont je ne puisse douter, d'abord parce que l'existence de quoi que ce soit est difficile, impossible peut-être à démontrer en partant du témoignage des sens, de la conscience, de la raison qui fait partie de cette conscience et s'appuie sur elle; mais afin de ne pas risquer de faire le mal, je croirai que le monde est tel qu'il m'apparaît. Je ne négligerai aucune occasion de faire le bien dans ce monde, bien que peut-être toute la matière du devoir soit douteuse; faute de mieux, j'écouterai la conscience vulgaire, j'en purifierai les conseils et les ordres par l'étude de la vie et des œuvres de ceux que je me sens porté à estimer le plus parmi les hommes; en particulier, je m'interdirai toute action qui tendrait à diminuer en moi la force du sentiment de l'obligation; par ce moyen, d'ailleurs, la morale que je formulerai sera à peu près celle des sages; j'aurais peur, en voulant me confier, comme plusieurs, à la raison spéculative uniquement, de tomber et de faire tomber les autres dans des erreurs coupables. En procédant ainsi, j'agirai d'après la loi morale dans la mesure du possible; mon idée du devoir postule, prise en elle-même, l'existence de Dieu, la mienne, celle des hommes et de la nature; je m'y soumettrai, bien qu'un doute subsiste en moi : je continue à m'étonner que je ne puisse confirmer la certitude qui me vient de mon idée du devoir, par des preuves purement spéculatives : si je vois que les réalités envers lesquelles je suis certain d'être obligé doivent exister, je ne me démontre pas proprement qu'elles existent. »

Ces difficultés disparaissent si l'on se place à notre point de vue. Pour prouver l'existence de Dieu ou de quoi que ce soit d'autre, nous ne faisons ni ne pouvons faire appel au monde phénoménal, source de tout doute, de toute contradiction, de toute erreur. — Nous pourrions tenter de partir, pour démontrer des existences imparfaites, de l'idée du devoir telle qu'elle se présente dans la conscience empirique, sauf à oublier celle-ci après le service rendu : c'est en somme ce que nous avons fait pour nous élever à l'idée de l'être. Mais ici, à quoi nous servirait de procéder ainsi ? Par cette voie, nous n'atteindrions aucune existence individuelle ; car si, par une voie analogue, nous avons pu atteindre la personne divine, c'est que celle-ci est nécessaire. — Nous ne dirons donc point : « Je dois, donc je suis, bien que je ne sois point cette individualité que semble révéler la conscience empirique, etc., etc... » Nous dirons : « Le devoir implique l'existence de Dieu ; de la première de ces idées on passe légitimement à l'autre, car il faut que la loi morale ne soit pas une abstraction : il faut qu'elle soit réalisée dans un être parfait qui a comme le devoir d'exister afin que la loi morale ne soit point une pure abstraction, c'est-à-dire une pure fiction, afin aussi que l'immortalité des justes, qui, s'il en existe, ont le droit de progresser sans fin dans la perfection, soit assurée, afin que toute justice soit faite aux bons comme aux méchants, s'il existe des êtres imparfaits doués de responsabilité : nous pouvons partir de la supposition de ces êtres aussi bien que de l'idée du devoir, puisque ces êtres ont été démontrés possibles. La loi morale a comme le devoir d'être réelle dans un être qui soit en quelque sorte sa substance, dans un être qui l'accomplisse toute entière, et y soumette tous les êtres, s'il existe d'autres êtres que lui ; sans cela, elle n'aurait aucun titre à être regardée comme autre chose qu'une illusion, aucun titre à être impérative pour des êtres réels. Si elle est réelle, elle doit se relier à la réalité, pouvoir se soumettre la réalité toute entière ; où elle règne, et pour régner il faut qu'elle soit une personne, ou elle n'est qu'une abstraction, mais dans ce cas elle n'est pas. Le bien doit être, proclame-t-elle : c'est proclamer aussi qu'il existe dans le réel un être qui peut la faire régner, elle, qui est toute justice et toute charité. Si elle n'était qu'un pur idéal, il serait plus exact de dire qu'elle n'est qu'une fiction ; même, elle renfermerait une contradiction, elle serait absurde. — Mais l'idée du devoir implique aussi, étant donné son caractère absolu, qu'il n'y a point de limites à la réalisation du bien : elle exige donc, en plus de l'existence d'un être parfait non perfectible, l'existence d'un monde imparfait (lequel est possible), réalisant à sa manière la forme de perfection la plus haute et la plus variée à la fois dont il soit susceptible. La loi morale, en d'autres termes, exige que le monde le meilleur possible soit. Ce monde ne peut être l'égal de Dieu, mais il peut être un nombre indéfini d'êtres réalisant d'un nombre indéfini de manières différentes tous les aspects du bien et capables de devenir, tous, de plus en plus parfaits. Et remarquons en particulier que la loi morale doit être réalisée et de la façon la plus variée, afin de l'être de la manière la plus complète possible ; l'idée du devoir exige donc, non seulement qu'un Dieu parfait existe, mais qu'il existe le plus grand nombre possible d'êtres imparfaits marchant vers la perfection de toutes les façons possibles. L'idée du devoir a deux aspects, elle doit donc se réaliser sous ces deux aspects, divinement et autrement, puisque, dès qu'il s'agit d'obligation, tout le bien possible doit être dit obligatoire. » Pour traduire ce langage de façon à parler la langue vulgaire, nous dirons : « De l'idée du devoir se déduit l'existence de la matière, des plantes, des animaux et des hommes, et même la nécessité de l'évolution, à peu près, toutes réserves faites, comme le voulait Leibnitz. »

XVI. — Maintenant que nous sommes certains *a priori* que l'existence de tous les êtres qui sont possibles est un devoir en soi, nous sommes certains, en particulier, d'exister parmi la foule innombrable des êtres. Ne nous demandons pas si nous avons été et ne sommes plus, ou si nous ne sommes pas encore et serons seulement, car, d'une part, le temps est une illusion, et, d'autre part, le caractère absolu de la loi du devoir exige que tout ce qui a le devoir d'être, existe en quelque sorte simultanément avec tout le reste de ce qui a le devoir d'être, afin que la loi du devoir soit accomplie de la manière la plus parfaite. — Du devoir, je puis donc déduire qu'il existe un univers réel, et que moi aussi j'existe à plus forte raison puisque tous les possibles, qui sont en nombre indéfini, existent. J'existe donc, et je suis une partie, quoi que je sois, de cet univers qui a le devoir strict d'être, de contenir réalisé tout le bien possible.

Bien entendu, le nombre des êtres, que nous avons qualifié d'indéfini parce que nous ne pouvons l'assigner, doit être fini : si, mathématiquement, le fini et l'infini s'affirment avec une force égale, métaphysiquement l'infini est absurde, il n'a aucun sens, pas plus que n'a de sens le nombre ; il ne s'agit ici que d'une multiplicité qualitative.

Concevoir cette multiplicité, concevoir, tout en niant le temps, une réelle évolution de l'imparfait vers le parfait : l'homme le peut-il? Il semble que non, et pourtant la logique veut que l'on accepte ces concepts, dont la nécessité démontre que notre esprit phénoménal n'est point, ne pouvant arriver à les penser. Il resterait encore, dans cette doctrine, à expliquer le mal. Mais, comme le remarque avec profondeur M. Lachelier, le mal ne doit pas, ne peut pas s'expliquer vraiment : il ne serait plus le mal. Et, de fait, toute philosophie a échoué là. Certes, la punition qui répare le mal, le repentir qui est, dans l'être mauvais, une vertu, une vertu qui semblerait manquer à la liste des vertus si elle n'avait pas l'occasion de se produire : voilà de quoi effacer de l'univers, de deux manières bien différentes, une partie au moins de la contradiction qui existe entre la perfection *sui generis* que le créé doit réaliser, et le fait du péché. Mais le fond de la difficulté reste entier, même après ces réflexions et d'autres analogues ; si nous ne pouvons reprocher à Dieu nos fautes, n'étant coupables que dans la mesure où nous l'avons bien voulu ; si, en définitive, nous n'avons point le droit d'élever contre Dieu l'objection du mal, il est du moins indubitable que Dieu aurait pu créer un monde où ne seraient nés que des justes ; l'objection subsiste donc en elle-même, théoriquement. Cependant, nous pouvons passer outre ; affirmons la doctrine qui nous semble vraie, acceptons de ne pouvoir en parfaire la justification, puisqu'après tout il nous a paru que cette doctrine renfermait assez de lumière.

XVII. — Quant à savoir ce qu'est au juste notre véritable moi, ce qu'il pense, sent et veut exactement, quant à connaître les autres êtres et Dieu plus complètement, il faut y renoncer à peu près : le métaphysicien doit être le premier à reconnaître que la véritable métaphysique ne peut être que très courte. Il va même plus loin s'il est logique, car il soutient que l'être ne peut être connu de la conscience empirique qui n'est point, qui le phénoménaliserait et par suite l'altérerait pour le penser. Mais on ne pourra pas ne pas nous demander si notre doctrine admet quelque chose d'analogue à ce qu'on nomme l'autre vie, si nous pouvons soutenir que, dans une autre vie, notre vrai moi connaîtra, tels qu'ils sont, et lui-même et l'univers et Dieu.

Pour démontrer l'immortalité, en dehors du système

que nous adoptons, le meilleur moyen est encore d'assimiler tout être à une substance spirituelle, et d'appliquer à l'être dans sa totalité le principe : « Rien ne se perd », appliquée par la science à la matière ; on peut ensuite faire remarquer que l'âme, une fois privée du secours de ce corps dont l'aide lui fut comme une longue et commode habitude, retomberait naturellement, à l'instant de la mort, dans un état assez analogue à celui des monades qui ne se sont pas élevées jusqu'à l'humanité ; mais que, cependant, puisque rien ne se perd, des traces de tout ce que nous fûmes pendant la vie subsistent en notre âme, prêtes à réapparaître, si Dieu, le justicier dont on prouve l'existence nécessaire, conserve à notre âme la claire conscience jusqu'où cette monade s'était peu à peu élevée à partir de l'instant de la conception. Mais, entre autres difficultés, cette explication, qui se fonde trop sur la science, présente celle de postuler la réalité du temps. Pour nous, qui nions le temps, nous pensons que nos âmes sont déjà dans la vie éternelle qui est la vie unique, mais dont on ne saurait humainement bien parler. Qu'on dise que nous avons commencé, soit, mais qu'on marque seulement par là notre relativité. Qu'on dise que nous ne finirons point, soit, mais qu'on entende par là que nous jouons, dans le grand tout, un rôle que rien d'autre ne pourrait jouer à notre place. Mais surtout, qu'on se résigne à ignorer ce que l'on ne peut connaître ! Certains de notre propre existence, de l'existence du monde, de l'existence et de la perfection de Dieu, que nous manque-t-il ? L'humilité, peut-être, qui nous ferait plus grands et aussi plus heureux.

XVIII. — Nous avons montré, précédemment, que la science aussi bien que la métaphysique étaient singulièrement favorisées par la doctrine ici exposée ; il en est de même pour la morale. — « Celle-ci, dira quelqu'un, a trait à la vie phénoménale ; si la conscience et le monde auquel croit le vulgaire ne sont point, à qui donc s'adresse et à quoi a trait la loi morale? Vous soustrayez à cette loi tout ce qui compose, pour chacun, la vie qu'il croit vivre ; eussiez-vous raison, votre doctrine est dangereuse. Prenez garde de donner, sans le vouloir, le conseil de laisser la vie aller au hasard, et de recommander un nouveau quiétisme plus dangereux encore que l'autre ! » — Ces craintes sont loin d'être fondées. N'insistons point sur les dangers au moins égaux que peut faire courir, à la morale, la science positive et les frêles métaphysiques élevées sur ce sol mouvant ; plaçons-nous tout d'abord, simultanément, au point de vue de la conscience empirique et au nôtre propre : supposons l'existence simultanée du monde réel et du monde irréel. N'est-ce pas à peu près ce que l'on fait quand on professe, avec Kant, que nous vivons à la fois dans deux mondes différents? S'il en est ainsi, pourquoi donc s'étonne-t-on si peu que Kant impose une loi nouménale à l'être phénoménal? Logiquement, il ne devrait point y avoir, en un sens, chez Kant, de morale pratique, car, pour un criticiste conséquent, c'est seulement dans le monde des noumènes que nous pouvons mériter et démériter, puisque là, et là seulement, est la liberté, la vraie activité ; et c'est à elles que s'adresse la loi morale. Pour nous, nous plaçons dans la même région la loi et l'homme auquel elle commande, sans doubler celui-ci d'un homme purement apparent. Mais à supposer que nous admettions, en plus de l'homme réel, la réalité de l'homme irréel, qu'arrivera-t-il? La peur sacrée de ne point pratiquer la vraie morale entraînera l'homme phénoménal, par une sorte d'efficacité psychologique, à ne rien faire que ce qu'il juge le meilleur ; il construira donc, avec sa faible raison, la meilleure des morales vraisemblables possible, et il s'y soumettra en fait, par peur de violer l'autre. Chez Kant, la morale pratique était, en définitive, illogiquement juxtaposée à la théorie vraie du devoir ; ici, la moralité et tout d'abord l'acte de formuler une morale pratique dérivent, en fait, de la pensée de la vraie théorie, de la croyance à cette théorie. — Au reste, toute vertu ne consiste-t-elle pas à préférer l'être au phénomène, à vivre, en un sens, dans ce monde « comme n'y vivant pas » ? Si les phénomènes étaient réels, pourquoi serait-il parfois mauvais de s'y attacher ? Comment, dans le réel, y aurait-il vraiment et positivement du mal ? Bref, la morale proposée ici est de nature à entraîner la moralité, comme la sagesse, suivant Socrate et Platon, entraînait forcément toutes les vertus.

Nous pouvons donc hardiment couper le câble qui relie encore, pour les nécessités de la discussion, l'irréel au réel. La négation de l'irréel est la garantie souveraine de la morale, comme de la métaphysique et de la science.

Tel est le point extrême auquel mène normalement l'analyse de l'idée de l'être posé réel par l'affirmation essentielle à la pensée forme pure, à la pensée en soi ; voilà ce qu'il est normal d'affirmer de l'être, ce qui s'en affirme en nous quand nous laissons, en nous, la pensée en soi se développer, fallût-il, pour la mieux respecter, aller jusqu'à nier absolument la conscience, le monde phénoménal, la valeur de toute science, de toute métaphysique entendues comme on le fait d'ordinaire et jusqu'à la réalité, en tant que faits, de ces sciences, de ces métaphysiques, de la critique qu'on leur applique et de la métaphysique elle-même qu'on édifie sur toutes ces ruines. Cette métaphysique, l'objet en est d'autant plus évidemment objectif et réel qu'elle échappe plus complètement aux prises de la pensée concrète, qui toujours subjective en objectivant, qui est destruction de tout ce qu'elle touche, qui est, enfin, sa propre négation.

CONCLUSIONS

Résumé de l'ouvrage. Avantages de la doctrine proposée au point de vue religieux et au point de vue pédagogique.

La doctrine exposée dans ce livre est peut-être compliquée, mais il est possible de la résumer très brièvement, car l'esprit de cette doctrine, sa méthode et les résultats auxquels elle conduit sont d'une extrême simplicité. Entreprendre la critique de la conscience et du phénomène ; puis, pour pousser à bout cette critique, instituer celle de la science ; déclarer sans réserve avec Parménide que le contradictoire ne peut être ni réel ni pensé, et établir la liste des vérités que l'on ne peut pas ne pas affirmer quand on veut être absolument sincère avec soi-même : voilà, voilà uniquement ce que nous avons tenté.

Notre méthode a été celle-ci : partir de la conscience empirique pour nous placer au point de vue de la pensée en soi, qui est la norme et l'essence de la pensée concrète si elle existe, mais qui, nous l'avons prouvé, se trouve être la négation même de cette même pensée concrète ; puis, constater quelles sont les négations et les affirmations essentielles à cette pensée en soi qui apparaît dès l'abord comme la négation de la pensée concrète ou pensée empirique.

Quant aux résultats de cette méthode, on peut les résumer comme il suit. L'usage vraiment normal de la pensée concrète, si l'on admet son existence, ou, si l'on préfère, le développement de l'idée toute abstraite de « la pensée en soi », pensée toute abstraite qu'on peut appeler aussi du nom de « logique en soi », aboutit 1° à la négation absolue du phénoménal, c'est-à-dire de la conscience, du phénomène considéré en lui-même, de la science soit comme fait réel, soit comme véritable moyen de connaissance et de connaissance objective, toutes négations qui rejaillissent l'une sur l'autre et se confirment les unes les autres ; 2° à la justification de la science envisagée comme fait purement idéal, et considérée, ainsi que la notion même de la science l'exige, indépendamment de la critique qui détruit toute science et toute métaphysique ; 3° à l'établissement d'une métaphysique spiritualiste et d'une morale connexe avec cette métaphysique, métaphysique et morale dont la certitude est absolue, leur développement étant aussi normal à la pensée que sont normales à cette pensée la négation du non-être, la négation de la valeur absolue de la science du non-être, et la justification de cette science sous les conditions susdites. Toutes les sciences, toutes les formes durables des sciences, et même toutes les métaphysiques ont été à un certain point de vue également dépréciées, à un autre point de vue également légitimées au cours de notre recherche de la véritable forme du savoir. Et l'être, à l'affirmation duquel nous avait conduits l'analyse de l'idée de l' « affirmation en soi », idée essentielle à la notion de la « pensée en soi », nous a paru consister lui-même dans une activité qu'il faut nommer pensante, au sens le plus complet du mot. C'est en poursuivant l'analyse de l'idée de l'être sous la conduite du principe d'identité, pris d'ailleurs dans un sens très spécial, que nous avons pu enrichir notre idée de l'être, et poser successivement tous les principes requis pour permettre à l'esprit d'enrichir et de développer l'idée de l'être. A vrai dire, nous avons moins analysé l'idée de l'être, que nous n'avons énuméré les jugements synthétiques où l'être, puis les concepts qu'il convient de rattacher à l'idée de l'être, entrent à titre de sujets.

Cette métaphysique, prise dans son ensemble, consiste à s'élever de l'être concret jusqu'à la forme pure de toute pensée, pour finir par l'affirmation de la pensée réelle et vivante ; elle prétend construire en dehors de la conscience empirique, elle fait profession d'ignorer la science, la critique de la science, autant que sa propre existence dans la conscience de celui qui l'édifie ; c'est ainsi qu'elle s'assure à elle-même une indépendance souveraine. Elle assure indirectement, par là même, une égale indépendance à la science qui, bien entendue, la repousse si loin d'elle qu'il est légitime de dire qu'elle l'ignore comme elle en est ignorée. Et l'idée de réalité, l'idée d'objet est si absolument proscrite par la science, que la loi du savant doit se formuler ainsi : poursuis toute recherche qui semble devoir continuer à fournir des résultats conformes à l'expérience ou, tout au moins, s'il ne s'agit point de spéculations que l'expérience proprement dite puisse contrôler, des résultats relativement cohérents avec d'autres résultats de tes spéculations ; bref, laisse courir ta pensée partout où aucun obstacle ne l'arrête. Quant à la loi du philosophe, la voici : poursuis toute métaphysique et toute critique ; tout acte, tout geste naturel et normal de la pensée mérite d'être achevé. — Mais et le savant et le philosophe doivent, s'ils veulent être des esprits complets, reconnaître que, par delà les savoirs qui sont relativement normaux à l'esprit, il en est un, un seul, qui est sans restriction absolument normal à l'esprit, et qui consiste d'une part dans la critique, de l'autre dans la métaphysique instituées ici.

Enfin, cette métaphysique, on l'a vu, engendre une

morale, qui est d'ailleurs nécessaire pour la parfaire, puisque, si de l'être je conclus Dieu, je ne puis conclure l'existence de mon moi et de l'univers que de l'existence du devoir. Cette morale, essentielle à cette métaphysique, et de nature telle qu'elle est propre, par elle-même, à engendrer la moralité, ne saurait être, à aucun point de vue, en opposition avec cette métaphysique, pas plus d'ailleurs que la science, laquelle fait profession d'ignorer la métaphysique comme celle-ci l'ignore.

Mais la religion est le complément de la morale. Comme la religion a le même objet que la métaphysique qui ne peut entrer en conflit ni avec la science ni avec la morale, il ne peut y avoir conflit ni entre la religion et la science ni entre la religion et la morale. Mais une seule religion doit pouvoir s'accorder avec la véritable métaphysique qui est unique, tandis que n'importe quelle religion, naturelle ou positive, étant somme toute une métaphysique, peut s'accommoder de n'importe quelle science. Nous ne pouvons rechercher ici, sans dépasser les limites que nous devons nous prescrire, quelle forme de la religion naturelle, ou même quelle religion positive peut seule s'accorder avec la véritable métaphysique ; mais du moins pouvons-nous montrer avec quelque détail qu'il ne saurait y avoir aucun conflit réel entre la science d'une part, et une religion quelconque d'autre part. — En effet, le monde de la science est illusoire, la science de ce monde n'est la science d'aucune réalité, les sciences n'ont d'autre valeur que celle de purs gestes d'un esprit qui n'est, en tant que pensée concrète, que le geste illusoire de poser le monde et de se penser se pensant et le pensant : il suit de là, immédiatement, qu'opposer la science à la religion n'a aucun sens. Combien il est heureux qu'il en soit ainsi, pour les âmes qui sentent le besoin d'une foi religieuse positive et qui ont en même temps l'amour de la science, c'est-à-dire le besoin d'exercer cette faculté qui se nomme l'esprit critique et qui est l'âme même de la philosophie, mieux encore, de toute science. Si, par exemple, l'étude des dogmes les plus essentiels du christianisme, ceux qui ne consistent pas dans l'obligation de croire à tel ou tel détail purement historique donné par les Livres Saints, fait apparaître ces dogmes comme acceptables par la raison débarrassée des préjugés d'un temps réel, d'un espace réel et d'autres préjugés semblables, l'étude des dogmes les moins essentiels, les historiques, suscite des difficultés qu'il est bien difficile de surmonter. Pour qui aborde la science sans en faire la critique, ce qui est le cas le plus ordinaire, le miracle reste bien étrange ; à qui veut en citer, on objectera que si, comme il est probable, certaines plaies sont de nature hystérique, leur guérison, même subite, devient possible naturellement[1] ; on dira que l'exaucement de certaines prières n'est vraisemblablement qu'un cas d'auto-suggestion ou d'action de la pensée à distance ; on ajoutera que « les possibilités évolutives de la nature étant infinies[2] », certains individus ont pu posséder naturellement des propriétés qui plus tard appartiendront peut-être à tous et n'étonneront personne ; d'autres, mêlant quelque kantisme à leur physique, prétendront que, le temps n'étant point en réalité, ce que nous appelons prophétie est possible naturellement. Que répondre à tout cela ? Les réponses que l'on essaye auraient grand besoin, semble-t-il, d'être au moins renouvelées : telle est l'opinion des plus modernes des apologistes. Au contraire, pour qui adhère à la doctrine ici proposée, et veut néanmoins demeurer un croyant, les travaux les plus avancés

---

1. Charcot.
2. Huxley.

de l'exégèse contemporaine sont sans aucun danger ; il n'y voit que des gestes naturels de l'esprit, sans plus de portée objective que tous les autres ; il ne doute pas plus de sa religion que de sa métaphysique, laquelle sur certains points tend visiblement vers certaines affirmations essentielles à la métaphysique immanente à cette religion ; son état d'esprit à l'égard de toute science est tel, qu'il ne sent pas davantage sa foi ébranlée par ceux qui contestent, preuves à l'appui, l'histoire de Jonas, par exemple, qu'il ne sent sa foi fortifiée par ceux qui défendent, preuves à l'appui, le récit biblique contre la critique exégétique. Cependant il lui faut croire à un rapport réel entre les phénomènes dont la Bible fait le récit, et les vrais événements qui ont eu lieu dans le vrai univers inconnu à la conscience empirique ; mais, désintéressé comme il l'est du monde de l'apparence, que lui importe de ne pouvoir préciser ce rapport ? Ce rapport lui importe aussi peu qu'il peut importer au physicien, qui admet à la fois l'existence du rouge et l'explication du rouge par certaines vibrations, de préciser le rapport du rouge proprement dit et de ces vibrations.

Enfin, malgré l'apparence contraire, la doctrine ici proposée a des avantages pédagogiques dont il est intéressant de parler pour terminer. Qu'il nous soit permis d'invoquer, à ce sujet, notre expérience personnelle. — Tant que, par respect pour de vénérables traditions, nous nous obstinions à prouver, devant des adolescents, l'existence de la matière, et surtout celle de l'âme et celle de Dieu en nous appuyant sur le monde phénoménal, nous n'avons même pas fortifié de telles croyances chez ceux qui les possédaient déjà. L'esprit critique se fait jour de bonne heure, à notre époque, chez les jeunes gens, et de bonne heure ils sentent que, de la science à la métaphysique, on ne peut passer de plain pied ; c'est pourquoi peut-être le kantisme séduit si vite les plus réfléchis d'entre eux. Pour nous, nous avons laissé kantiens à peu près tous ceux que nous n'avons pas ralliés à notre doctrine personnelle. C'est à partir du moment où nous avons commencé à oser enseigner une doctrine qui rappelle celle des éléates, que nous avons pu conduire où nous voulions de jeunes esprits ; cette doctrine a pour complices la sincérité et la fierté mêmes des intelligences qui s'ouvrent à la philosophie sans idée préconçue. Pourquoi se défierait-on du maître qui s'exprime ainsi : « La vérité, c'est ce qu'il est normal à l'esprit de penser et de croire ; la science, la morale et la métaphysique sont ses fruits naturels ; regardez en vous, cherchez ce que vous ne pouvez point nier, laissez votre pensée se développer d'elle-même sans la troubler, et vous verrez, je ne dis même pas ce qu'il faut croire, mais ce que vous croyez au fond, implicitement. Cette méthode est antique, elle date de Socrate. Ne vous inquiétez point, si vous ne sentez pas toujours une foi vive dans les vérités que votre esprit engendre lorsqu'il réfléchit ; tâchez d'affirmer ce que vous croyez après avoir constaté avec sérénité à quelles opinions vous croyez. » Quel langage peut être plus éducateur, moins oppressif que celui-là ? Plus tard, quand on a débuté ainsi, on peut réussir à faire accepter les vérités les plus éloignées, en apparence, de ce qu'il est naturel à l'esprit de penser, d'autant plus qu'en somme une doctrine qui aboutit à justifier, dans la mesure où cela est nécessaire, la science positive, a bien des chances d'entraîner la croyance à une métaphysique qui ne gêne pas plus la science que celle-ci ne la gêne. Il n'est pas jusqu'à cette proposition : « L'être est, mais il n'est pas vrai que vous le pensiez, sinon où vous êtes réellement, c'est-à-dire en lui, loin de cette conscience empirique qui n'est point », il n'est pas jusqu'à cette proposition qui ne finisse par trouver créance. Alors l'éducation philosophique, telle du moins qu'elle est possible après une seule année d'études philosophiques, est vraiment faite, s'il est vrai que, pour ceux qui continueront à se livrer à la pure spéculation comme pour ceux qui ne penseront plus que pour agir, la règle soit de plier à la logique les préjugés illogiques les plus fortement enracinés dans l'esprit : comment bien agir, si l'on ne sait tout d'abord bien penser, c'est-à-dire penser logiquement? Comment bien penser, si l'on ne sait tout d'abord rectifier, au nom de l'idée pure, les idées qu'une longue habitude, une paresse d'esprit jamais complètement vaincue, mille influences extérieures enfin ont parées d'un semblant de logique? Dans la mesure où nous avons le courage d'être vraiment des esprits, nous nous rendons aptes à engendrer le vrai savoir, d'où suit le bien vivre.

TABLE DES MATIÈRES

	Pages.
CHAPITRE PREMIER. — Principes et Méthode d'une théorie normale de l'Être et du Connaître.	1
CHAPITRE II. — L'Éléatisme.	37
CHAPITRE III. — L'Irréel.	48
I. — Conscience et Réalité.	48
II. — Phénomène et Réalité.	68
CHAPITRE IV. — La Science de l'Irréel.	86
I. — Le Phénomène dans ses rapports avec le Temps, l'Espace et le Nombre.	89
II. — La Science et l'Activité de l'Esprit.	132
III. — La Science et les Sciences.	175
IV. — A quelles conditions est possible une science normale du Non-Être.	197
CHAPITRE V. — L'Être.	211
CONCLUSIONS.	256

CHARTRES. — IMPRIMERIE DURAND, RUE FULBERT.

www.ingramcontent.com/pod-product-compliance
Lightning Source LLC
Chambersburg PA
CBHW050336170426
43200CB00009BA/1619